历史中国书系

清朝原来是这样

罗杰——作品

中国出版集团 现代出版社

图书在版编目（CIP）数据

清朝原来是这样 / 罗杰著. -- 北京：现代出版社，2024.12. --（历史中国书系）. -- ISBN 978-7-5231-1098-0

Ⅰ. K249.09

中国国家版本馆CIP数据核字第202440X5Q8号

清朝原来是这样
QINGCHAO YUANLAI SHI ZHEYANG

著　　者	罗杰
选题策划	张　霆
责任编辑	张　瑾　梁　惠
责任印制	贾子珍
出版发行	现代出版社
地　　址	北京市安定门外安华里 504 号
邮政编码	100011
电　　话	010-64267325
传　　真	010-64245264
网　　址	www.1980xd.com
印　　刷	三河市宏盛印务有限公司
开　　本	710mm×1000mm　1/16
印　　张	18.5
字　　数	283 千字
版　　次	2024 年 12 月第 1 版　2024 年 12 月第 1 次印刷
书　　号	ISBN 978-7-5231-1098-0
定　　价	898.00 元（全 14 册）

版权所有，翻印必究；未经许可，不得转载

序言

中国的历史很长，朝代也特别多。最后一个朝代叫作清朝。有些人认为，清朝的第一个皇帝是顺治。其实在顺治皇帝以前，清朝已经有过两代君主：太祖努尔哈赤与太宗皇太极。

努尔哈赤于明神宗万历四十四年（1616），在沈阳之东，新宾县城之西30里赫图阿拉城宣布独立，自称金国汗。

他死后，儿子皇太极继位，当了10多年的汗后，改称皇帝，把国号改为"大清"。皇太极当了7年零4个月的皇帝，就去世了。在他之后，是顺治、康熙、雍正和乾隆。顺治能够继位，是清朝皇室两大政治集团相互妥协的结果，一个是他的叔叔多尔衮，一个是他的哥哥豪格，可谓鹬蚌相争，渔人得利。

顺治做了18年皇帝，在顺治十八年（1661）正月死亡。也有人说，他没有死，做了和尚。康熙呢，命很长，人也很好。他的雄才伟略缔造了"康乾盛世"的辉煌。让人遗憾的是，清朝的"文字狱"始于这位皇帝。而他一生最痛心的问题，莫过于传位问题上的进退失据，几个皇子间的明争暗斗让他在晚年心力交瘁。

康熙末年，清朝的社会已经出现停滞，形势复杂，又因为减免赋税，导致财政困难，扔下一个烂摊子，只等后人来收拾。

雍正皇帝办事果断，手段毒辣。他继位后，实行多项改革，励精图治，他的勤政在中国历史上是罕见的。事实证明，他这13年的功夫没有白费，"康乾盛世"能在乾隆时期达到顶峰，雍正皇帝功不可没。只是这个皇帝猜忌多疑，在位时统治相当严酷。

乾隆，这位皇帝的寿命比康熙还长，自称"十全老人"，喜欢花钱，爱出风头，把祖宗几辈子的钱都花光了，导致吏治腐败，贪腐成风。乾隆王朝中后期时，社会开始走下坡路，末年更是出现了"饥饿盛世"。

乾隆皇帝丢下的烂摊子比康熙皇帝更甚，他的后人嘉庆皇帝，憋着一肚子气，本来老头子说要效仿圣人禅让，却名不副实，开给他一张空头支票，凡事还是要他老人家点头才作数。好不容易挨到乾隆驾崩，嘉庆亲政，却要为清朝国力由强盛转向衰败埋单。国库的银子已经让乾隆折腾得差不多了，嘉庆皇帝上台后第一件事就是扳倒大贪官和珅，让大清王朝吃了一顿饱饭。

嘉庆皇帝虽然勤政图治，亲政后采取了一系列的措施，但颓势难以挽回，在位期间，政治腐败，社会矛盾日益加深，白莲教等大规模农民起义纷纷爆发，清王朝国力迅速滑坡。

接下来是道光皇帝，这位皇帝以俭朴著称，穿着打补丁的破鞋子，经营着大清王朝这个烂摊子，依然不见起色。英军的坚船利炮还是轰开了清王朝的大门，这位皇帝在悲愤中签订了中国近代史上第一个丧权辱国的条约——《南京条约》。那时，紫禁城残阳如血。

清朝入关后的第七位皇帝，道光的第四子咸丰，在慌乱中接过了这杯苦酒，未及送到唇边就爆发了太平天国起义。在咸丰镇压太平天国之时，英、法两国再次对清王朝宣战，史称"第二次鸦片战争"。俄国也趁火打劫，蚕食中国领土，咸丰皇帝被迫签订了一系列不平等条约，割地赔款，将中国进一步推向半封建半殖民地社会。

咸丰的正宫皇后钮祜禄氏很老实，侧室妃子叶赫那拉氏很厉害。叶赫那拉氏在咸丰皇帝死后大权独揽，叫人家尊称她为慈禧太后。

慈禧懂得使唤曾国藩、李鸿章等人，于是消灭了太平天国。但她缺乏国际常识，应付不了外国，因此，一败于法兰西；再败于日本；割让了我们国家的领土台湾。后来，她想借重一批画符念咒的义和拳扶清灭洋，引来了八国联军。京城和大片土地都被联军占了，她只得向人家赔钱、赔礼。她的儿子同治皇帝与侄儿光绪皇帝，被她先后当作傀儡。后来，光绪自己当家，找到康有为、梁启超、谭嗣同等人，准备大大地改革一番，可她大发脾气，把光绪皇帝关了起来。

她比光绪晚死一天。死后，光绪的一个侄儿溥仪当了皇帝，年号宣统。

宣统三年八月十九（1911年10月10日）[①]，辛亥革命在武昌爆发，历经近300年的大清帝国在隆隆的炮声中坍塌。

在中国，自秦始皇以来的2000多年的皇朝历史中，存立200年以上的大一统皇朝，只有西汉、唐、明、清。大清帝国在中国的历史舞台存在了268年之久。如此漫长悠久的历史，自然要从明清两朝的交替说起。明清交替与中国以往大多数朝代的交替不同，是少数民族代替汉人政权，其民族矛盾不可避免。这些矛盾体现在战争上、制度上，还体现在一些传统文化和习俗上。因此，作为清兵入关后的第一位皇帝，顺治遇到了太多棘手的问题，其中一个便是"辫子问题"，由此而引发了"剃发令"事件。这是清王朝入主中原后一个重要的事件，这一事件甚至影响了清王朝的整个历史。现在我们就从这个事件开始，一步步揭开大清王朝268年的历史真相。

---

① 本书关于年月日等时间表述，大多采取农历汉数方式，个别采用公历阿拉伯数字。

目 录

一 / 辫子背后的历史密码 / 001

二 / 皇权斗争 / 009

三 / 清代的宦官与言官 / 017

四 / 顺治"罪己诏" / 022

五 / 三项全能的"第一廉吏" / 026

六 / 雄主康熙的大手笔 / 030

七 / 盛世经济下的阴影 / 040

八 / 中西历法之争 / 044

九 / 皇子夺嫡 / 049

十 / 残酷的文字狱 / 063

十一 / 秘密建储与密折制度 / 072

十二 / 禁赌风云与高薪养廉 / 075

十三 / 李卫当官真实版 / 081

十四 / 年羹尧官场沉浮录 / 086

十五 / 雍正猝死之谜 / 094

十六 / 乾隆的身世与文治武功 / 099

十七 / 六下江南那些事 / 106

十八 / 文人宰相纪晓岚 / 113

十九 / 叫魂奇案：盛世下的阴影 / 120

二十 / 天下第一贪 / 125

二一 / 闭关锁国 / 131
二二 / 禅位真相 / 136
二三 / 和珅倒台始末 / 140
二四 / 白莲教起义 / 147
二五 / 王朝危机 / 151
二六 / 经济困境 / 157
二七 / 鸦片战争始末 / 163
二八 / 咸丰即位内幕 / 172
二九 / 内忧：太平天国运动 / 176
三十 / 内讧：天京血腥惨案 / 183
三一 / 曾国藩：最具争议的晚清权臣 / 192
三二 / 叶名琛的悲剧 / 198
三三 / 最后一位出生在紫禁城的皇帝 / 203
三四 / 慈禧与奕䜣的权力争夺战 / 207
三五 / 安德海被杀真相 / 210
三六 / 李莲英的逢迎之道 / 214
三七 / 刺马奇案 / 219
三八 / 洋务运动之争 / 229
三九 / 晚清官场大腐败：捐官与科场行贿 / 240
四十 / 透视甲午战争 / 249

四一 / 戊戌变法 103 天 / 256

四二 / 光绪帝死因探疑 / 270

四三 / 末代帝王与清王朝覆灭 / 274

大事年表 / 281

一 / 辫子背后的历史密码

大清顺治皇帝于公元 1644 年入关，定鼎中原。在第二年的元旦，一个叫孙之獬的官员，向顺治皇帝上疏说，皇帝陛下您平定了中国，万象更新。可是，衣冠束发的制度，却还用明朝的那一套，此乃陛下从中国，非中国从陛下也。

众所周知，顺治皇帝入关后，明朝官员纷纷投降了清朝。上朝时，便有满臣和汉臣两班官员。这两班官员的穿戴打扮大不相同。满洲官员剃发留辫，身着满服；汉人官员束发戴冠，身着汉服。虽然服饰装扮迥异，但两班官员并无异议。

然而，一个叫孙之獬的官员，突然提出了官员衣冠束发的问题。孙之獬为何要提出这个问题？他的居心何在？这也是清王朝很多满洲官员心中的疑惑。

孙之獬原是明朝天启的进士，他做官时正是魏忠贤当权的时期。当时，阉党吃香，他便成为阉党成员，着实过了一段好日子。清军入关以后，孙之獬立即俯首乞降，自己带头与家人奴仆一起剃头留了辫子，并换上了满装，一心一意在山东等待清军的到来。大清朝廷为收揽人心，接纳并让他当了礼部侍郎。

然而，很多满臣却不认为孙之獬是一个忠臣。理由很简单，孙之獬是一个汉人。满臣们认为"非我族类，其心必异"。孙之獬越是渴望站到满臣行列中，满臣们就越排斥他。

孙之獬碰了一鼻子灰，感到委屈，转而想回到汉臣的行列。孰料，汉臣也排斥他。因为他剃发留辫，被一些汉臣视为"汉奸"。

孙之獬被孤立了，这种孤立让他愤怒。愤怒之下，孙之獬向顺治皇帝上疏。顺治皇帝当时年仅 7 岁，他并不知道孙之獬上疏的真正原因。但孙之獬的一句"中国从陛下也",让这位少年天子万分感动,且热血沸腾。同时,摄政王多尔衮也认为,应该颁布"剃发令"。

"剃发令"规定:凡是清军所掌握的地区,在十日之内,尽行剃发蓄辫;凡不剃者、迟疑者、上表章请求保存者,一律杀无赦。

此令一出,天下哗然,满汉民族矛盾激化。

中国的儒家思想认为"身体发肤,受之父母,不敢毁伤,孝之始也",因此,反抗清朝统治者"剃发令"的大有人在,但是大部分人还是不得不剃发蓄辫,以求保命。用一句话来概括,就是"怕死者涕泣而剃,不怕死者宁死不剃"。

当时,"剃发令"下达到各地官府后,官府的官员们便命令"剃匠",担着剃头挑子,游行于街市之中,强行剃发。

所谓"剃匠",都是头戴红缨帽的八旗兵,一组三人至四人。一个手拿剃头刀,其余两三个人,抱着鬼头刀。接受剃发者,用剃头刀剃发,并享受热水、手巾的待遇;抗拒剃发者,则享受砍头的待遇,被鬼头刀砍下的头颅,被"剃匠"挂在十字架形状的竖杆上。

王朝初建,首要的问题,是稳定人心,所谓得人心者得天下。而清朝初期"剃发令"的实施,带来的却是动乱。在顺治皇帝颁布"剃发令"之前,反抗清军的主要是明朝的残余部队;当"剃发令"颁布之后,很多老百姓也站在了清政府的对立面。

剃发与留发的对抗,实质上是两种文化传统的对抗。在这场对抗中,最惨烈的一幕,发生在江阴县(今江苏省南部)。

顺治二年(1645),"剃发令"下达到江阴。江阴的众多老百姓与乡绅,向知县方亨请愿,跪请留发。方亨不但不接受,反将请愿者骂走。第二天,一个叫许用的秀才聚集了一批人,在江阴的孔庙立誓:头可断,发决不可剃!

当日下午,一队乡兵手持武器冲进县衙,把知县方亨抓进了监狱。然后推举典史(县衙管缉捕和监狱的官员)阎应元和陈明遇为首领,共同商议抗清守城大事。

清廷方面,获悉江阴造反,火速派大兵前往镇压。江阴百姓与官兵对峙

81 天，杀死清兵 75000 余人。最后，终因兵力悬殊，城破。清军攻进江阴，下令"满城杀尽，然后封刀"。于是，在接下来的 10 天里，清军对江阴城进行了惨绝人寰的疯狂杀戮，城中百姓遇难人数多达 17 万余人。江阴城几乎变为了一座"鬼城"。

有一首悼念江阴死难者的诗词，这样写道："八十日戴发效忠，表太祖十七朝人物。六万人同心死义，存大明三百里江山。"

这一段剃发与留发的对抗，在历史上被称为"江阴十日"。接下来，又发生了"嘉定三屠"。

嘉定在江阴的东南面，也展开了反剃发斗争。

顺治二年七月初一，清廷派明朝降将李成栋率兵前去镇压。嘉定百姓推举当地士绅黄淳耀和侯峒曾主持城防，在城墙悬起"嘉定恢剿义师"的大旗，城中的男女老幼，都被组织起来抵抗清军。

清军围城猛攻，在外援断绝的情况下，嘉定军民坚守了 10 余天。后因连日大雨，将土城墙冲破，清军趁势用大炮猛烈轰击，终于攻入城内。李成栋下令屠城，嘉定城内"浮尸满河，舟行无下篙处"，被屠杀者 3 万余人。

不过，嘉定百姓并没有被恐怖的杀戮所吓倒。李成栋离开后，四处逃散的民众再一次聚集起来，反清义士朱瑛率领 50 人进城，集合百姓，再次控制了嘉定。李成栋派部将徐元吉率兵前往镇压，居住在嘉定城内的百姓，听到消息后，纷纷逃离。因此，清军的镇压行动便放在了城郊，城郊数十里内，草木尽毁，积尸成丘，民间炊烟断绝。

之后，明朝绿营把总吴之璠在江东起兵，反攻嘉定，不幸惨遭失败，起义军全军覆灭。李成栋恼羞成怒，下令屠城，嘉定再遭浩劫，嘉定城内外又有 2 万余人被杀害。

这三次对嘉定的屠杀，被称为"嘉定三屠"。

然而，江阴和嘉定的叛乱虽然平息，但江南地区的许多城市，如常州、无锡、宜兴、嘉兴、绍兴等地的民众，也先后起义，进行反剃发斗争。这些斗争都遭到了清军的血腥镇压。繁华的江南地区受到严重破坏，到处是残垣断壁，一片破败景象。

用今天的话说，这是由发型引发的血案。那么，人们会提出一个问题，清朝的满人为什么要剃发留辫子？

这要从满人的祖先说起，满人发源于我国东北地区长白山、黑龙江一带，以打猎捕鱼为生。剃去前额和四周的头发，将留存的头发编成辫子垂在脑后，行动会更方便。能够避免穿山越岭的时候枝藤挂住头发，也能够避免射箭的时候被乱发遮挡视线。

其实，剃发留辫不仅仅是满人的习俗，中国北方游牧民族大多会把前面的头发剃掉，以方便骑马打猎。蒙古族在成吉思汗的时代也是剃一部分，留一部分。日本在明治维新以前，男子的发型与成吉思汗时期的发型相类似，从"浮世绘"上可以看出，这种习俗可能与南洋群岛凿门齿的习俗是同一起源，是有意造成身体某一部分残缺的成人礼。

一个地域有一个地域的文化，一个地方有一个地方的习俗，这原本是无可厚非的。然而，清军入关以后，要求汉人遵循他们的文化习俗，下令"留发不留头，留头不留发"。这引起了汉人百姓强烈的反抗。这种反抗持续不断，是清朝统治者始料未及的。他们实在不明白，头发难道比脑袋更重要吗？

当时，清军虽然入关，但全国尚未真正统一，一些地方的反清情绪还很高涨。而为了一个发式问题，导致民族矛盾激化是得不偿失的。此时，一个叫洪承畴的人，为了缓和这种矛盾，提出了自己的主张，并上疏顺治皇帝。

洪承畴本是明朝的一位重臣，后投降了清王朝，成为清王朝的开国功臣之一。清朝官修史书中，有一本极具特色的史书——《贰臣传》，该书是乾隆四十一年（1776）开始编纂的。书中的人物，都是在明清交际之际，先为明朝效力，后投降清朝的"贰臣"，共有120人之多，洪承畴便是其中之一。

洪承畴从"忠臣"到"贰臣"的人生转折，发生在明朝崇祯十五年（1643）。当时，皇太极集中大军攻打辽东重镇锦州，洪承畴以督师身份率军救援，双方相峙在锦州外围的塔山、杏山一带。

面对清军强大的攻势，洪承畴主张步步为营，以守为攻，双方相峙近一年，清军进退两难。但是关键时刻，明朝兵部尚书陈新甲向崇祯皇帝进言，怀疑洪承畴"拥兵自重"。崇祯多疑，数次发诏书催促洪承畴与清军决战。无奈之下，洪承畴只得主动出击，却被清军断绝粮道，致使13万大军全军覆灭。这就是历史上著名的"松锦之战"。

松锦之战后，坊间传言洪承畴已战死，向来对功臣刻薄的崇祯皇帝也悲叹不已，曾辍朝三日以示悼念，却不料洪承畴竟然在兵败后投降了清王朝。

有关洪承畴的叛变，历史上流传的说法是，本来洪承畴意图绝食，但皇太极亲自接见，嘘寒问暖，终于感动了原本打算杀身成仁的洪承畴。另外还有一种比较"玄乎"的说法是，皇太极派自己的宠妃庄妃勾引洪承畴，终把洪承畴拉下了水。

这两种说法，皆未得到证实。而有一个事实不容忽视：洪承畴镇压农民军时，就常被崇祯的宠臣杨嗣昌刁难，后来的松锦之战，与其说败北于清军，不如说是被崇祯皇帝的瞎指挥坑死的。明朝遗民王邦稷对此评价说："洪承畴非不忠，乃心死也。"

招降"心死"的洪承畴，不但明朝方面一片哗然，连清朝内部也群起反对。皇太极却说："洪承畴乃我进中原之向导也。"尽管如此，皇太极在世时，洪承畴也只得到一份闲职，并未受到重用。他真正大展拳脚，是在皇太极病逝，多尔衮成为摄政王以后。

多尔衮对洪承畴分外倚重，"引以为师"。明朝灭亡后，正是洪承畴向多尔衮建议，将境内15岁以上男丁尽皆编入部队，集中20万大军入京。清军赶走李自成，夺取北京后，也是洪承畴提出出榜安民，严肃军纪，同时主动出面，大力招降前明的汉人官员，使清王朝很快在北方站稳了脚跟。

洪承畴对清王朝的忠心不容置疑，在清王朝颁布了"剃发令"，引起全国各地风起云涌的民变时，洪承畴向顺治皇帝提出了"三从三不从"的主张。

这一主张的主要内容是："男从女不从；官从吏不从；生从死不从。"顺治皇帝批准了他的请求。也正是洪承畴的这道奏书，让此后大清朝的汉民族女人可以穿明代衣裙，梳汉式发髻；衙署的吏役可以穿汉式差服；死人入殓也可以打开发辫，穿上汉式的衣衫。

这样一来，在很大程度上，缓和了平民百姓对异族习俗的抵触情绪。实际上，清王朝推行"剃发令"，绝不仅仅是维护本民族风俗习惯，而是想通过"剃发易服"来打击、摧垮汉人，特别是上层人士的民族精神，使满人的统治地位更加稳固。从之后的历史可以看出，这一措施所起到的效果还是很明显的。汉人不再执着于本民族服饰，他们渐渐习惯了满洲的发式和服装。而满洲人也受到汉人孝悌观念的影响，认为身体发肤受之父母，是不可以毁坏的。满洲战士如果战死沙场，他们的尸骨被埋在外地，但辫子都会剪下来，附上姓名籍贯送回老家，招魂安葬。

尽管两个民族的文化习俗不断融合，但清王朝"剃发易服"政策的影响，非常深远。纵观大清近300年的历史，每次发生的农民武装暴动所提出的口号，大都是"复我大汉衣冠"。康熙皇帝削三藩时，吴三桂反清，提出的口号是"反清复明，恢复衣冠，散辫留发"。白莲教起义，上百万教众打开发辫，横行江南数省，让当时已经是太上皇的乾隆皇帝死难瞑目。乾隆皇帝临终的那一年，在山庄林下戏题碑上还留下了一句"二竖获日指，一章捷望天"的哀鸣。

到了晚清咸丰、同治年间（1851—1875），天王洪秀全带领太平军造反的时候，辫子又成了重点打击对象。后来，太平天国颁布了一道同样严厉的"蓄发令"，不过这次成了"剃发不留头，留头不剃发"，意思是想保住领上的脑袋，就得留起长发，太平军的"长毛"绰号就由此而来。最可怜的是有些人像阿Q一样，因为脑袋上长了癞痢或者生了虱子被剃了头，结果也被认为是违令不遵给杀了。

但是，太平军的地盘并不稳固，每次都是打了跑，跑了打。结果后面的湘军赶来，看谁背叛朝廷留了发，抓住也要杀头，这下弄得老百姓苦不堪言。聪明的人，就搞两面派，让额头上的头发长出一点点，弄得不伦不类，两边应付。说来好笑，太平军按资排辈时，就看额头前面的头发，头发长的自然参加起义早，参加起义晚的自然头发短，一目了然。

中华民国成立后，第二十九号公报中就发布了《剪辫令》：令到之日，限二十日内，全民一律剪辫，有不遵者按违法论。这次虽然没有以杀头相威胁，但响应者甚众。一时间，大街上满是丢弃的辫子。有少数对新政权心存疑虑者，偷偷把辫子藏在帽子里，鬼鬼祟祟上街。革命少年一发现了他们，往往立刻扑上前去，掀翻帽子，扯出长辫，"咔嚓"一声，辫子就被剪没了。

最有趣的是，被剪者还没弄明白是怎么回事，只觉得脑后一阵凉风袭来，用手一摸，脑后的辫子已经没了。倘若是清朝的遗老，定要当街大哭大骂。而那些"肇事"的革命少年，则在这场恶作剧一般的剪辫子行动中一哄而散。

1911年，旧历辛亥年，武昌起义爆发，在这场翻天覆地的革命之初，国父孙中山提出的口号是"驱除鞑虏，恢复中华"，其最明显的标志就是剪发辫。辛亥革命后，本来辫子的历史也该寿终正寝了，但还有个回光返照。1917年的时候，"辫帅"张勋趁北京政局不稳，便率领自己的"辫子军"杀到北京，拥溥仪推行复辟。这下"辫子"又神气活现起来了，那些剪了辫子的，又慌忙到处装假辫子，一时间假货横行，满街的辫子使用的都是物理嫁接术。辫子竟然成了北京城的抢手货。不过，假辫子也就流行了12天。张勋的倒行逆施引起了全国人民的义愤。讨逆军在北京上空扔了几颗炸弹，把没见过世面的"辫子军"吓得半死。讨逆军攻入北京，张勋和他的"辫子军"抱头鼠窜，溥仪也只得再次退位。至此，辫子也就正式退出了历史舞台。

纵观这些风起云涌的起义、革命，清王朝似乎从未有过安宁的时候。但是，我们不得不承认一点，清朝统治者能以20余万人口统治中国近300年，在很多大政策上是高于明王朝的。从清朝初期的撤辽饷、练饷、剿饷的政策，到康乾盛世的"滋生人丁永不加赋"；从不修长城到平定准噶尔、收复台湾，清朝统治者都是站在大中华的立场为君为国的。他们牺牲了本民族的语言、文字，而融入中华大家庭中。可是，偏偏在比语言、文字次要的剃发和衣冠问题上，固执己见。

或许可以这样说，"辫子问题"是大清王朝覆灭的原因之一。历史上，曾有"一根稻草压垮明王朝"的说法，那么，是不是也可以说"一根辫子拖垮清王朝"呢？

历史总是充满了戏剧性，谁能想到"剃发令"的始作俑者其实是一个汉人官员，他就是向顺治皇帝上疏的官员孙之獬。在清王朝颁布"剃发令"的3年后，孙之獬因为受人钱财卖官而遭革职，被遣返回老家淄川。他回到老家的时候，刚好赶上山东谢迁起义，谢迁率领起义军攻入淄川后，杀了孙之獬的全家。为了给天下人解恨，谢迁说："贪得一官，编天下之发。我现在就给你种上头发。"于是，在孙之獬的脑袋上凿了个洞，插了几根头发，孙之獬疼痛难忍，昏死过去。而起义军仍不解气，又他把活剐了。

孙之獬是历史上的一个小人物，剃发的主张虽然是由他提出，但真正将"剃发令"落到实处的，是顺治皇帝和摄政王多尔衮。从这里也可以发现一个历史的规律，小人物往往会改变大历史，而小人物的下场也注定比大人物悲惨得多。

二 / 皇权斗争

前面说到"剃发令",事实上,颁布"剃发令"的并不是顺治皇帝,而是摄政王多尔衮。1643年,顺治皇帝登基,年仅6岁,由于年龄尚幼,尚未亲政。1648年,多尔衮被封为"皇父摄政王",这个怪异的称呼,引起了人们特别的关注。不少人认为,只有皇帝的母亲屈尊下嫁,多尔衮才能获得这种尊称。久而久之,孝庄太后是否下嫁多尔衮,成为清朝历史中的一大谜案。

历史上,有一种观点是说,孝庄为了保住顺治皇帝的皇位,才被迫下嫁多尔衮。也有一种观点,说是顺治皇帝孝顺,考虑到母亲与多尔衮多年的情谊,以及多尔衮拥立自己继承皇位的恩情,在大臣的提议下,议请多尔衮与母亲结合。

还有一点很重要,在当时的满洲,兄死弟娶其嫂,是再正常不过的一件事情了。而孝庄死后,并没有和皇太极葬在一起,而是被葬到清东陵,于是有后人猜测,孝庄因为下嫁了多尔衮,觉得对不住皇太极,有失皇家颜面,所以没有与皇太极合葬一处。

其实这些观点和理由都很牵强。原因很简单,顺治皇帝继承皇位是经过非常复杂而激烈的斗争才确定的,并不是孝庄嫁给多尔衮就能解决的,这要从皇太极驾崩说起——

崇德八年(1643)八月初,皇太极像往常一样,忙碌了一天。当天晚上亥时,他端坐在清宁宫南炕上,突然驾崩,时年53岁。

噩耗来得如此突然,令人无比震惊。皇太极去世的当天,实在看不出他有什么毛病。就在前一天,还在崇政殿为第五个女儿固伦公主下嫁内大臣和硕额驸恩格德里之子索尔哈举行盛大的仪式。

再往前追溯三个月,皇太极都没有出现特别明显的病症。

在清代官修的史书中，几乎都记载说，清太宗皇太极死时，是"无疾而终"；这种说法不符合实际，也给后人留下了一个不解之谜。因而产生了种种推测。

有一点可以肯定，皇太极之死，绝非"无疾而终"，事实上，他是因病而亡的，只是清代官方史书没有公开而已。那么，皇太极到底死于什么病呢？清朝官方史书中，没有透露任何蛛丝马迹。而朝鲜史书《李朝实录》记载：四月初六，清人向长住沈阳的国王之子问药，认为皇上得的是风眩病，希望朝鲜提供中草药竹沥，而且要请名医给皇太极治病。

按《李朝实录》用竹沥治疗风眩病，竹沥主治化痰、去热、解烦闷等病症。皇太极一生劳累，去世前几年国事更加繁重，加上宸妃之死，精神受到打击，导致情志不舒，痰火上升，血热上涌，头昏眩。这些症状容易引起中风症，血压升高而猝然死亡。皇太极所患病症，应该不出这个范围，而且这些病症是导致他死亡的主要原因。

一些史书说皇太极是患"痰疾"而死，恐怕不够准确。痰是其他病症引起的，仅仅一个"痰"还构不成重病。也有人认为，皇太极是因怀念宸妃过度伤感而死。根据是宸妃去世前，皇太极已经患病。宸妃之死无疑加重了他的病情。

皇太极一生，极为勤勉，既驰骋于疆场，又日理繁重政务。由于长期处于高度紧张状态，没有放松的时刻，严重损害了健康，致使他积劳成疾，当潜伏的重病一朝突发时，他便顷刻丧命。据此推断，皇太极因中风而亡的可能性非常大。

皇太极死得太突然，没有留下任何遗言，也没有交代由谁继承皇位。诸王贝勒一点准备也没有，在经过一段时间的忙乱和哀悼后，一场激烈的皇位争夺战打响了。

关于皇位的继承问题，太祖努尔哈赤曾留有遗诏，按照规定，皇位的继承要由满洲贵族来讨论、决议。

崇德八年（1643）八月十四日，在皇宫崇政殿内，满洲亲王、郡王们展开关于皇位继承问题的讨论。其中有几位亲王和郡王的意见尤为关键。他们是礼亲王代善、郑亲王济尔哈朗、睿亲王多尔衮、肃亲王豪格；还有三位郡王，分别是英郡王阿济格、豫郡王多铎和颖郡王阿达礼。

在这几个人之中，最有实力继承皇位的，是肃亲王豪格和睿亲王多尔衮。

豪格是皇太极的长子，人才出众，久经沙场，屡建军功。他的拥护者是正黄、镶黄旗和正蓝旗的大臣。尤其是两黄旗的贝勒大臣，誓死效忠豪格。

多尔衮是努尔哈赤的第十四子，是皇太极之弟。他的拥护者是正白旗和镶白旗的旗主贝勒，英郡王阿济格、豫郡王多铎又是他的同胞兄弟，而且多尔衮多次统军出征，屡立大功。

这样一对比，就很清晰了。满洲八旗中，正黄、镶黄和正蓝旗拥戴豪格；正白旗和镶白旗拥戴多尔衮。那么，掌管正红旗和镶红旗的代善，以及掌管镶蓝旗的济尔哈朗，他们的意见就变得至关重要了。

在崇政殿，代善提出豪格为"帝之长子，当承大统"。如此一来，两黄、正蓝旗和两红旗都支持豪格，让豪格分外欣喜，他认为自己继承皇位的大局已定，于是就假意谦让，说"福少德薄，非所堪当"。

这是一句客气话，豪格假意推辞，目的是让众人再三请求，然后自己顺势登上皇位，这样既显得谦恭，又是众望所归。

哪知道，正白旗和镶白旗的旗主贝勒并不跟他客气，他们一脸愤懑，拒不相让。

在激烈的争执之下，支持豪格的两黄旗大臣，手握佩剑说："我们这些人吃先帝的，穿先帝的，先帝对我们的恩情有天大，如果不立先帝的儿子，我们宁愿一死追随先帝于地下。"

看这架势，是要以死相拼了。此时，礼亲王代善见形势不对，以年老多病为借口退席而去。随后，英郡王阿济格，以不立多尔衮而退出；豫郡王多铎则沉默不发一言。这两位都是多尔衮的同胞兄弟。他们的立场很明确，就是要让多尔衮继承皇位。

就在豪格阵营和多尔衮阵营剑拔弩张、互不相让的紧要关头，表面憨厚、内心机敏的郑亲王济尔哈朗，提出了一个折中的方案：既不让多尔衮继承皇位，也不让豪格继承皇位，而是让皇太极的第九子福临继承皇位。

多尔衮迅速权衡利弊，如果自己强行继位，势必会引起两白旗与两黄旗火并，其后果肯定是两败俱伤；而让豪格登基，自己又不甘心，而且还会遭到豪格的报复，如果让年幼的福临继位，则可以收"一石三鸟"之利——打击豪格、自己摄政、避免内讧。

于是，多尔衮站出来说，我赞成由皇子继位，皇子当中，豪格提出他不继位，那就请福临继位。福临年纪尚幼，就由我与郑亲王济尔哈朗辅政。

豪格想反对，却提不出反对的理由，支持他的两黄旗，都提出要立先帝之子，而福临也是先帝之子。也许，他很后悔自己的假意谦让，这一谦让就真的让出了皇位。

就这样，年仅6岁的福临意外地坐上了大清帝国的皇帝宝座，改年号为顺治。说起来，福临能继承皇位，也有多尔衮的功劳。毕竟，在皇位继承人的问题上，他毅然支持了福临。然而，在他死后，已成为顺治皇帝的福临，却对他掘墓鞭尸、焚骨扬灰，而且不准任何人上坟祭扫——这是对死人最严酷的刑罚，目的是让其下辈子不能投胎转世，让其永世不得翻身。

顺治皇帝福临为什么要这样做？他和多尔衮之间到底有多深的仇怨？这要从顺治即位后说起——

崇德八年（1643）八月二十六日，顺治皇帝福临在沈阳即位。作为满洲人入关后的第一代皇帝，天下归属在福临名下，但福临却掌握在多尔衮手中。多尔衮在经过一番经营后，从"叔父摄政王"变成了"皇叔父摄政王"，再到后来的"皇父摄政王"，距离真正的"九五至尊"称号，仅一步之遥。

大权独揽的多尔衮，开始排除异己，首先清除的就是另一位摄政王济尔哈朗。入关后的济尔哈朗，基本不过问国家大事，甚至还沉溺于享乐中。但这不仅没让多尔衮放心，反倒让多尔衮抓住了把柄——多尔衮为了让自己的亲弟弟多铎做辅政王，给济尔哈朗安了一个"王府规格超标"的罪名，强行把济尔哈朗的摄政王爵位给剥夺了。过了一年，多尔衮又把与他争夺皇位的豪格定了罪，豪格最后死在了牢狱之中。

随着权力的迅速增长，多尔衮越发霸道专横，颐指气使，生活穷奢极欲。他的妻妾究竟有多少，难以统计，有名分可查的至少有10个妃子。而且，多尔衮还曾逼迫朝鲜送公主来成婚，公主送来了，他玩弄一番之后，又嫌其不美，让朝鲜再选美女，搞得朝鲜国内鸡犬不宁。

而身为天子的顺治皇帝则战战兢兢，仰人鼻息，任人摆布。尽管如此，顺治皇帝在年纪尚幼时，就表现出了一个帝王应有的气质和不可冒犯的尊严，并且随着年龄的增长，越发明显。

史料曾记载了他登基前的一件小事。当时，迎接他前往笃恭殿举行登基大典的仪仗队，正要整装待发的时候，他的乳母提出要与他一起乘坐仅供皇帝专用的辇车。这个表面放肆的要求，其实是乳母觉得他年纪太小，为他担心。但顺治皇帝却坚持一个人乘坐，他认为，这辆看似普通的辇车，代表了一个皇帝的尊严，没有人可以与皇帝平起平坐。由此可见，顺治皇帝的成熟俨然超过了他的实际年龄。

试想，自小便认为皇权尊严至高无上的顺治皇帝，对于多尔衮的妄自尊大、蛮横专权，怎能不心生忌恨？

关于多尔衮的狂妄自大，《中国史稿》中曾有这样的记载："随着权势的急剧膨胀，多尔衮对顺治的表面尊崇也无影无踪。顺治四年（1647），他以体有风疾，跪拜不便为由，对顺治帝不再行跪拜礼。"

而《清史稿》中也有相应的记载："四年十二月，王以风疾不胜跪拜，从诸王大臣议，独贺正旦上前行礼，他悉免。"

顺治七年（1650）十一月，皇父摄政王多尔衮在古北口外围猎，不慎坠马受伤，于十二月初九去世，年仅39岁。噩耗传到京城，顺治皇帝下诏，举行国丧。次年正月，顺治皇帝亲政，一个月后，他就迫不及待地宣布了多尔衮的十大罪状。没收了多尔衮的家产，罢免、剥夺了多尔衮的爵位和奖赏，并诛杀追随多尔衮的党羽。接着，又掘开多尔衮的陵墓，割下其头颅，用棍子和皮鞭抽打踩躏后，抛置于荒野。

关于这一段"鞭尸"之说，来自当时在北京居住过的两名外国传教士，他们回国后，写了一本书名叫《鞑靼战记》，书中记载说："顺治帝福临命令毁掉阿玛王（多尔衮）华丽的陵墓，把尸体挖出来，用棍子打，又用鞭子抽，最后砍掉脑袋，暴尸示众，多尔衮雄伟壮丽的陵墓化为尘土。"

无论《鞑靼战记》的记录是否完全属实，有一点是不容置疑的——多尔衮的陵墓确实是被毁坏了多次。

另外，顺治皇帝当时也曾下旨，任何人不得为多尔衮扫墓祭祀，让其不得享血食，这算是封建时代最为严厉的惩罚了。致使此后的一百多年间，无人敢论及多尔衮，直到乾隆四十三年，乾隆皇帝为多尔衮"平反"，多尔衮的五世孙淳颖继承了睿亲王爵位。

而关于多尔衮摄政7年后，突然去世的确切死因，官方的史书记载却很含糊。多尔衮死时，正值壮年，一个长年驰骋沙场的壮年男子，怎么会在围猎时，不慎坠马就命丧黄泉了呢？到底是什么导致了他的英年早逝？

其实，多尔衮的身体一直都不好。《多尔衮摄政日记》中说，入关之后，多尔衮"机务日繁，疲于裁应，头昏目涨，体中时复不快"。还"素患风疾"，即脑血管病。

豪格曾诅咒多尔衮说：他是个"有病无福"之人。

另外，纵欲过度也是久病缠身的多尔衮猝死的原因之一。还有一个重要的原因是，顺治六年（1649）三月，多尔衮年仅三十六的亲弟弟多铎出天花而死，两个弟妹坚持一同殉死；接着，他的两位嫂子（阿济格的福晋）也因出天花而相继去世。

不久，多尔衮的元妃博尔济吉特氏又因出天花去世。亲人们的接连死去，让本就多病的多尔衮心头笼罩了巨大的阴影，这无疑加剧了他的病情。

然而，对于多尔衮来说，无论自己的身体状况如何欠佳，有多严重的病症，他在权力的追逐中，从未停息过自己的脚步。

回顾他与兄长皇太极的恩怨，便能清楚这一点——

公元1626年，努尔哈赤去世，多尔衮的母亲被逼殉葬，而此时的多尔衮还不满15岁，当然无力争夺汗位。成年后的多尔衮一直对皇太极不满，但皇太极是同父异母的兄长，又是皇帝。所以多尔衮不敢犯上作乱。但多尔衮是一位难得的将领，他作战勇猛，杀敌无数，皇太极需要像多尔衮这样的帅才。

崇德四年（1639）二月，皇太极投入10余万兵力发动松锦大战。锦州城是辽西的重镇，皇太极视此役为统一华夏的生死之战，于是命多尔衮亲自挂帅。皇太极的战略意图是，派重兵强攻锦州，断绝锦州的外部通道，逼迫锦州城投降。

当时，守卫锦州的总兵祖大寿，是袁崇焕手下的一员骁将。他指挥锦州军民坚守城关。关于此战的战术运用和想法，皇太极已对围城的兵士将领做了详细说明，尤其叮嘱过主帅多尔衮，但多尔衮不愿意强攻。他和皇太极的长子豪格商量，决定让兵士和军官轮流回沈阳探亲，一次每一编队放5人回家，每个旗放副首领一名回家。

兵士回家，营中兵员减少，多尔衮担心祖大寿出兵反攻，就下令全军从现有包围圈后退30里安营，这下激怒了皇太极，他立即命令兵部参政谭拜率兵替换多尔衮。同时，命令多尔衮驻扎辽河，没有指令不准进入沈阳。

多尔衮见皇太极大发雷霆，只好驻军辽河。这之后，皇太极派范文程等人训斥多尔衮不听命令，又定了豪格一个不加劝谏的罪。此事共牵涉10余名将领。后来，多尔衮上书申诉，说让士兵回家是为了修治盔甲、器械、屯兵养马。

皇太极听后，更加震怒，认为多尔衮是巧言强辩，有了过错不知改正，还敢欺上，于是让多尔衮自己议罪。范文程面见多尔衮，向他传达了皇太极的谕旨。多尔衮对范文程说，我不逼迫众兵强攻锦州城，反而遣兵回乡探亲，违抗了圣旨，耽误了攻克锦州的时间，我是总理兵权的主帅，发号令的人是我，遣兵回家的人也是我，按军法，违抗圣旨者罪该当斩。

多尔衮这么说，显然是看出了皇太极的心思。他很清楚，皇太极是想借机除掉他这个劲敌。同时，豪格也看出父亲皇太极的意图，他对皇太极说，睿亲王是王，我也是王，只是睿亲王是我叔叔，才总握兵权，但他制订的作战计划也和我有关，所以我也当死。

最终，皇太极只好免了多尔衮的死罪，把多尔衮降为郡王，不让他议政带兵，以示惩戒。

一个月之后，皇太极又重新起用多尔衮。经过上一次的教训，多尔衮变得服帖了不少。皇太极在处理与多尔衮关系的问题上，曾说过这样一句话："我们既是兄弟，更是君臣。"

这件事让多尔衮深刻地明白，权力有多么重要。在后来的岁月里，他当上了"皇父摄政王"，大权独揽，而后又从权力的巅峰坠落到万劫不复的深渊。但无论怎样，权力都是一个男人的剔骨钢刀。权力，可使猛男屈服，可让美女脱衣，可收钱财入囊，可享优越之感，可为祖宗增光，可被后代称颂。古往今来，无数人追之、逐之、争之、夺之。为此，不惜流血牺牲，化身白骨，腐为骷髅，不惜背信弃义，声名狼藉，遗臭万年。纵然人生如梦幻泡影，如露亦如电，一切不过是短暂的机缘巧合，而拥有权力的人生，终究不同，昙花一现总还现过，君不见众多人的一生只是含苞欲放，却始终也没绽放开吗？

三 / 清代的宦官与言官

多尔衮死后,顺治皇帝亲政。执政期间,顺治总结了明朝宦官专权的经验教训,为避免重蹈明王朝的覆辙,巩固自己的统治,采取了一系列的防范措施,其中,"宦官不许干政",就是重要的内容之一。

在中国历史上,太监有很多种称呼,譬如宦官、阉官、宦者、寺人、内管、内监等。而据考证,中国早在殷商时期,就有了"寺人",甲骨文中曾有相关的记载。

明朝人唐甄在其著作《潜论》中,曾用四句话描绘了太监——"望之不似人身,相之不似人面,听之不似人声,察之不近人情"。根据唐甄的描述,太监似乎是这样一种怪物:身材臃肿、弯曲,长着男人的颊骨却不是男人,没有胡须却不是女人,虽然面如美玉,却没有一点生气,因此不像人的面容,他们的声音像儿童一样稚嫩却不清脆,像女人一样尖细却不柔媚,他们可以很爱一个人,也能下毒手害人,当他们怜悯你时流涕而语,而当他们憎恶你时,则斩杀如草。

唐甄《潜论》中对太监的描述,有一定的道理。毕竟,太监大都自知身份低下,以逢迎主子为能事;他们处于帝王身边,与帝王关系亲密,也比较容易施影响于帝王。他们一旦深受庸主宠信,就会成为狐假虎威、口含天宪的特殊人物,形成一种特别强大的腐朽势力,甚至干预或左右朝政。东汉和唐代的宦官之祸,就是这样频频发生的。

据史料记载,清时宫中太监多达上千人,最多时有两千八百余人。这些太监除了少量的战争俘虏或年幼的宫刑罪犯外,大部分是从民间招募而来的。这些招募而来的,基本都是汉人。

当时,直隶以及京城近郊的昌平、平谷、大兴、宛平等处都是出太监的地方。按照清廷规定,太监进宫后,可以得到一笔安家费,所以,报名做太监的都是穷苦农民的孩子，他们的父母为生活所迫把自己的儿子卖进宫中。

在进宫之前，准备当太监的孩子要做"净身"手术。做手术前，要签署一份契约，表示自己是自愿接受"净身"手术的，若有生命危险完全由自己负责任。签完契约，孩子就被送上一个四角都装着铁环的门板做的手术台，"净身师"把孩子的四肢牢牢地捆绑在铁环上，然后在孩子眼上蒙上一块黑布，灌上一碗具有麻醉功效的大麻汤，接着一盆凉水泼向他们的下身，趁着孩子脑袋发蒙，身子发麻之际，手起刀落。

明太祖朱元璋曾对各个朝代太监祸国的历史做过研究，对往昔帝王在太监包围下大权旁落，深怀戒惧。因此，在大明帝国建国之初，他就制定了严格管理太监的制度，特别严禁其干预政事。这自然是高明之举。但封建制度实施的是人治，而非法治，朱元璋死后，成祖（朱棣）永乐年间，太监就逐渐受到重用，几次下西洋的郑和就是太监，由此可知太监在当时被重视的程度。

到了明宪宗时期，太监得到宠信，开始干预朝政，最后竟然涉及边城镇守，京营掌兵，提督营造、银矿，甚至连染织等事都参与管理。随着外差的日益增多，太监的地位也越来越高，身价也一跃而起。到最后，太监开始欺压起朝官来。到了明朝天启年间，魏忠贤把太监的地位抬到了天上，他自称"九千岁"，下有"五虎""五彪""十狗"等追随者，从内阁六部到四方督抚，均有他的党羽。

这些历史教训，顺治皇帝不会不知道，相反，他十分清楚太监得势的因由。因此，即使他身边的太监对他百依百顺、百般照顾，他也告诉自己，不能让太监得势，他们一旦得势，轻则上房揭瓦，重则倾覆国家。

于是，顺治皇帝决定，依靠强有力的制度来约束宫内的太监。

开国之初，顺治就将"宦官不许干预朝政"的赦谕，铸成大小一样的三块铁牌，分别立于交泰殿、内务府和慎刑司三处。

三块铁牌均为长廊形，上铸有满汉文字，满文从左至右，汉文从右至左。铁牌周围镶有木框，高134厘米、宽70厘米、厚6.5厘米，斜置于木座之上。铁牌的粗糙与宫殿的金碧辉煌很不协调，但也因为铁牌的笨重、丑陋才显得异常醒目,时时告诫皇帝以及臣僚不忘祖制。

铁牌铸铭全文为:

皇帝赦谕:中官之设,自古不废。任使失宜,即贻祸乱。如明之王振、汪直、曹吉祥、刘瑾、魏忠贤辈,专权擅政,陷害忠良,出镇典官,流毒边境,煽党颂功,谋为不轨,覆败相寻,深可鉴戒。朕裁定内官职掌,法制甚明。如有窃权纳贿,交结官员,越分奏事者,凌迟处死。特立铁牌,俾世遵守。

这是顺治十二年的事情,后来,总管内务府大臣奉上谕,又将铁牌文字录制多份,悬挂在执事太监各处。

顺治以后的几代皇帝,陆续又给太监们的权限职掌作了严格的限制。譬如《国朝宫史》《宫中现行则例》《内务府现行则例》以及无数的"圣谕",特别是康熙、雍正、乾隆三朝,大至礼法纲常,小到举止言谈,无不有所规定。太监们在清朝的那段时期,地位极低,任凭皇帝们摆布。

顺治的三块铁牌的确把大部分太监压得半死,对于太监们来讲,明朝时期太监们的辉煌时代的确成了过去。在他们中间,也许有人以为清朝对自己同类的做法是外来野蛮民族的本性。可事实上,顺治是从历史里得出的结论,而实施用铁牌压制他们的。

三块铁牌的祖制一直到慈禧时才算抛弃了。清朝晚期,随着政治上的腐朽,老佛爷当权后,宦官安德海、李莲英一时成为朝廷的"红人"。其权限、行为已经彻底违反了铁牌精神。太监们终于找回了点明朝时的感觉,可惜这感觉只是刹那的温柔,过了不久,随着清朝的灭亡,太监们就慢慢地消失了。

值得一提的是,顺治皇帝自己立的规矩,差点儿被自己破了——他在位的最后10年,宠信宦官吴良辅。吴良辅除了结交大臣、收受贿赂外,做得最出格的事情,就是在顺治的支持下,设立了宦官"十三衙门"。内设的机构与明朝时期相仿,如:司礼监、御用监、御马监、内宫监、尚衣监、尚膳监、尚宝监等。设立这"十三衙门"的借口,按照吴良辅的说法,是为了更好地给皇宫里的贵族们服务,实际上是为了帮助宦官们更好地打听消息、收受贿赂。好在顺治十八年的时候,顺治皇帝废除了宦官"十三衙门"。

顺治皇帝活着的时候，吴良辅就曾被人揭发贪污受贿，但事情被顺治给压了下来，直到康熙皇帝即位后，才以"改变祖制"的罪名，将吴良辅斩首。

不过"吴良辅事件"是一个特殊的事件。总的来看，清朝后期，虽然出现了违背顺治的铁牌精神，但大名鼎鼎如安德海、李莲英这样的太监，并没有如明朝的太监一样干预朝政。从这点来看，太监祸国，大半原因要归罪于皇帝。明朝的几位皇帝比猪还懒，朱批的执笔权都交给了太监，太监不干预朝政真是"上对不起祖宗，下对不起百姓"。

而顺治皇帝以"三块铁牌"压制、震慑太监的做法，对清朝历史具有深远的影响。除此针对宦官之外，他还做了几件看似微不足道的"小事"，而这几件"小事"同样影响深远，那就是压制言官。

这几件小事记录在《清实录》里：第一件事，是在顺治六年（1649）的时候，顺治皇帝精简了各科给事中的官职，将六科中的"副理事"一职裁撤。所谓"给事中"，就是负责"谏言、监察"的官员。

第二件事，是在顺治八年（1651）的时候，顺治皇帝又下诏规定了给事中的人数，规定六科满汉给事中各一人。比起明朝的时候，给事中这个官职，从人数到管制上都大大缩水。

第三件事，是在顺治十二年（1655）的时候，规定大臣们的奏折，内阁有代替官员上奏折，以及票拟处理意见的权力。给事中在其中的职责，只能是在皇帝阅读过奏折后参加批改，然后转给各部门。而且在内阁上奏之前，给事中更无权得知奏折的内容。

第四件事，是在顺治十八年（1661）的时候，顺治皇帝又强调说，各地监察御史必须要进行三年一次的"京察"，而考核的方式，就是审阅御史曾经写过的奏折，按照其内容的质量来打分。同时言官的奏折，如果其中的内容在逻辑上出现疏漏，就要罚半年的俸禄。

这几件事情连起来，不难看出一个事实：第一、二件事，是将给事中官职大批裁撤，以削弱他们的力量；第三件事，是废掉原本给事中所特有的封驳批改大臣奏章的权力；第四件事，是强化对言官的管理，把言官个人政绩的评判权和升迁依据，都控制在皇权手里。这四件事情，归根结底一句话：

改变明朝言官权力过大的局面，以确立皇权独一无二的地位。如此一来，明朝时期敢跟皇帝顶牛，和权臣叫板的言官们，到了清王朝，基本都被彻底废掉了武功。

四 / 顺治"罪己诏"

顺治十八年（1661）正月初三，顺治皇帝染上天花，卧病不起。四天后，病死于养心殿。在他躺在病床上的四天里，做了两件事。第一件事，是在立太子的人选上，他派人征求自己最敬重的西洋传教士汤若望的意见。汤若望认为，玄烨出过天花，已具有免疫力，因此应立玄烨。身染天花的顺治皇帝就立了玄烨为太子；第二件事，是辞世的前一天，他召礼部侍郎兼翰林院掌院学士王熙入养心殿面谕遗诏。

顺治皇帝是清朝入关后的第一位皇帝，6岁登基，14岁亲政，24岁去世，打理朝政，主持军国大事10年，政绩颇多。他以皇帝之尊，极其刻苦地学习汉文化，天未亮就起床读书，为了背诵一些名篇名著，彻夜不眠。在每日处理大量的军务政务的同时，汲取大量的文化知识，不断完善自己的统治方法和手段。

在军事上，面对全国蜂起的战乱，顺治皇帝广泛听取各方面的意见，制定了重抚轻剿的策略，大胆放手任用汉人的降官，不断取得军事上的胜利，稳定了国内局势。在政治上，他整顿吏治，严惩贪官，力求建立廉洁、高效的行政机构。当时的顺治皇帝，年仅十几岁，以我们今天的实际情况来看，他不过是个孩子，但那时的他就能有这般见识、这般作为，实属难能可贵。而他在临终前的一份遗诏，也让人无限感慨。因为这份遗诏，被称为"罪己诏"，其中的内容，除了最后交代了帝位的继承人和辅政大臣名单外，其余全部是顺治皇帝检讨自己执政以来的"过失"，达十四条之多——

遗诏曰：

朕以凉德，承嗣丕基，十八年于兹矣。自亲政以来，纪纲法度、用人行政，不能仰法太祖、太宗谟烈，因循悠忽，苟且目前。且渐习汉俗，于淳朴旧制日有更张，以致国治未臻，民生未遂，是朕之罪一也。

【这一条，顺治检讨说，自己并无高厚的德行，却继承了祖宗的大业，但却没有治理好国家，没有造福于百姓，这是自己的一条罪过】

朕自弱龄，即遇皇考太宗皇帝上宾，教训抚养，惟圣母皇太后慈育是依。隆恩罔极，高厚莫酬，朝夕趋承，冀尽孝养。今不幸子道不终，诚恫未遂，是朕之罪一也。

【这一条说，顺治皇帝自己先母去世，不能孝养母亲，是自己的罪过】

皇考宾天，朕止六岁，不能衰绖行三年丧，终天抱憾。惟侍奉皇太后顺志承颜，且冀万年之后，庶尽子职，少抒前憾。今永违膝下，反上廑圣母哀痛，是朕之罪一也。

【这一条，强调父亲皇太极去世时，自己因尚年幼，未尽孝仪，本应在母亲去世时给予弥补，但今不能承欢母亲，反给母亲带来痛苦，是自己的罪过】

宗皇、诸王、贝勒等，皆太祖、太宗子孙，为国藩翰，理宜优遇，以示展亲。朕于诸王、贝勒，晋接既疏，恩惠复鲜，情谊暌隔，友爱之道未周，是朕之罪一也。

【这一条说，对宗室诸王、贝勒等满洲亲贵未能照应周全，是自己的罪过】

满洲诸臣，或历世竭忠，或累年效力，宜加倚讬，尽厥猷为，朕不能信任，有才莫展。且明季失国，多由偏用文臣，朕不以为戒，委任汉官，即部院印信，间亦令汉官掌管。致满臣无心任事，精力懈弛，是朕之罪一也。

【这一条说，在施政之中，偏向任用汉人官员，疏远了满洲官员，是自己的罪过】

朕夙性好高，不能虚己延纳。于用人之际，务求其德与己侔，未能随材器使，致每叹乏人。若舍短录长，则人有微技，亦获见用，岂遂至于举世无才，是朕之罪一也。

【这一条说，自己用人所持的标准过高，没有很好地发现人才、使用人才，是自己的罪过】

设官分职，惟德是用，进退黜陟，不可忽视。朕于廷臣，明知其不肖，不即罢斥，仍复优容姑息。如刘正宗者，偏私躁忌，朕已洞悉于心，乃容其久任政地。可谓见贤而不能举，见不肖而不能退，是朕之罪一也。

【这一条说，自己对不称职的官员，未能及时撤换，是自己的罪过】

国用浩繁，兵饷不足，然金花钱粮，尽给宫中之费，未尝节省发施。及度支告匮，每令诸王、大臣会议，未能别有奇策，止议裁减俸禄，以赡军饷。厚己薄人，益上损下，是朕之罪一也。

【这一条说，自己在宫中花费过多，影响了官员的俸禄，是自己的罪过】

经营殿宇，造作器具，务极精工。无益之地，糜费甚多。乃不自省察，罔体民艰，是朕之罪一也。

【这一条说，自己在宫殿建造和器具使用上花钱太多，未能体谅百姓生活的艰辛，是自己的罪过】

端敬皇后于皇太后克尽孝道，辅佐朕躬，内政聿修。朕仰奉慈纶，追念贤淑，丧祭典礼，过从优厚。不能以礼止情，诸事太过，逾滥不经，是朕之罪一也。

【这一条说，自己宠爱的董鄂妃去世时，不能控制自己的情绪，丧葬之礼违反定制，过于铺张，是自己的罪过】

祖宗创业，未尝任用中官，且明朝亡国，亦因委用宦寺。朕明知其弊，不以为戒，设立内十三衙门，委用任使，与明无异，致营私作弊，更逾往时，是朕之罪一也。

【这一条说，自己明知明朝亡国于阉党，却任用宦官，致使宦官营私舞弊，祸乱国家。】

朕性耽闲静，常图安逸，燕处深宫，御朝绝少，致与廷臣接见稀疏，上下情谊丕塞，是朕之罪一也。

【这一条说，自己图清闲，很少上朝，致使与大臣们缺少联系，是自己的罪过】

人之行事，孰能无过？在朕日理万几，岂能无一违错？惟肯听言纳谏，则有过必知。朕每自恃聪明，不能听纳。古云："良贾深藏若虚，君子盛德，容貌若愚。"朕于斯言，大相违背，以致臣士缄默，不肯进言，是朕之罪一也。

【这一条说，自己自以为聪明，听不得不同意见，致使大臣们不肯进言，

是自己的罪过】

朕既知有过，每自刻责生悔，乃徒尚虚文，未能省改，过端日积，愆戾愈多，是朕之罪一也。

【这一条说，自己知错而未能改错，致使过错越来越多，是自己的罪过】

太祖、太宗创垂基业，所关至重，元良储嗣，不可久虚。朕子玄烨，佟氏妃所生，岐嶷颖慧，克承宗祧，兹立为皇太子。即遵典制，持服二十七日，释服即皇帝位。特命内大臣索尼、苏克萨哈、遏必隆、鳌拜为辅臣。伊等皆勋旧重臣，朕以腹心寄托，其勉矢忠尽，保翊冲主，佐理政务，布告中外，咸使闻知。

【最后说，传位于玄烨，也就是后来的康熙】

曾经有人认为，顺治皇帝的这份遗诏，在他去世后，被皇太后和满洲矫改过。但即使有改动之处，也不过是四五条与满洲亲贵们利益相关的内容。而我们现在看到的整个遗诏，其中所体现的深刻的自责精神，还是原汁原味的。结合顺治皇帝生前一系列的表现，与遗诏中所体现的精神是完全一致的。

五 / 三项全能的"第一廉吏"

历史上，有各种各样的巧合。有些事情，像是冥冥之中注定的。

譬如在顺治皇帝染上天花的同一年（1661年），一个山西的读书人，到广西罗成县做了县令。这个人叫于成龙。谁也不会想到，这位普普通通的于县令，会成为大清朝官吏的榜样。后世称之为第一廉吏。

而从于成龙的政绩可以看出，清朝历史中，也是不乏能人良臣的。

讲述于成龙，就得先从罗城县说起，这地方可以说是穷乡僻壤。不仅贫苦，气候也不好，用四个字描述，就是"蛮烟瘴雨"。北方人到这里，十有八九是水土不服的，轻则生病，重则身亡。

于成龙到罗城县上任时，竟然已经45岁了。之前，亲友们都劝他别去。因为于家尚有些家产，维持生计是不成问题的。可于成龙不甘于平淡地过下去。他变卖了部分家产，就匆匆踏上了赴任之路。

尽管于成龙预料到罗城县很苦，但没想到，情况比自己想象的还要险恶很多。因为罗成县经过连年的战乱，满目疮痍。自古饥寒起盗心。罗城县一带，盗窃层出不穷。在于成龙之前的两位县令，一个被盗贼杀死，一个竟然弃官而逃了。情况恶劣到这种程度，换个人可能就打退堂鼓了。而于成龙没有，他安顿下来以后，干了三件事。

第一件就是恢复生产力。把农业搞上去，让民众不饿肚子。

第二件是在县里建立保甲。清代的保甲，十户为牌，设一牌头，十牌为甲，设一甲头；十甲为保，设一保长。有了维护治安的组织，县里初步安定下来。

第三件是集中乡民练兵。当时朝廷有一项律条，叫作"未奉令而专征，功成也在不赦"。意思是说，没有朝廷下令，就征集兵丁捉拿盗匪，即使有功劳，也触犯了律条，不能赦免。可于成龙不怕，组织一个以乡民为主的治安队伍，对经常进入罗城县境内劫掠的盗匪，进行声势浩大的严厉打击。县周边的盗匪们招架不住，纷纷请求讲和，并将抢掳的男女、牲畜等尽行退还给罗城百姓。接着于成龙又在全县展开联防联治，周邻盗贼闻之而惧，赌咒发誓说，我们再也不敢犯罗城境。

治安稳定下来后，百姓开始安心开荒种地，从事生产。

农忙时，于成龙就到各处乡野巡视，遇到从事耕作的百姓，就鼓励问候。凡有勤劳、收获丰盛的人家，于成龙就在农户门前竖立标志，予以表彰；而遇到懒惰、听任田园荒芜的，就召集当地百姓，来看落后典型，迫使懒惰的农户改过自新。

短短几年后，罗成县气象大为改观，庄家丰收，牛羊遍山，百姓不仅吃上了饱饭，有的还盖了新房。凡有新房屋落成，于成龙都会亲自前往，题写对联，赠送给户主，以示嘉奖鼓励。

罗城县地处广西，这地方其实是个少数民族聚集地，主要有仫佬族和壮族，他们更为穷苦，时常来县里抢掠。于成龙便带兵开进山寨，找到他们的头目，和他们谈判。约定每年的十月，给他们送些耕牛和食物，以维持他们的生计。这样一来，纠葛矛盾就得到了缓解。

要说这于成龙，管理治安，惩治盗匪是真有一套。康熙八年（1669）他被擢升为湖广黄州府同知。当时的黄州比罗城县要富庶得多，但治安的恶劣程度，却和罗城县相差无几，盗抢案频繁发生，甚至不分白天黑夜，严重影响地方治安和居民的生产生活。

清代文学家蒲松龄在他的著作《聊斋志异》里，有一篇故事叫《于中丞》，里面的很多案子，就是根据于成龙在黄州破获的盗匪案改编的。

于成龙常以微服私访的方式，扮作田夫、旅客或乞丐，到村落、田野甚至盗巢找线索查，所以对当地盗贼的活动规律和案情了如指掌。说他是"断案高手"一点不为过。

清廷在入关后，建立起了一套系统的官员考核制度，即每三年对全体官员进行一次涉及操守、才能、政绩和年龄等多方面的考核。对在京官员的考核称为"京察"，对地方官员的考核称为"大计"。考核优异者称"卓异"，有劣迹或病老者称"劾"，介于两者之间不好不坏的称"平等"。其中仅有获得

"卓异"的人，在事迹经过层层上报、复核后，会获得面圣和擢升的机会。

康熙八年（1669），于成龙在湖广总督蔡毓荣的力荐下，荣获"卓异"的殊荣。

到了康熙十七年（1678），于成龙又升任福建按察使，并接手了个震惊全国的大案——"通海案"。通海案是系列案件的总称，涉及因违反清廷海禁政策而需要被处罚的上千人。对于清廷而言，这些本是可以一刀切的案件，但于成龙考虑到如此易使福建人民与中央离心，不利于社会稳定，所以他在上任后重新审议了大量案件，为多人平反。

毋庸置疑，在治理地方和破案断案这两方面，于成龙是能力超强的官员。而他还有一方面，也是众多官员所不具备的，那就是清廉。

于成龙清廉到什么程度呢？举几个实例，你就知道了。

于成龙在罗城县当了6年县令，日子过得十分清苦。几乎天天喝粥，没吃过肉，家常小菜，一般就是一盘豆豉，一碟青菜。他自己受得了，但他从山西带来的随从受不了，由于长期缺乏营养，这随从没多久就病死了。而当地百姓的生活有了起色，就带着食物或者钱财去衙门送礼。于成龙不收一分一物。可是，百姓早晚都来，太过热情。于成龙只好留下一点点酒钱，偶尔买壶酒喝。

一日，他的大儿子从山西老家到罗城县来探望他。于成龙非常高兴，破天荒买了一只鸭子，煮了半只给儿子吃，还留了半只，说是留着过年吃。百姓听了这事，心说这也太苦了，于是在大公子离开罗城县时，大伙儿纷纷来送钱送物。于成龙一律拒收，他说这里离我老家六千里，孩子一个人带着钱财回去，是个累赘。

他的质朴，让当地百姓十分感动。

后来，于成龙到了合州，这里不过一百多户人家。每年朝廷征收的税为15两白银，各级官吏还要层层盘剥。于成龙上任后，在自己力所能及的权限内，革除了一系列不合理的税收项目。当地郡守，派人来收取鲜鱼，于成龙不但不交，还写信给郡守，诉说当地百姓的困苦。说得郡守非常惭愧，下令赦免了10多项不合理的摊派。

由于各方面能力超强，政绩上佳又廉洁奉公，于成龙不断被提拔，先后担任武昌知府、福建按察使、直隶巡抚，直到擢升为封疆大吏——两江总督。一个穷苦的书生，最后成为封疆大吏，也是极为罕见的。而成为封疆大吏后，于成龙依然一如既往地节俭。

公元1684年，康熙二十三年，于成龙在两江总督任上病故。临终前，同僚属下都来探视。他们见到了这样一个情景：于成龙的卧榻只有一个放旧衣物的竹箱子，里面装着官服和简单的靴子，以及冠带，后堂只有几斗米，几罐豆豉。这些东西，就是于成龙为官一生的积蓄和遗物。

于成龙病故后，康熙将他作为清官的典范和榜样，让朝廷上下的官员们效仿。直至多年以后，康熙还常常提及于成龙，称之为"古今第一廉吏"。

六 / 雄主康熙的大手笔

顺治皇帝死后，他的儿子玄烨即位。许多人都知道，玄烨就是康熙皇帝，而"玄烨"这个名字又有何含义呢？这要从400多年前紫禁城里的一位西洋人说起。

这位洋人可以在紫禁城自由出入，他带来了西方最精密的西洋钟和望远镜。他是中国钦天监第一个洋监正。他的工作是观象测天，这一工作是几千年来中国人心目中通神通天的职业。大清朝廷居然让一个洋人来坐这个行当的第一把交椅，这是出人意料的。这位洋人官居一品，三代荣受皇封，并且可以世袭，孝庄皇太后还尊他为义父。这位"义父"一生都没有结婚，他笃信天主教，生于西方，殒于中土，葬于北京，他就是清代历史中的著名人物汤若望。

康熙皇帝玄烨生于顺治十一年（1654），在玄烨出生前后的那几年，正是西洋天文、机械之学在清初的朝廷中最走红的时期。"玄"字代表的是汤若望传授的包括天文、历法、机械以及天主教信仰等学说。这套学说，令顺治皇帝深深折服。

顺治十年（1653）时，顺治皇帝赐予汤若望"通玄法师"的封号，加俸一级。顺治十四年（1657），顺治帝又为汤若望御笔撰写《天主堂碑记》一文，并赐予"通玄佳境"的堂额。

顺治皇帝给儿子取的名字里带着"玄"字，给"洋爷爷"汤若望的赐物里也两次带有"玄"字，可见这个"玄"字，在顺治皇帝心中的地位是十分重要的。从这个"玄"字也可以看出，顺治对自己的儿子玄烨寄予了厚望。

而玄烨也确实没有辜负顺治皇帝的厚望，他登基以后，里里外外忙活了不少事。同父亲一样，康熙皇帝玄烨登基时也是儿童皇帝。当时的大清，朝虽立而国未盛、民未安，守成和创业同等重要。上继父祖鸿业，下开后世太平，实现民众康宁、国家熙盛，是康熙皇帝面临的时代课题。

事实证明，康熙皇帝承担起了这样艰巨的历史使命，他在位期间，完成了很多件后世人熟悉的大事——除鳌拜、平三藩、收复台湾，以及征讨噶尔丹。

这些事情，每一件都称得上是大手笔。先说除鳌拜。

康熙皇帝即位时年仅8岁。因为年纪尚小，所以国家大事由索尼、苏克萨哈、遏必隆、鳌拜四位重臣辅政。

索尼死后，鳌拜成为首席辅政大臣，他欺君擅权，清除异己，杀害了与他作对的苏克萨哈。此时，康熙虽然亲政，但辅政大臣已经辅政7年，形成了强大的势力，而鳌拜专权的问题越来越严重，康熙忍无可忍，在祖母孝庄太皇太后的支持和策划下，开始实施擒鳌拜的计划。

孝庄先让康熙广泛求言，制造舆论，通过各种措施，纠正辅政大臣政治上的失误和弊端。这使朝廷上下人心振奋，康熙的威望日益增强，鳌拜逐渐走向孤立。与此同时，康熙身边聚集起一批年轻的满洲贵族成员。他们朝气蓬勃，索额图就是其中的突出代表。索额图是索尼的儿子，孝庄选中他的侄女赫舍里氏做皇后，加深索尼家族与清皇室的关系，也加强了正黄旗对皇室的向心力，并影响到镶黄旗。索额图对康熙十分忠诚，在清除鳌拜集团的过程中，成为康熙最得力的助手。

鳌拜集团的附庸众多，盘根错节，已经控制了中央机构的各个要害部门。为了最大限度地减少动荡和不必要的损失，孝庄帮助康熙制定了"擒贼先擒王"，迅速打击主要党羽，震慑其他成员，稳妥解决问题的基本策略。根据这个策略，康熙命索额图秘密地组织起一支善于搏击的少年卫队。康熙经常故意当着鳌拜的面，和少年卫队摔跤滚打。在鳌拜看来，康熙和这些少年只知道玩，因此便逐渐放松了警惕。

时机成熟，行动之前，又将鳌拜的部分党羽遣往外地，以分散鳌拜集团的力量。同时，康熙还采取了其他一些周密的部署。

康熙八年（1669）五月十六日，鳌拜奉诏进宫，当即就被少年卫队擒拿，其主要成员党羽先后被逮捕归案。考虑到鳌拜以往为清朝所做的贡献，康熙对他予以宽大处理，免死，没收家产，终身监禁；对鳌拜的众多追随者，也只处死最主要的一些人，其余一律宽免；就连遏必隆也被免罪，仅革去太师的官职，后又将公爵还给了遏必隆，恢复了对其的信任，从而团结了镶黄旗。

铲除鳌拜集团的政治较量，是康熙即位后，孝庄对他的一次关键性指导和帮助。当时，康熙年仅16岁，还缺乏足够的智谋与经验。如果没有祖母的指教和授计，他很难在亲政第三年，就一举粉碎把持朝政多年、势力强大的鳌拜集团。

此外，在对鳌拜集团的斗争过程中，孝庄和康熙祖孙互相加深了了解，感情更为深厚。孝庄的言传身教，使康熙逐步具备了一代明君应有的宽阔心胸与气度。孝庄指导康熙宽大处理鳌拜集团，既是对当年两黄旗大臣同心合力，拥立幼主福临的回报，也是为清朝的长远统治着想。

清除鳌拜集团，排除了威胁皇权的潜在危险，扫除了清朝向前发展的绊脚石，使康熙真正掌握了朝政大权。他在"首推满洲"的原则下，努力改善满汉关系，崇儒重道，发挥汉人官员的积极性，发展生产，恢复经济。在短短几年时间，政局进一步稳定，得到汉族地主阶级更广泛的拥护，经济也开始有了起色。但是，此时天下的形势并不是一片大好。清朝虽然统一了中国的大部分地区，却仍然危机四伏。北面有罗刹国（俄国）不断侵扰；西面有噶尔丹擅自称王；南面有"三藩"离心离德，东面还有郑氏政权在台湾孤岛自居。

康熙亲政后，书写了一张"以三藩及河务、漕运为三大事"的条幅，悬挂在宫中的柱子上，时刻提醒自己。其中"三藩"是康熙面临的主要问题，也是治国安邦的头等大事。因为南方的"三藩"，拥兵自重，已经发展成危害国家统一的割据势力。其中，平西王吴三桂的兵力达到七万人。朝廷多次要求他裁军，吴三桂的军队却有增无减。朝廷每年要拨给"三藩"军饷两千多万，占了整个清政府财政收入的一半。"三藩"势力的发展，成为朝廷的心腹大患。

康熙知道，要统一政令，"三藩"是最大的障碍。这时候，正好平南王尚可喜年老，想回辽东老家。他上了一道奏折，要求让他的儿子尚之信继承王位，留在广东。康熙批准尚可喜告老还乡，但不让他儿子接替平南王爵位。这样一来，触动了吴三桂和靖南王耿精忠，他们想试探一下康熙的态度，假惺惺主动提出撤除藩王爵位,许多大臣认为,如果批准了他们的请求,吴三桂一定会造反。而康熙果断地下诏答复吴三桂和耿精忠,同意他们撤藩,诏令一下,吴三桂果然坐不住了。

康熙十二年(1673)底,以平西王吴三桂为首的"三藩"发生叛乱。首先,吴三桂在云南起兵,接着,冒充"朱三太子"的杨起隆在京举事;次年三月,靖南王耿精忠在福建造反。康熙十五年(1676),尚之信在广东造反。与此同时,有些地方原已降清的明朝官员纷纷响应。叛军气势凶猛,很快控制了南方广大地区,并延伸至陕西、甘肃等地。孝庄和康熙都面临着严峻的考验。

此前,吴三桂等人的反叛之心已经露出了端倪,政治嗅觉敏锐的孝庄有所预感。康熙十一年(1672)十二月十六日,孝庄提醒康熙,在天下太平之际,应不忘武备,居安思危;随后,又通过其他措施,如令儒臣翻译儒家经典,赏赐诸臣等。孝庄帮助康熙加强统治,进一步搞好了君臣关系。因此,当"三藩之乱"突然发生,清朝统治面临巨大威胁的时刻,孝庄和康熙都表现得异常镇静。

康熙十三年(1674)元旦,吴三桂起兵反叛的消息传到京城。清廷仍然和以往一样,举行盛大的朝贺和筵宴,以此向臣民显示最高决策者无所畏惧的气概,以及与叛军决战决胜的信念,起到了安定朝野、鼓舞士气的作用。

吴三桂在云南起兵时,为了笼络民心,他脱下清朝的官服,换上明朝将军的盔甲,在明永历皇帝的墓前,痛哭了一番,说是要替明王朝报仇雪恨。但是,人们都记得很清楚,引领清兵入关的是吴三桂;杀死永历皇帝的,还是吴三桂。

吴三桂在西南一带的势力很大,所以战争开始时,叛军打得很顺利,一直打到湖南一带。此时,吴三桂派人跟广东的尚之信和福建的耿精忠联系,约他们一起叛变,这两个藩王同意出兵造反。历史上把这个事件称为"三藩之乱"。

"三藩之乱"的战火愈加蔓延。康熙十三年(1674)十二月,陕西提督王辅臣响应吴三桂起兵叛乱,并迅速占据汉中、兴安之地,阻绝川陕栈道。康熙任命都统、大学士图海为抚远大将军,急速赶赴陕西,总辖全省满汉大兵,

· 六/雄主康熙的大手笔 · 033

以剿灭王辅臣。

图海收复平凉后，王辅臣投降，清朝西北战场出现转机。叛军大为震动。尚之信、耿精忠看到形势对吴三桂不利，便也投降了。吴三桂开始打了一些胜仗，可另外两个藩王背叛他，使他的力量渐渐削弱，处境十分孤立，战争进行了8年，吴三桂的形势没有好转。康熙十七年（1678）三月，74岁的吴三桂在湖南衡州（今湖南衡阳）称帝，国号大周。可是，就在这年秋天，吴三桂暴病身亡，他死后，清军对吴军进行猛烈的进攻。吴三桂的孙子吴世璠服毒自尽，吴军投降，自然，"三藩之乱"平定。

"三藩之乱"平定后，康熙采取了一系列缓和民族矛盾的措施。国家各方面的实力增强。康熙为收复台湾做着积极的准备。

公元1662年，郑成功从荷兰侵略者手中收复了台湾。他病逝后，在台湾的黄昭、萧拱辰等人，拥立郑成功的五弟郑袭代理招讨大将军。郑经也在厦门宣布自己为嗣封世子，和郑袭等人抗衡，郑氏王朝从此一分为二。后来，郑经准备向清朝称臣纳贡，以保持"半独立"或"独立"的地位。可是，"三藩之乱"时，郑经受吴三桂煽动，在广东起兵，后被平定，于公元1680年暴病身亡。他死后，台湾岛局势混乱，此时，康熙做好了收复台湾的准备，他果断地决定，武力收复台湾。朝中大臣虽然提出了不同的意见，但康熙力排众议，起用施琅为清军水师主将。同时任命姚启圣为福建总督。姚启圣原任广东香山知县，"三藩之乱"时，投靠到康亲王的军中。他在福建漳州特设会馆，实行安抚政策，给予从台湾返回家乡的郑氏官兵厚待。半年内，前来归降的郑氏官兵就有4万多人，这大大削弱了郑氏军队的实力。

施琅是福建晋江人，顺治三年（1646）随明朝原总兵郑芝龙投降清朝。由于郑成功的招揽，又加入郑成功的抗清队伍，成为郑成功部下中最为年少、善战的得力骁将。可是，施琅个性倔强，不小心触怒了郑成功。郑成功将施琅父子等三人都逮捕关押。施琅的父亲和弟弟都被郑成功杀害了，幸亏有部下相救，施琅才得以逃脱。之后，施琅投降了清廷，立志要打败郑成功，以报家仇。

早在康熙七年（1668），施琅就秘密上疏朝廷，主张武力收复台湾。那时康熙刚刚亲政，他召施琅进京，施琅提出了具体的实施办法，康熙十分赞赏。

但由于当时朝政大权掌握在鳌拜集团手中，还是少年天子的康熙无法实施施琅的计划。

康熙二十年（1681），大权在握的康熙再次召见施琅。施琅向康熙细谈了如何训练水师，如何利用风向变化等具体方略。康熙当即任命施琅为福建水师提督，命令他操练水师，收复台湾。

康熙二十二年（1683）六月，清军在施琅的率领下，开始向澎湖开进。澎湖位于台湾海峡的中央，由64个岛屿组成。澎湖与白沙岛、西屿岛呈环状连接，三岛中间就是著名的澎湖湾。

六月十六日，清军向澎湖的守军发动第一次进攻。两天后，施琅派遣战船攻取了澎湖湾外的虎井屿和桶盘屿。外围被扫清了，可是，此时飓风袭击，清军的战船被郑军围困，只得撤退。初战宣告失败。

六月二十二日，施琅命清军水师兵分三路，发动第二次进攻。这一次，施琅亲自率领50只战船，组成东线攻击部队，从澎湖寇东侧突袭基隆屿，以配合主攻部队夹击娘妈宫；另外，西线进攻部队由总兵董义率领，这支部队也是由50只战船组成，从港口西侧进入牛心湾，以牵制西面的郑军。此外，还有80只战船组成的预备队，随主攻部队跟进。

双方交战七天七夜，施琅利用有利的西南风向，手舞红旗，采取"五点梅花阵"（即用多艘战船围攻一艘战船，集中兵力作战），与郑军展开厮杀。清军战舰阵势整齐，可分可合，作战英勇，一举攻克了澎湖列岛。郑军的大小战船被击毁近200艘。被炮火射死、跳水溺死的郑军士兵达12000多人，近5000名士兵和160多名将领投降。

攻克澎湖后，施琅不杀岛上一兵一卒，使台湾民心归顺。同年七月二十七日，郑克塽开城投降。

康熙二十三年（1684），大清朝廷在台湾设立台湾府，隶属福建省，驻兵1万人，筑城戍守。至此，宝岛台湾终于得以统一于清朝政府，台湾的行政建制与内地完全统一。

接着再说说康熙皇帝的第四个大手笔——征讨噶尔丹。

明朝以来，沙皇俄国就开始向我国东北部的黑龙江流域扩张。明朝末年，满洲忙于入关，放松了北方边境的戒备，沙皇俄国趁机进犯我国黑龙江地区。

他们在那里掠夺财物，杀害居民，遭到当地各族人民的反抗。

　　康熙即位初期，鳌拜专权，政局十分混乱，沙皇俄国的侵略军乘虚而入，又潜入中国领土，占领了雅克萨。雅克萨在今天的黑龙江呼玛西北，漠河以东的黑龙江北岸。俄军占领雅克萨后，在尼布楚（贝加尔湖以东地区）修建碉堡，向当地居民征收大量的赋税，建立了殖民据点。沙皇俄国采用了两面手法：一方面，派侵略军蚕食中国领土；另一方面，派使臣到北京进行恐吓和讹诈。康熙对此不予理睬。

　　"三藩之乱"的时候，沙皇俄国又占领了黑龙江的大片土地，到处建立侵略据点，掠夺了大量的当地土特产和矿产资源。同时，又于康熙十五年（1676）派使团来北京讹诈。俄国使团在北京的耶稣教会的传教士那里窃取了大量的情报。回国后，他们向沙皇建议，派出2000名正规军进驻贝加尔湖以东的黑龙江流域。沙皇接受了这个建议，立即增兵远东，以雅克萨为巢穴，派兵分路侵扰，扩大在黑龙江流域的侵略范围，建立了更多的侵略据点。

　　对于沙皇俄国无耻的侵略行为，在平定"三藩叛乱"后，康熙实施了有条不紊乱的计划。他采取先礼后兵的办法，派大理寺卿明爱去东北与雅克萨的俄军交涉。但俄军方面根本不讲道理。于是，在公元1682年，康熙皇帝亲自到边境了解情况，实地考察，摸清了对方的实力。回京后，康熙又派兵侦察。侦察的结果使康熙认为，俄军是很容易击败的，但又怕他们卷土重来。因此，康熙认为，应该在边地建城筑兵，屯田开垦，并修通水陆交通。

　　康熙派出1000多名官兵带着家眷去屯垦驻防，做好战前准备。边区的各族人民看到朝廷抵抗沙俄侵略者的决心，受到了很大的鼓舞，积极支援清军备战。

　　一切准备就绪。康熙二十四年（1685）春，康熙下令，对俄军的据点雅克萨发动进攻。清军直抵雅克萨城下。他们遵照康熙皇帝的旨意，先警告沙俄军。沙俄军却置之不理。于是，清军把雅克萨包围起来。在观察地形后，清军在城南筑起土山，让兵士站在土山上往城里放冷箭，城里的俄军以为清兵要进攻城南，就把兵力都拉到城南。而清军却出其不意在城北隐蔽，趁城北敌人防守空虚，突然以火炮发起攻击，炮弹击中城楼，清军又在城下堆放柴草，准备放火烧城，俄军在慌乱中举白旗投降，并带着残兵败将逃走。清军占领雅克萨后，收缴了大量的俄军武器。

但是，俄军并没有死心。就在当年，沙俄侵略军的增援部队趁清军撤回休整的时机，又带兵开进雅克萨。康熙决定，这一次要彻底消灭沙俄军。于是，清军又一次包围了雅克萨，用猛烈炮火进攻。这一次沙俄进行了顽强的抵抗。几次出城反扑，都被清军打了回去，战斗持续了3个多月，沙俄守城的头目托尔布津中弹身亡，俄军最后只剩下150多人，清军终于攻克了雅克萨。

两次雅克萨之战都以失败告终，沙俄政府不得不派出使者到尼布楚，请求谈判。

康熙二十八年（1689）八月，双方代表集中到了黑龙江柳絮的尼布楚城，开始了有历史意义的边界问题谈判。沙俄方的代表戈洛文首先提出土地的问题，要求黑龙江北岸划归俄罗斯帝国，南岸属于清帝国。在康熙的旨意下，索额图表示可以以尼布楚为界。戈洛文却不领情，使谈判陷入僵局。戈洛文为了进行武力恐吓，在尼布楚哨卡增派了300名火枪手，但清朝官员不卑不亢。

第二天，清朝使团又一次做出让步，提出以格尔必齐河为界。但是戈洛文提出，要索取雅克萨，拒绝了清政府的建议。这样一来，引来了尼布楚周围的布里亚特人和温科特人的不满，他们纷纷起义。清政府的坚定立场和人民的起义，让戈洛文慌了手脚。在他们查明清廷割让给沙皇俄国的那部分土地具有丰富矿藏的时候，终于同意以额尔古纳河为界，再沿外兴安岭向东直到海边为中俄边界，河东岭南属于清政府，河西岭北属俄国。沙皇俄国还保证要拆毁雅克萨城堡，把军队撤离中国领土。

康熙二十八年（1689）九月七日晚，索额图和戈文洛分别代表中、俄双方在条约上签字，这就是著名的中俄《尼布楚条约》。

中俄《尼布楚条约》签订以后，沙俄方面并不安分，就在条约签订的第三年，即1691年，沙俄唆使蒙古准噶尔部的首领噶尔丹进攻漠北蒙古，挑起叛乱。

康熙时期，蒙古分为漠南蒙古、漠北蒙古和漠西蒙古三个部分，这三个地区都陆续归顺了清政府。噶尔丹统治准噶尔部后，野心勃勃，先兼并了漠西的其他部落，又向东进攻漠北蒙古。漠北蒙古被攻破后，几十万漠北蒙古人逃到漠南，请求清政府给予保护。康熙派使者来到噶尔丹那里，要求噶尔丹将侵占的地方交还给漠北蒙古。噶尔丹的幕后是沙俄政府，因此，噶尔丹认为，自己有沙俄政府撑腰，根本不理睬康熙，不但不肯退兵，还大举侵犯漠南，气焰十分嚣张。

谈判失败，康熙认为噶尔丹野心不小，不可小视。于是，他决定亲自征讨噶尔丹。康熙二十九年（1690），康熙兵分两路，左路由抚远大将军福全率领，出古北口；右路由安北大将军常宁率领，出喜峰口。康熙则亲自带兵在后面指挥。

右路清军最先接触到噶尔丹军，打了败仗，噶尔丹更加得意，派使者向清军要求交出他们的仇人，噶尔丹又把几万骑兵集中在大红山下，后面有树林掩护，前面又有河流阻挡。又将上万只骆驼，绑住四条腿躺在地上，驼背上架上箱子，用湿毡毯裹住，摆成了一个长长的"驼城"。企图阻止清军进攻。康熙下令反击，福全以炮火分段击破。"驼城"被轰开一个大缺口，上万名清军骑兵冲杀过去。福全又派兵绕到山后夹击山下的骑兵，叛军猝不及防，被里外夹攻，损伤大半，剩下的纷纷逃命。噶尔丹见形势不利，急忙派人向康熙求和。实际上，这是缓兵之计，等清军奉命追击的时候，噶尔丹已经带着残兵败将逃到漠北去了。

噶尔丹回到漠北后，继续招兵买马。康熙三十三年（1694），康熙约噶尔丹会见，以订立盟约。噶尔丹不但不来，反而暗地派人到漠南煽动叛乱，并扬言沙俄将支援6万名枪兵，来对付清军。

面对噶尔丹的阴谋，康熙决定再次征讨噶尔丹。康熙三十五年（1696），康熙第二次亲征。分三路出击：黑龙江将领萨布素从东路进兵；大将军费扬古率陕西、甘肃大军，从西路出击，截击噶尔丹的后路；康熙亲自带领中路军，从独石口出发。三路大军约定好时间组织夹攻。

康熙带领的中路军先期到达科图，遇到了敌军前锋，但东、西两路军还没有到达。康熙当即决定继续进攻克鲁伦河，并派使者去见噶尔丹，告诉他康熙亲征的消息。噶尔丹得知后，连夜拔营撤退，在三路大军的夹攻下，噶尔丹只带着几十名骑兵逃脱。

经过两次大战，噶尔丹的势力已土崩瓦解。康熙要噶尔丹投降，但是噶尔丹继续顽抗，过了一年，康熙又带兵渡过黄河亲征。此时，噶尔丹军队已经人心涣散，很多人纷纷投降，甚至愿意做清军的向导，噶尔丹走投无路，最后只好服毒自尽。

自此之后，清政府重新控制了阿尔泰山以东的漠北蒙古，给当地蒙古贵族各种封号和官职。清政府又在乌里雅苏台设立将军，统辖漠北蒙古。后来，噶尔丹的侄儿策妄阿拉布坦攻占西藏。

康熙五十九年（1720），康熙又派兵远征西藏，驱逐了策妄阿拉布坦，护送六世达赖喇嘛入藏。之后，清政府又在拉萨设置了驻藏代表，代表清政府同达赖班禅共同管理西藏。国家内部逐渐稳定，使天下由大乱走向大治。开创了中国历史上为数不多的升平盛世。

七 / 盛世经济下的阴影

康熙皇帝即位后，前前后后忙活了不少事，擒鳌拜，平三藩，收台湾，征服噶尔丹，澄清吏治，减轻赋役，招纳贤士。而完成这些大事，都需要国家经济的支撑。

众所周知，中国封建社会的经济基础，来自农业。农业是国家存亡的根本、百姓的生命之源。清朝的历代皇帝都十分重视农业生产。虽然，满洲起源于游牧，善骑射，不善农事，但从建国时起，在努尔哈赤的倡导下，已把农业生产列为重要的部门。特别是在皇太极时期，把农业置于社会经济的首要地位，反复开导他的不善农业的兄弟子侄及其本族臣民，灌输重视农业的思想，具体讲解农业之重要及耕作方式方法。

这之后，以农为国本的思想，已成为历朝皇帝及统治集团的传统国策。如顺治帝与多尔衮，都不忘农业这个根本，在进行统一战争中，仍不废农业生产，攻克一地，便迅速恢复当地的农业生产。

入关以后，顺治皇帝效仿历代帝王，在京南设立先农坛，把祭先农列为国家重要的祭祀活动之一。同时，在先农坛东南还开辟了一亩农田，叫作耤田，专供皇帝每年春天到这里来行"耕耤礼"。

而在清朝的12位皇帝中，若论重视农业生产，将其付诸实践，做得最好的，非康熙皇帝莫属。康熙皇帝并没有像以往的皇帝那样，把重农仅仅体现在每年春天的"耕耤礼"上，而是切切实实地对某些植物、土壤及栽培技术进行调查研究，并做了一些有效的实验。

据记载，康熙皇帝研究考察过的植物多达20余种，如黑龙江麦、御稻、吐鲁番西瓜、葡萄、果单、菱角、杨柳、枫树、竹子等。他对这些植物的产地、生长期及根、茎、叶、花、果的性能、用途、味道等，都做过比较深入的考察。在考察过的20多种植物中，亲自试种过的有10多种，如稻麦、人参、花木等。

康熙皇帝南巡时，十分喜爱江南的香稻和菱角，他便带了一些种子回京试种。结果没有收获，试种失败了。他吸取失败的教训，悟出种庄稼不能生搬硬套，"南方虽有霜雪，然地气温高，无损于田苗"。之后，康熙留心改良土壤，提高地温水温，他的栽培试验终于取得了成功。在康熙皇帝进行的栽培试验中，最有成效的是培育御稻。他花费了近20年的时间试种御稻，到晚年时，还曾命江宁织造曹寅、苏州织造李煦在江宁、苏州等地进行推广。据史书记载，御稻第一季亩产量在四石左右，与当时苏州稻田的亩产量接近，第二季亩产量一般都在二石至二石五斗，两季加起来，比原来增长了五成左右，所以受到当地百姓的欢迎。御稻在江南曾流行过一段时期，但当时还没有解决在一块土地上不倒茬、连种的弊端，同时农民也缺乏长期栽种双季稻的积极性，御稻慢慢就绝迹了。

康熙重视农业、关注农民，不仅体现在他亲自参加农业劳动上，还体现在他的农业政策上。众所周知，清初实行的圈地政策就是在康熙朝彻底废止的。当时奖励垦荒，地方官招来垦荒者则晋升，否则罢黜。实行"更名田"，将明藩王土地给予种地的农户，耕种藩田的农民称为自耕农。实行蠲免政策，鼓励农业生产。康熙朝曾先后将河南、直隶、湖北等9省田赋普免一周；又将全国各省钱粮分三年轮免一周，这在中国古代史上是罕见的。由于实施重农政策，全国耕田面积由顺治时期的5.5亿亩发展到康熙时期的8亿亩，农业得到显著发展。人口随之迅速增长，国力显著增强。

然而，经济虽然提升了，却也发生了一些矛盾。可以说是盛世经济背景下的阴影。

因为从这一时期开始，手工业越来越发达。一些农民进入城市，当了织工、印工、纸工、陶工、铁工、踹工。因为当时的行业，已经有比较细化的分工，比如棉织业，就分为很多工序，像纺纱、织布、染布以及踹布。

踹布这道工序，简单地说，就是把染好的布，用踹石来回滚压，这样压出来的布，又紧又薄，还很有光泽。然而，踹石很重，每块有1000多斤。所以这道工序是非常累人的。不仅累，工钱还给得少，每踹一匹布只能拿到一分一厘的银子。

踹工都有组织，组织的头目，就是包工头。包工头收取踹工的食宿费以及踹石租赁费。这两样费用一收，踹工真正拿到手里的银子就少得可怜了，养家糊口都困难。

康熙九年（1670），苏州闹灾荒。这地方是当时踹工最集中的地方，由于灾荒，米价涨了起来。这让原本收入就菲薄的踹工，更加难以度日。

苏州踹工群体里，有个比较有威信的人，叫窦桂甫。大伙儿遇到什么事，都喜欢找他拿主意。度日艰难，踹工们就来找窦桂甫。窦桂甫思量良久，写了些传单，内容是如果布商不增加工钱，踹工们就不干了。也就是说，不加钱，就罢工。这下就热闹了，一时间传单满天飞，吃不饱饭的踹工全都涌上街头。历史上，称这种罢工为"叫歇"。顾名思义，就是大家叫着要歇业。

这么一来，布商们就急了，赶紧联名写了个状子，把闹事的踹工们告到了官府。官府接了布商的状子和贿赂的银子，就派人把以窦桂甫为首的几个踹工头目抓进了大牢。

踹工们没了领头人，成了一盘散沙，只好偃旗息鼓，重新含泪开工。

但是，矛盾没有解决，就像埋下了一颗不定时的炸弹，随时可能爆炸。果不其然，在康熙十三年（1693），苏州的踹工爆发了一次更大规模的罢工。这次领头的叫罗贵。如果说窦桂甫只是带领工人"文斗"，散发一些传单，提出一些呼吁；罗贵则升了级，他带领工人"武斗"，踹工人手一根木棍，见着布商劈头盖脸就打，打得头破血流，一间间踹房也被砸烂。

这下官府吓坏了，没想到这次罢工这么暴力，慌乱之下，赶紧张贴告示，予以安抚。可惜一点不管用，踹工们撕碎了告示。官府只好派兵丁镇压，抓获了领头的人，进行毒打，然后发回原籍。

两次镇压后，踹工们表面上平静了，实则暗流涌动。他们时常在寺庙等人员稀少的地方聚会，时不时就闹出些事端来。譬如逮住一个剥削他们的包工头，就是一顿毒打。有些包工头吓得连家都不敢回，夜路也不敢走，生怕一不留神就挨顿黑打。这种情况，让一些包工头和布商不敢把工钱压得太低。食宿费以及踹石租赁费也降低了不少。

这种情况整整持续了一年，罢工闹事的行动才真正平息。完全复工以后，官府仍然心有余悸，派兵丁日夜巡逻，还在踹房集中的地方，设立了甲坊，规定要当踹工的，必须要有保人。平时上工，都要登记。而且，每逢初一、十五，甲坊的坊长还要进行一次复核盘查。一家踹房出了事，其他九家连坐。

然而，镇压得越厉害，反抗的力度也越大。康熙五十四年（1715），苏州的踹工开始秘密联络，宣布成立踹工会馆。成立当天，还大张旗鼓地演戏庆祝。

此时，踹工算是有了一个比较完善的组织，放到现在，有点成立了"工会"的意思。工会的工友们要求包工头和布商增加工钱，因为踹工们不仅自己要提高待遇，还要凑钱援助普济院和育婴堂。

这事就严重了，一群文盲成立会馆，还援助育婴堂。布商们愤怒至极，恐慌至极。当时，苏州72家布商串通起来，联名上书官府，要求官府取缔踹工会馆。事情越闹越大，连朝廷都知道了。于是，朝廷派遣钦差大臣和江苏省按察使，共同前往苏州查问。然而，朝廷并没有善待踹工，而是指派苏州严惩踹工的领袖。

就这样反反复复，踹工一次次罢工，一次次被镇压，被镇压后，又进行新一轮的抗争，时间长达20余年，始终没有停过。除了踹工以外，苏州的纺织工、景德镇的瓷器工、陕西的木工、京城的铸钱工等，都有过三番五次的罢工。这些罢工抗争的活动，由于发生在各个地区，并没有发展成全国性的事件。因此对整个大清朝并未造成太恶劣的影响。

八 / 中西历法之争

尽管在盛世经济的背景下，有一些阴影，但康熙皇帝仍然堪称是很敬业的皇帝。他还有一个鲜为人知的大功业，就是大规模整治黄河。

清初的水患，主要集中在黄河流域的苏北地区，当时水患的主要特点，不仅是黄河频繁泛滥，淹没大批良田，更导致了连接南北的京杭大运河阻断。

当时主持治河的，是17世纪中国最杰出的水利学家靳辅。靳辅的治河理念，延续了明朝人潘季驯的"束水冲沙法"，而他最有突破性的理念是：他认为应该把黄河当作一个整体去治理，如果仅仅是哪里闹水灾，就去治哪里，那无异于是头痛医头，脚痛医脚。这种超前的治水理念，也一度引起清王朝的质疑。

靳辅于康熙十七年（1678）、康熙二十一年（1682）、康熙二十三年（1684）、康熙二十五年（1686）多次治理黄河。他的压力巨大，因为他超前的治水理念，是要对黄河进行全面的整修，这势必要耗费巨额的资金。而且，这种治水方式最大的问题，是工期长，见效慢。因此在施工过程中，他至少有五次，因为黄河决口，而遭到同时期一些"专家"的质疑。但最后的结果证明，靳辅是对的。在这次大规模的整修后，黄河大约半个世纪没有发生过严重水患。

康熙不仅在南巡的时候，对治理黄河的工程进行了规划和检查，还利用亲征噶尔丹的机会，在宁夏从横城口乘船顺黄河而下，体验黄河的汹涌激荡。

康熙四十三年（1704），康熙帝曾派侍卫拉锡等人前往黄河的源头进行考察。《康熙政要》中，记录了康熙皇帝对拉锡等人的指示："黄河之源，虽名古尔班索罗谟，其实发源之处，从来无人到过。尔等务须直穷其源，明白察视其河流至何处入雪山边内。凡经流等处宜详阅之。"

根据康熙皇帝的指示，这一年的四月初四，拉锡奉谕旨率随员西行，到达青海的时候，是五月十三日。他们在当地官员的陪同之下，对黄河发源地的星宿海、札陵湖和鄂陵湖的大小和形成情况，进行了考察，并绘制了黄河从鄂陵湖流出的路线图。在此之后，康熙皇帝在拉锡奏报的基础上，写了一篇短文《星宿海》，记叙了黄河之源的情况。

从此次考察的奏报可以看出，其考察结果，与现代地质学家对黄河河源的地理环境考察基本是一致的。康熙皇帝在300多年前组织的一次黄河河源考察，可以算得上是中国地理学史上的壮举。

由此可见，康熙皇帝不仅在安邦治国上大有作为，还特别提倡自然科学。作为一个封建君主，怎么会对自然科学感兴趣呢？这要从一次历法之争说起。

中国古代的科技水平本来是很高的，可到了明末，由于腐朽没落制度的束缚，科技水平渐渐落后于西方国家。明朝的历法，用的是大统历。所谓大统历，就是元代科学家郭守敬制定的"授时历"，到明朝时改称为大统历。

大统历用了二百多年，到明末已经很不准确，需要修订了。当时，西方到中国的耶稣会传教士为了引起中国皇帝的重视，都想方设法传播西方文艺复兴时期的科学精华。

明朝有名的科学家徐光启从传教士利玛窦那里学了很多东西，又把一个叫汤若望的传教士推荐给明朝皇帝。前文提到过，这位叫汤若望的传教士，后来在顺治朝受到重用，官居一品，三代荣受皇封，孝庄皇太后还尊他为义父。

汤若望根据比较先进的仪器和数学知识，推算出来的日食、节令都比大统历准确。明朝决定推行汤若望的新历法，还让汤若望主持在北京修起了一座观象台。然而，新历法还没来得及推行，明朝就灭亡了。观象台也在兵荒马乱之中被毁坏。

清朝入关后，汤若望又写信给顺治皇帝，说用新历法推算，这年八月初一将出现日食，请求派官员测验。到了八月初一，摄政王多尔衮派人一看，果然不错。多尔衮很满意，马上宣布实行新历法，还让汤若望当了负责天文、历算的钦天监监正。

顺治皇帝亲政后，更加信任汤若望，授予他"通玄法师"的称号。而钦天监那些靠推行大统历混饭吃的守旧派官员，都被冷落到一边去了。有一个叫杨光先的官员，认为只要是祖宗传下来的东西就什么都好，外国传进来的就什么都不好。于是，他上疏说，清朝要子子孙孙传下去，可是汤若望推行的新历法只有二百年，可见他居心不良。

康熙皇帝即位初期，辅政大臣鳌拜等人当权，他们认为，凡事按祖宗的老一套办法做，才稳妥。就下令严惩主张推行新历的一派人。汤若望因为有康熙的祖母，孝庄太后讲情，才被免除了死刑。年老多病的汤若望，不久后就死在了狱中。其余的外国传教士被驱逐出境，负责新历法的汉人官员也受牵连被处死。杨先光一跃成为钦天监监正。

康熙皇帝除掉鳌拜后，发现杨光先推算节令常常出错。可是，究竟是旧历好，还是新历好，康熙皇帝一时难以决断。

康熙七年（1668年）十一月的一天，康熙皇帝让杨光先和比利时传教士南怀仁，一同参加了御前会议。康熙皇帝让二人分别拿出证据，来证明旧历和新历哪一个更好。

杨光先拿不出证据。而南怀仁却胸有成竹，说："请皇上摆出两个日晷（用日影来测定时刻的仪器），让杨监正和我分别算出明天正午日晷投影的位置，看看谁的准确。"

康熙皇帝认可了，让礼部尚书等人到时当场验视。次日，礼部尚书带领众官员到达午门，等待验证。

杨光先本来不懂历算，推算节令要依靠别人。这时候虽然标出了一个投影的位置，但心里根本没有把握，南怀仁懂得代数、几何，因此很镇静。

到了正午时分，日晷果然准确无误地投影在南怀仁标明的位置上。而杨光先推算的却差得很远。杨光先看到这个情况，十分尴尬，却不服气，口称："宁可无好历法，也不可使大清国有洋人！"

南怀仁不慌不忙地说："今天是冬至，投影应该在240度这个位置上。"继而又问杨光先："今年应该是十二月闰月，可是按您的历法，却在明年一月。除此之外，您还把明年算成两个春分，两个秋分，不知是何道理。"

南怀仁滔滔不绝地讲着，前来验视的官员，包括杨光先，个个呆若木鸡，不知如何回答。康熙皇帝很感慨，大清王朝这么多大小官员，难道都不懂历法推算？至此，他决定采用新历法，还下令钦天监的官员学习新历法。

其实，康熙皇帝下令让钦天监官员学习之前，自己已经开始学习了。他把南怀仁请到宫里，详细地询问西方科学。南怀仁每天到宫里，用满语和汉语给康熙皇帝讲解天文学、几何学和静力学。

康熙皇帝研究了欧几里得几何和阿基米德定律，还学会了使用一些主要的天文学仪器和数学仪器。后来，每逢行军打仗，康熙皇帝都让侍卫随身背着一些仪器，以便随时测量太阳子午线的高度，以及周围地形地物的高度和方位。

康熙皇帝还组织编纂了一本《数学精蕴》。这部书集中了当时中国和外国数学的代表作，成为清朝最重要的数学著作。有一次，康熙皇帝到南方巡视，有人把数学家、天文学家梅文鼎的一部数学著作献给康熙。两天以后，康熙皇帝对献书的人说："这本书写得很细致，议论也公平，朕要带回宫里去仔细研究。"

后来，康熙皇帝再次南巡，就指名要见梅文鼎。梅文鼎当时已经年逾古稀，被请上龙舟，连续三天，从早到晚和康熙一起研究数学。梅文鼎辞别的时候，康熙皇帝依依不舍，说："朕留心天文历算，像您这样有学问的人，实在太少了。可惜您年纪太大了，不然朕一定把您留在身边，早晚向您请教。"说罢，又提笔当场写下"积学参微"四个大字，赐予梅文鼎。

次年，康熙皇帝把梅文鼎的孙子梅瑴成召到北京，留在自己身边学数学。过了几年，康熙皇帝又编纂了介绍音律知识的《律吕正义》，书刚印好，康熙皇帝就拿出一部交给梅瑴成说："你祖父学识渊博，把这部书寄给他，让他看看，能指出错处就更好了。"

梅瑴成出身数学世家，本来就有家学的底子，再经康熙皇帝指点，学问长进很快。康熙皇帝亲自把从传教士那里学来的代数"借根法"传授给他。

虽然，康熙皇帝推崇西方先进的天文、历法、数学，但是又不墨守成规。每到一个节令的头一天，只要有条件，他都拿日晷亲自验证。那次历法之争过去40多年以后，到了康熙五十年（1711）夏至午时三刻，康熙皇帝亲自验看日晷投影，发现了误差。他对周围人说："西方历法大致准确，但时间久了也会有差错。你们看，今年夏至按西方历法应该是午时三刻，实际是午时三刻九分，再过几十年就会差得更多了。"

康熙皇帝对待科学和科学家，能高度重视并采取严肃认真的态度，这在中国历代帝王中是很少见的。在康熙年间，中国的科学技术有了一些发展，出现了一批有成就的人才。正因如此，在康熙皇帝在位的61年中，经济得到了很好的恢复，清朝成为当时世界上幅员辽阔、人口众多、经济富庶的国家。康熙在位期间，除了继续采取轻徭薄赋、与民生息的政策之外，康熙认为"家给人足，而后世济"，他对民生问题的关注充分展现了其圣明的一面。而在清朝正史的史料中，还有一个对他普遍的评价，那就是"宽容"。

　　《清史稿》中记载了这样一个例子：有个大臣认为，在征粮食的时候，如果不去控制火耗，就会给官员贪污提供便利。康熙回答说，官员们的俸禄本来就比较微薄，适当地给他们一些捞外快的机会，对那些工作努力的官员也是一种补偿。

　　正是因为这种"宽容"，使吏治松懈，腐败横生，甚至国家财政也入不敷出。作为一国之君，康熙皇帝使国家经济繁荣，国力增强，然而到了他晚年的时候，又因为自己的"宽容"使经济下滑。到了他去世的那一年，国库存银只有八百万两。而就在他去世的前三年，国库存银尚有近五千万两。

　　而国家的财政问题，仅仅是康熙皇帝在晚年头疼的事情之一，还有一件让他烦恼不堪的事，就是选择谁来接替他坐天下。

九 / 皇子夺嫡

康熙皇帝共有 35 个儿子，排序的有 24 人，成年且受册封的只有 20 人。这 20 个皇子中，年龄较长者有 12 人。他们是：大阿哥胤禔、二阿哥胤礽、三阿哥胤祉、四阿哥胤禛、五阿哥胤祺、七阿哥胤祐、八阿哥胤禩、九阿哥胤禟、十阿哥胤䄉、十二阿哥胤祹、十三阿哥胤祥、十四阿哥胤禵。

这些皇子当中，只有二阿哥胤礽是孝诚皇后所生。孝诚皇后生下胤礽后，当天就病故了。康熙皇帝格外疼爱胤礽。

康熙十五年（1676）一月二十七日，康熙皇帝册立降生 18 个月的皇子胤礽为太子。从政治上讲，此举颇具意义。

在宣布立皇太子之前的 10 个月内，朝廷的军队在南部和西部与叛军交战时接连受挫，蒙古的一个王公也在北部举旗造反。为了对付这一挑战，康熙皇帝接受了熊赐履等汉人大臣的意见，全面采取汉人的制度，加快满汉政权的汉化进程，立太子便是康熙沿袭明朝的一个重要举措。同时，立太子还有双重目的：稳定政治局势，确立合法的继承制。

胤礽不到两岁被立为太子，以后就以这种身份接受教育，处理人际关系及部分政事。胤礽颇有才能，不到 10 岁就跟随康熙四出巡幸，学习处理政事。康熙皇帝也为了培养他的威信，给太子制定了储君的特有制度，体现太子威严的着装、仪仗、用物与皇帝的差不多，国家三大节中的元旦、冬至及太子的千秋节，王公百官要在给皇帝进表、朝贺之后，到太子处所进行同样的仪式，要行二跪六叩首礼。康熙皇帝三次亲征噶尔丹，均令胤礽留守京城，处理政事。

如果胤礽在处理与父皇和诸兄弟，以及贵胄朝臣的关系上，能够正确对待和妥善处理，便有利于他的顺利登基；反之则会出大乱子，而事情正是沿着后一方向发展的。

胤礽虽然年轻，但做太子的时间却很长，随着时间的推移，一部分人就想依附于他求取发迹，遂在他周围形成了一个小集团，其首要人物是索额图。

索额图是胤礽生母孝诚皇后的亲叔父，即胤礽的叔外公，早在康熙八年（1669）就担任了大学士，康熙二十五年（1686）改任领侍卫内大臣，随后率领使团与沙俄签订《尼布楚条约》，是康熙前期的重臣。

索额图处心积虑提高皇太子的地位，为使胤礽早日登基，竟图谋推翻康熙。康熙皇帝为保护帝位，对太子党的蠢蠢欲动自然不能容忍，但投鼠忌器，为保护皇太子，不使事态扩大，只惩治了少数人。康熙三十六年（1697），康熙皇帝亲征噶尔丹回到京师附近，下令处死私自在皇太子处行走的内廷人员；康熙四十二年（1703）以索额图"议论国事"为罪名，将他囚禁致死。

太子党人的活动，势必将胤礽推到与康熙对立的位置。再者，胤礽本人的人品也很有问题，他贪婪财货、性情暴躁，令康熙皇帝深感失望。康熙皇帝认为太子应当具备三个条件：一是忠于父皇，不可结党谋位；二是为人仁义，将来为政清明有道；三是孝友为怀，做储君时能守孝道。

胤礽显然与此标准相距甚远，康熙皇帝担心胤礽当政会出现"败坏我国家，戕贼我万民"的恶果，父子感情日渐疏远。

随后，康熙四十七年（1708）九月发生的事情，促使康熙作出废黜太子的决定，并迅速付诸实行。

当时，康熙皇帝出巡塞外，兴致很高，把自己最心爱的小儿子胤祄也带上了。可塞外毕竟不是皇宫的温室，一行人在路上风餐露宿，加上气候变化多端，结果出生在深宫的胤祄耐不住风寒，在路上得了重病。康熙皇帝对胤祄十分宠爱，一下子变得手足无措，急令御医前来诊治。在胤祄病重的时候，康熙皇帝甚至不分昼夜地亲自照料胤祄，还经常把这个小儿子抱在怀中。但是，胤祄最终还是不治身亡了。

胤祄死后，康熙皇帝痛苦万分，而更让他伤心的是，其他的皇子对胤祄的病情漠不关心，甚至根本就是无动于衷，特别是作为兄长的皇太子胤礽，在自己的弟弟生病的时候，几乎对他不闻不问，就连胤祄病死了都没有丝毫哀伤的表示。由此，康熙皇帝对自己的儿子们十分失望，特别是对皇太子胤礽更是失望之至。

这时，又发生了一件"帐殿夜警"的事。原来，在胤祄病死后，康熙皇帝对皇子们大发雷霆，喜怒不定，这让皇子们感到十分恐慌，而皇太子胤礽挨了骂，更是忐忑不安。由于心情紧张，皇太子胤礽便派出自己的亲信去侦察父皇的起居。他本人也曾在夜间偷偷到康熙皇帝的帐前窥视动静。不巧走漏了消息，其他皇子便把此事密告了康熙。

康熙皇帝得知后，大为震怒，随后便召集了所有的随从大臣和武将，并下令将皇太子和其他皇子全部拘押起来。康熙当着大臣们的面，痛骂这些无情无义的儿子，特别是对皇太子胤礽，更是新账老账一起清算。康熙痛骂道：你实在是太不像话了！太过分了！你平时奢侈无度，比我的花费还要厉害，倒也算了，派你去南巡，你竟敢向当地的官员索贿纳贿，胆子也大过天了！连外邦进贡的物品，你都敢贪入私囊！

又想到最近发生的事情，康熙越说越气："你幼弟十八阿哥病危，我日夜照料，焦虑万分，你身为兄长，竟然无动于衷，你这样毫无孝悌的人，怎么能当太子？你还在深夜里向我的帐殿窥视，难道你是想看我死了没有吗？你的亲信日夜监视我的一举一动，到底用意何在？"

最后，康熙皇帝以皇太子胤礽"不法祖德，不尊朕训，惟肆恶虐众，暴戾淫乱"为名，宣布废黜皇太子。当时，康熙皇帝且谕且泣，谕毕，悲痛万分，愤懑不已，甚至六天六夜，不安寝食，涕泣不止。后来，患上中风，只能用左手批阅奏折。

而废黜皇太子还引出一个更为严重的后果：那些抱有野心的皇子，结党专营，谋贪皇位。于是，在太子党之外，又形成了皇八子集团和皇四子集团。

皇八子集团实力最强，其中，八阿哥胤禩是掌门人，九阿哥胤禟、十阿哥胤䄉、十四阿哥胤禵等人，都依附于八阿哥胤禩。而且，八阿哥胤禩天资聪颖、德才兼备、乐善好施，人称"八贤王"。当康熙问朝中大臣，应该立谁为太子时，文武百官都推荐八阿哥，由此不难看出八阿哥深得人心。

大阿哥胤禔，因为母亲出身低微，自知不会被立为太子，也依附于八阿哥胤禩。他曾对康熙皇帝说：有个相面的张德海，十分了不起，他断定胤禩将来一定是大贵人，如果要杀胤礽，不必出自父亲之手。

这话太惊悚了，胤禔的意思很明确，就是说，我可以杀掉皇太子胤礽，让八阿哥胤禩继承皇位。

　　康熙皇帝虽然废黜了胤礽，但也不至于糊涂到让兄弟之间相互残杀。他听了大阿哥胤禔的话，大骂了胤禔一通，又命人把张德海抓起来，砍了头。不久，三阿哥胤祉又跳了出来，他揭发大阿哥胤禔收买蒙古喇嘛用邪术诅咒废太子胤礽。康熙皇帝命人搜查，果然查到证据，就立刻下旨将大阿哥胤禔关押起来，同时又处罚了八阿哥胤禩。

　　这时候，康熙皇帝预感到日后事情会不好收拾，就考虑再立皇太子。他召集大臣商议，没想到一些大臣早在私底下串通好了，异口同声地推举八阿哥胤禩。一追查，原来是大学士马齐等人搞的鬼。

　　康熙下令把马齐等人关押起来，然后把皇子们召到身边说："当初废黜胤礽的时候，朕就说过，众皇子凡是有钻营为太子的，就是国贼。胤禩阴险成性，结交朝臣，谋害胤礽。现在事情暴露，朕要治他的罪。"

　　此时，十四阿哥胤禵在九阿哥胤禟的支持下，出面为胤禩说情。康熙皇帝恼怒，将胤禵和胤禟都囚禁起来。一连囚禁了三个儿子，康熙皇帝心中不忍，随后生了病。在病重期间，他特意把胤礽和胤禩叫来伺候，心情舒畅些后，他对大臣们说："朕本来就怀疑胤礽的过失是受诅咒引起的，现在看到他小心谨慎，朕身上的病也好了许多。"

　　不久，康熙皇帝派人告祭天地，重新宣布立胤礽为皇太子。

　　然而，皇子之间的互相倾轧和明争暗斗，并未因此而结束。4年之后，胤礽又因结交大臣被废，幽禁在咸安宫。从此过了10多年的囚禁生活。

　　在康熙皇帝的皇子中，比较有作为的是十四阿哥胤禵。

　　胤禵与四阿哥胤禛是同母兄弟，可是关系一般，却与胤禩、胤禟交好。康熙第一次废太子时，在乾清宫召见诸皇子，下令锁拿胤禩，指责胤禩有图谋储位的野心，胤禵站出来为胤禩说情，说八阿哥没有夺嫡的心思。康熙闻言大怒，拔出佩刀就要砍胤禵，胤祺赶快抱住乃父，诸皇子叩首请求父皇息怒，康熙命鞭挞胤禵，并驱逐出宫。

　　胤礽复立之后，康熙分封诸皇子，胤禵获得贝子爵位，是受封皇子中最年轻的，得益甚多。当初康熙要砍杀他，很可能是因为喜爱他，却见他忤逆自己，一时控制不住情绪，才有贸然的行动。

康熙五十七年（1718），策旺阿拉布坦属将策凌敦多布率兵入藏，杀掉和硕特拉藏汗，并禁锢后者扶立的六世达赖，控制西藏。为此康熙派西安将军额伦特到青海经营西藏事务，九月为准噶尔人包围，全军覆灭。这时西北的形势非常严峻，准噶尔处于进攻态势，除占据新疆、西藏，进而可以影响与它们毗邻的青海、甘肃、宁夏、蒙古、四川、云南，如不加以控制，清朝就不能稳定。

康熙五十六年（1717）夏天，康熙皇帝自感年迈，气血渐衰，已不能亲征。他下令把前线将领的奏疏交给皇子看，有了让皇子参与西北军事的打算。青海失利，康熙为了在西藏、新疆两方面用兵，统一前线指挥，以利战斗，需要派遣有权威的统帅。

同年十月，康熙决心用皇子出征，选定胤禵，任命为抚远大将军，晋封王爵。康熙对这次任命非常重视，采取了许多使胤禵顺利行使职能的措施：命胤禵使用正黄旗旗纛，采用亲王规格，胤禵自称及众人对他称谓均是"大将军王"。

同年十二月，胤禵自北京出发，乘马出天安门，诸王贵族及二品以上大臣均到列兵处送行，康熙命令驻防新疆、甘肃、青海的八旗、绿营军皆听胤禵指挥，当时那里号称精兵三十万，实际有十几万人；康熙给西北蒙古王公指示："大将军王是我皇子，确系良将，故命带领大军，掌生杀重任，你们大小事务俱要听他指挥，就像接受我的谕旨一样。"这一切都说明康熙极端重视胤禵的任命及其使命，简直有代己出征的味道。

胤禵出征大获全胜，立下战功，于康熙五十四年（1715）十月率部回京。次年四月再赴甘州军营，直到康熙故世，没有再对新疆作军事进攻。

胤禵一出任大将军，争夺储位的形势发生了巨大变化。在胤禩集团内部，胤禩已与储位无缘，胤禵的得宠，使众人又兴奋起来，并把夺储的希望寄托在胤禵身上。

胤禟早就向亲兵说，他和胤禩、胤禵三人中必有一人当太子，又说胤禵才德双全，其他兄弟皆不如他，将来必然大贵。及至胤禵出征令下，胤禟说十四阿哥现今出兵，皇上看得很重，将来皇太子非他莫属。

胤禵本人也把当皇太子作为奋斗目标。他知道远离京城及康熙年迈对他

·九／皇子夺嫡· 053

立储不利，因此一再要求胤祹及时给他通报朝中信息。嘱咐胤祹"父皇一有欠安，从速带信给我"。他并非关心康熙健康，而是为了相机而动。胤禩为实现目标，"礼贤下士"，招揽人才，结交文士，以抬高自己的声望。为取得大学士李光地的支持，礼遇他的弟子陈万策，呼以先生而不直呼其名。又三次派人敦请李学派的首领李塨，还得李塨要以迁居来摆脱他，表明胤禩为拉拢人，已不择手段了。

康熙对胤禩一开始应该说是喜爱的、重用的，并且着意培养他，所以胤禩将来有被指定为太子的可能。但胤禩似乎又不是最理想的、唯一的人选，他还不够成熟，又有参加胤禔集团谋夺储位的历史，所以康熙皇帝对他还不是完全信任，还心存疑虑，所以最终没有立他为储君。

在康熙皇帝的诸皇子中，三阿哥胤祉、十三阿哥胤祥、五阿哥胤祺、十二阿哥胤祹等人也较受重视，有必要略作分析，以便探测康熙的立储意向。

三阿哥胤祉，20岁时从征噶尔丹，执掌镶红旗大营；22岁受封为诚郡王；一年后因在康熙敏妃病逝百日内剃发，被削夺王爵，降为贝勒。

胤祉与太子胤礽关系密切，如果胤礽不出事，将来对他是不会错的。胤礽被废后，胤祉能仗义直言，表明在有太子时他是个安分守己的人，并没有觊觎储位的非分之望。

胤祉爱钻研学问，尤擅书法，在他20岁时，诗坛领袖王士禛就说他的字方圆径寸，遒美妍妙。四阿哥胤禛也说，在他的兄弟中，胤祉、胤祺工于书法。他们曾给康熙景陵书写碑额。基于胤祉的文才，康熙于五十二年（1713）命他在畅春园开设蒙养斋馆，负责修书。他吸收原任编修陈梦雷、侍读学士法海、编修魏廷珍、方苞、杨道昇等参加修书工作，撰成《律吕正义》《数理精蕴》《历象考成》，又编纂我国第二部大类书《古今图书集成》，胤祉对文化事业的贡献不小。

胤祉受康熙皇帝委派，参与祭祀及处理一些政事。如康熙三十二年（1693）重修阙里孔庙告成，胤祉率领胤禛、胤祺前往祭祀；康熙五十四年（1715），与康熙及胤禛等讨论西北用兵事；随从康熙皇帝祭孝庄文皇后陵、顺治孝陵、孝东陵。康熙六十年（1721）三月，胤祉与胤禛等复查会试中式原卷，等等。

康熙同胤祉的感情比较好。胤礽被废后，胤祉每年都请康熙皇帝到京城和热河的花园聚会，先后达18次之多。康熙皇帝废太子、囚长子，缺少天伦之乐，胤祉以此为父皇解忧。而康熙皇帝也着实偏袒胤祉。

康熙五十六年（1717），发生了胤祉的属下人"孟光祖欺诈案"。孟光祖在连续几年里，自称奉胤祉之命，到山西、陕西、四川等省活动，结交地方长吏，代表胤祉向川抚年羹尧赠送礼品，年回赠他马匹银两，赣抚佟国勷送他银两缎匹。此事被直隶巡抚赵弘燮告发，康熙皇帝亲自过问，将孟光祖处斩，佟国勷革职，年羹尧革职留任。但是，康熙皇帝为了不牵连胤祉，对魏廷珍说，这事关乎诚亲王声名，你每天同他一处修书，知道他的为人，应当以身命保他。这是有意保护胤祉。

上述事实说明，废太子后，胤祉也不甘寂寞，希望成为新太子。其时，他是诸皇子中能够自由活动的年龄最大的，这一点对他很有利。清太祖、太宗历来注重嫡子；其次是年长的儿子，所以褚英、代善、豪格相继受重用。

康熙继承这个传统，立唯一的嫡子胤礽，重用长子胤禔。"废太子事件"后，胤祉、胤禛自然就处于特殊地位，而胤祉尤甚。正是在这种情况下，得到康熙的一些信任，胤祉就以储君自命，希望获得储位。

不过，胤祉尽管抱有幻想，但没有过多的活动。他身边的几个文人，有一定学术地位，而没有相应的政治地位。

陈梦雷是耿精忠逆案中人，方苞是《南山集》案中人，他们受过流放和管制，没有活动能力。胤祉在兄弟中也没有特别要好的人。他没有竞争能力，很难在储位斗争中取胜。

接着说十三阿哥胤祥，他生于康熙二十五年（1686），生母敏妃受康熙皇帝宠爱。康熙三十七年（1689）至四十八年（1709），即胤祥13岁至24岁的12年中，康熙皇帝南巡、北狩、西幸、谒陵，几乎每一次都带着胤祥，为其他皇子所不能比。康熙皇帝6次南巡，胤祥竟随行4次，可见康熙爱其之深。

胤祥与胤礽较为亲近，或许可以算作太子党人。在第一次废胤礽时，胤祥遭了殃，有关史料被雍、乾时期的史官遵照为尊者讳的原则湮没了，现在能知道的是，《皇清通志纲要》记载：胤祥与胤礽、胤禔同时被圈禁。应该说，在"废太子事件"以前，胤祥是康熙最喜欢的皇子，不过他在"废太子事件"中的表现令康熙痛恨，从而失去被选择为皇太子的可能。

五阿哥胤祺年长，也得到康熙对年长诸子的待遇，参加少量的皇家事务活动，康熙说他心性甚善，为人敦厚，封恒亲王。他自幼由皇太后抚养，皇太后病危，他要去料理事务，康熙不允，却用胤祉、胤禛等办事，说明他没有能力，关键时刻不会得到重用。他对皇太子的位置是无所谓的，不竞争，也不结党。

十二阿哥胤祹于康熙四十八年（1709）受封为贝子，当时并不引人注意，以后康熙出行，他往往侍从。康熙五十七年（1718）春，皇太后逝世，胤祹署理内务府事务。康熙在命出师的同时，重视八旗事务，命胤祹管理正白旗满洲、蒙古、汉军三旗旗务，这是皇子管理旗务制度的开始。

康熙五十九年（1720），裕亲王妃死后，胤祹奉命去办理丧事，康熙六十一年（1722）正月奉命祭太庙，夏至祭地坛，秋分祭月坛，十一月出任满洲镶黄旗都统。看得出来，胤祹在康熙心目中的地位在提高，显然康熙也是把他作为一个有才能的儿子来看待的，但是没有要立他为皇太子的迹象。

康熙皇帝对待皇子的态度，绝非一成不变，总是依据其人的素质、表现调整看法，因而皇子地位有升有降，钟爱者失宠而沉寂；默默无闻者得宠而显名；年长者总不会吃亏。

在储位之争中，皇四子胤禛（即后来的雍正皇帝）参加竞争并不算早，那是在胤礽第二次被废之后。但是，胤禛后来者居上。不露声色，则是他结党谋位活动的特点。

最初，胤礽被废的时候，胤禔非常得意，接着是胤禩的被重用和受权贵的保举，胤禛看得清楚：他自己与储位无缘，不妨表现得超脱一点，维护既得利益，争取未来处境好一些，为此采取四方讨好的策略，周旋于这场严重的政治斗争中。

他的心腹戴铎，为他提出了一整套策略——其一，对父皇要诚孝：适当展露才华，若不露才华，英明的父皇瞧不上；若过分展露，便会引起父皇的疑问和猜忌。其二，对兄弟要友爱：大度包容，对事对人要平和忍让；能和则和，能结则结，能容则容；使有才能的人不嫉恨你，让没有才能的人依附于你。

胤禛按照这套策略，一步步绕过皇位争夺中的险滩暗礁，向着皇帝的宝座曲折前行。

胤禛与胤礽关系一般，既不像胤祉、胤祥与之密切，又不像胤禔、胤禩与之对立，胤礽被囚禁后，胤禛作为看管人之一，他揣摩康熙对胤礽的态度是恨铁不成钢，并不是要把胤礽置于死地，所以决定不对胤礽落井下石，而要保护胤礽的正当利益。

康熙皇帝一度不让看守人代转胤礽奏言。胤礽曾说父皇批评我的话我都接受，只是说我弑逆实在冤枉。这话关系重大，胤禛甘冒风险为其转奏，康熙听后取消了胤礽项上的锁链。这件事胤礽直接受益，对康熙正确理解废太子也有好处，胤禛这一手两面讨好，还令众人感到他讲义气，获得好评。

胤禛与胤禩关系一般，又不是胤禩集团的成员，所以不希望胤禩成为太子，但也不想把关系搞得太僵，以免将来遭到打击，所以对胤禩集团持若即若离态度。胤禩党羽马尔齐哈与胤禛关系不错，他成为双方的联系人。

胤禛对父皇康熙关心备至，与胤祉一道冒死劝康熙治病是最显著的事例。他在康熙面前给包括胤礽在内的诸兄弟说好话，打圆场，企图获得康熙的好感和信任。康熙曾说他心胸过人，深明大义。

胤禛这样周旋于父子、兄弟之间，收到了联络各方面感情的实效，并被晋封亲王。但当康熙说胤禛为胤礽保奏是伟人行为时，胤禛却否认此事。因为胤礽的命运尚难预料，如承认此事，可能被认为是太子党人，那就得不偿失了。可见胤禛工于心计。"废太子事件"锻炼了胤禛，为其日后争夺储位积累了斗争经验。

胤礽再次被废之后，更多的皇子参加到谋求储位的斗争中，胤禛便是其中的一个。他认识到这时是"利害攸关，终身荣辱"之际，决心参加储位的角逐。

胤禛制定了处理父子、兄弟、朝臣、藩属诸种关系的策略，以争取各方面的好感和支持，建立与扩大自己的力量。

康熙皇帝英明果断，胤禛因而认为，自己若表现得愚蠢，必然被轻视，弃置一旁；但锋芒毕露，又会被认为有野心，可能遭到打击，这两种表现都会使自己与储位无缘。为此，既要表现出有能耐，又不要重蹈胤礽的覆辙。对待诸兄弟，要以胤礽暴虐为鉴戒，多团结人，使有才能的不嫉妒，无才能的人来依靠；对百官，加意笼络，无论是亲贵、朝官、侍卫、汉人，都要和好相待，以便制造舆论，影响皇帝；对藩邸人员加以培植，造成自己的嫡系势力，作为斗争的核心。

胤禛的活动手段是力图隐蔽，他三番五次说他对皇位不感兴趣，故而不收党羽，不树私恩小惠，与舅氏家族、妻族和姻亲关系都很一般，与满汉大臣、内廷执事人员都没有亲密往来，同兄弟也不私相结交，有的人要投靠门下，还严词拒绝。其实这都是做给人看的假象，在结党纳派方面，胤禛较其兄弟有过之而无不及。

胤禛分封在镶白旗，按照清朝制度，他得有属下人，他们之间在名分上是主奴关系，即使其人出任高官，对本门主人讲也是附属。胤禛自决定争取储位，就鼓励、帮助属下人谋求官职。

戴铎的哥哥戴锦，经胤禛派人到吏部活动，出任河南开归道，戴铎在康熙六十一年（1722）由广西按察使升任四川布政使，沈廷正由笔贴式任兰州府同知；魏经国为湖广总督。年遐龄曾任湖广巡抚，其子年羹尧为川陕总督。胤禛为扩充财力，与他的兄弟一样做买卖，如与傅鼐到苏州贸易，还派人到浙江与英国人进行交易。

在藩属之外，胤禛违法结交宦僚，通过马尔齐哈、年羹尧联络礼部侍郎蔡珽，蔡以学士不便与王府来往辞谢，及其出任川抚，往拜胤禛，并推荐左副都御史李绂。胤禛乘戴铎往福建赴任之机，命其带礼物给闽浙总督觉罗满保。

隆科多原是胤禔党人，后来他的家族转而支持胤禩，隆科多不再结党，取得康熙信任，康熙五十年（1711）取代胤礽党人托合齐职位，任步军统领，康熙五十九年（1720）兼任理藩院尚书，康熙六十一年（1722）十月胤禛奉命清查京仓，隆科多为成员之一，可能就在这时成了胤禛的人。

废太子后，胤禛与兄弟交往不多，唯与胤祥关系密切。胤礽废后，胤祥失宠，两人仍往来频繁，宴集唱和，胤禛能随康熙巡幸，胤祥只能留在京城，给胤祥写诗词、书信，后者保存的诗歌就有32首。胤禛继位就重用胤祥，说明这搭档关系早就建立了。

胤禛对其党人严厉控制，不容对他不忠。年羹尧少年得志，没把主子看在眼里，他给胤禛书启，称臣而不称奴才，胤禛回批，大骂他是"儇佻恶少"，用来书中的"今日之不负皇上（指康熙），即异日之不负我（指胤禛）者"的话威胁他，说他引诱自己谋位，拿这个书启做证据，随时可以向康熙告发。并令他带到住所的弟侄、10岁以上的儿子送回京城，以示惩罚。

戴铎不愿在福建做官，想告病回京，胤禛说他没志气，鼓励他："将来位至督抚，方可扬眉吐气，若在人宇下，岂能如意乎！"即要死心塌地跟着主子谋取高位。

胤禛经营的小集团有其特点：成形在康熙季年，比胤禩、胤禵、胤祉等人的都晚；成员不多，要人也不多，与胤禩、胤禵无法相比，但是他的人员到时都能安排上用场，作用不可低估；活动隐蔽性强，像戴铎的转交觉罗满保礼物，是见其家人，而不做直接的沟通。

特别要指出的是胤禛利用与佛教徒交游掩护他的结党谋位活动，令康熙产生他不结党的错觉，也给对手以无所作为的假象。所以当时胤禵、胤禩、胤祉被社会舆论传得沸沸扬扬，大有被册立之势，而胤禛则很少有人议论，这看起来似乎对胤禛不利，其实不然，这与战场上的情形一样，冲锋在最前边的往往容易最先倒下。而胤禛冷眼旁观、动心忍性，既免受了打击，又经受了磨炼，也锻炼了能力。

对于胤禛的品行，康熙在四十七年（1708）说他幼年有些喜怒不定，又教诲他遇事"戒急用忍"。喜怒不定与"戒急用忍"，指出了胤禛的弱点，就是毛躁，容易冲动，感情用事，说过头话，办过头事。

毛躁对于普通人不好，对官员尤其不好，对于皇帝，影响更大。康熙皇帝评价胤禛毛躁，是按照对皇子的要求而言的。胤禛深知这事的重要，当康熙旧语重提时，回奏说："经父皇教诲，已经改正，而今已过30岁，这个评语关系生平，请不要记在档案里。"康熙皇帝接受了这个请求。

胤禛结党谋位时动心忍性，真是"戒急用忍"，喜怒不形于色，他学习禅学，大概也是用它帮助克服这个毛病。他成功了，取得了康熙的谅解，这个缺点不会影响他竞争皇太子位,但是胤禛在做了皇帝以后,自我克制减少,老毛病又犯了。

康熙皇帝和胤禛的父子感情逐渐加深。据《清圣祖实录》记载,早在康熙四十六年(1707)十一月胤禛请乃父临幸府园进宴。统计《实录》资料,康熙先后去胤禛的圆明园住处和热河狮子园11次。有一次是胤禛把乾隆引见给康熙,一时三位皇帝交谈,后世传为佳话。

总之,他们父子关系很好,偶有小疙瘩,也能很快消除。胤禔失宠后患病,康熙皇帝派胤禛去探视,胤禛错以为父亲宽恕了胤禔,因此跑前跑后,表现得过于热情,康熙大为不满,欲惩治胤禛。胤禛赶忙认罪,并得到康熙皇帝的谅解。

康熙皇帝对胤禛也着意加以培养,让他参与管理皇室寿庆丧葬祭祀事务,并参与管理部分国家事务。胤禛办事特点是认真负责,事无大小,凡康熙交办的,必恪尽职守,办理完善。在其办事中,透露出严肃执法的精神,主张奖惩严明,对违法者、渎职者,决不宽容,为的是严肃法纪,澄清吏治,提高行政效率。

他这种作风很得康熙皇帝的赏识,再加上他能领会康熙的意思,有爱戴之心,又能殷勤小心,是个孝顺儿子,这一点也符合他立太子的条件。可见,康熙心目中应该是把胤禛作为皇储的候选人之一。但由于有前面的教训,再加上康熙对胤禩也比较看重,委以重任,因此最终没有立储。

康熙皇帝晚年,因其诸皇子争夺皇位的事而大伤元气,郁结成疾,最后悲离人世。他曾说:"日后朕躬考终,必至将朕置乾清宫内,尔等束甲相争耳!"这段话,是康熙皇帝以春秋五霸之一的齐桓公晚年的境况自喻。齐桓公晚年,五个儿子树党争位。齐桓公刚死,诸子相攻,箭射在他的尸体上也没有人顾及,他的尸体在床上躺了67天也没法入殓,以至于长满了蛆虫。

由此可见,康熙皇帝晚年的心境是多么的悲苦。

康熙六十一年(1722)冬,康熙皇帝前往北京南郊的南苑狩猎,偶感风寒,起驾回到畅春园后,病势日重,生命垂危。到冬至那天,按照惯例,康熙应当去主持祭天仪式,但当时他已经病得起不来了,最后只能派四阿哥胤禛前去代为行礼。

胤禛在主持仪式的时候，忽奉急召，命他立刻赶回畅春园。等胤禛回来后，发现康熙气如游丝，已在弥留之际了。

当时，有皇子七人及尚书隆科多在旁伺候，康熙皇帝见胤禛回来，即示意宣读遗诏。遗诏曰："皇四子人品贵重，深肖朕躬，必能克承大统……"遗诏中的话，很明确，让胤禛继承皇位。

这时，其他皇子的反应不一，或惊讶或愤怒，人情百态，尽在此刻。比如八阿哥胤禩，本来太子废黜后，他继位的呼声最高，当听到遗诏宣布后，胤禩佯做悲痛之状，当即走出殿外，以掩饰心中的愤懑。

在宣布完遗诏后，康熙皇帝便魂归九天。随后，胤禛为父皇康熙穿好长寿袍，并亲视收敛完毕，便立刻回到乾清宫行即位大礼，即为后来的雍正皇帝。这一年，胤禛已经45岁了。

但民间对雍正即位却有多种传闻。《清朝野史大观》卷一中说，康熙临死前，曾经手书遗诏曰："朕十四皇子即缵承大统。"十四皇子就是胤禵，当时正在西北统兵，颇得人心。所以，民间传说康熙本有意立他为皇位继承人。但是，胤禛侦得遗诏所在后，将"十"字改为"第"字，然后屏退各位兄弟，一人入畅春园侍疾，其他人均不许入内。据说康熙当时已经昏迷，醒来后突然发现只有胤禛一人在侧，知道被其欺骗，大怒，用枕头和念珠投击胤禛而不中，胤禛则跪而谢罪。过了没多久，康熙皇帝便撒手人寰，而胤禛持念珠和遗诏出来，并宣布自己继位。

也有人说，窃诏篡改一事，其实是大将军年羹尧的策划。民间传说，雍正之母先私通于年羹尧，入宫八月就生下了雍正。因此，年羹尧就抓住机会窃诏篡改，帮助雍正夺取皇位，而年羹尧在雍正初期权倾一时就是证明。

雍正皇帝的皇位，是正取，还是逆夺？从胤禛登基至今200多年以来，都是学术界激烈争议的问题。

在今天的深圳市档案馆展厅，一幅存在了200多年的"康熙传位遗诏"似乎能对雍正继位之谜做一个解答。这幅"遗诏"长1.55米，宽0.8米，诏书上汉、满、蒙三种文字书写的是同一内容。汉文共有1700多字，最后关键的话是："雍亲王四子胤禛人品贵重，深肖朕躬，必能克承大统，著继朕登基，继皇帝位……"这短短的31个字，似乎可以澄清近300年的谜团。所以，国内一些学者认为，雍正是根据康熙的遗诏继位，是合法的，疑案当解。

目前，虽然对于这份遗诏是否出于康熙尚有争议，但雍正继位的合法性却逐渐被学术界认同。有一种观点认为，康熙皇帝认识到自己晚年过于仁慈，官场腐败现象严重。大清王朝需要一位能彻底整治吏治的新皇帝。于是，铁面无私、政绩卓著的皇四子胤禛就成了最佳选择。另外，康熙很喜欢雍正的儿子弘历（即后来的乾隆），常带在身边亲自调教，康熙选择雍正，也保证了大清能有两代好皇帝。因此，雍正篡位一说应该是其政敌制造的谣言，并无依据。

十 / 残酷的文字狱

在清王朝 12 位皇帝中，雍正皇帝是一位很难准确描述的帝王。他是中国历史上勤政有为的皇帝，而他的性格中又有残暴多疑的一面。雍正皇帝在位仅 13 年，但从他继承大统到离奇死亡，一路迷雾重重，这使得他尤为神秘。

正因为如此，关于雍正的猜测、诋毁和谣言始终不断，甚至被诉诸文字，从而引发了一场惊天动地的"文字狱"案。

事实上，清朝的"文字狱"由来已久，早在康熙时期就发生过一起著名的"文字狱"案，历史上称为"庄廷鑨案"。

此案要从浙江湖州府的南浔镇说起，在南浔镇上，有一户姓庄的豪门巨族，家财万贯，家族中的父子兄弟，人人博览经史，精通诗文。其中有个叫庄廷鑨的，15 岁就进了国子监。可是后来，庄廷鑨生了场怪病，眼睛瞎了，但他毫不气馁，认为司马迁有"左丘失明，乃著《国语》"之说，自己为何不能成为一个盲史家，而名留青史呢？

事有凑巧，邻里中有个明朝天启宰相朱国桢的后代，因家中贫困，想把家藏朱国桢《明史》稿本出卖。庄廷鑨闻讯，便用一千两银子买了下来。

可是，朱国桢的《明史》缺了崇祯一朝的史实，庄廷鑨组织了江、浙名士茅元铭、吴之铭等十多人，对朱氏《明史》加以增补润色，编成一本《明史辑略》，算是自己的著作。

不久，庄廷鑨死了，他的父亲庄允诚将此书刻印，花钱请名人李令晳作序，把参与编写的人都列名书中。为了提高书的身价，又在未征得本人同意的情况下，将查继佐、陆圻、范骧作为"参阅者"，也擅自列入。

庄廷鑨的岳父朱佑明，对书的刻印曾赞助不少钱，要求书板刻上"清美堂"三字。清美堂乃是明代大家董其昌的手笔，是他给朱国桢家写的堂匾，朱佑明把自己说成是朱国桢的本家，是为了炫耀。

庄氏《明史辑略》问世后，范骧好友、解任户部侍郎周亮工，觉得书中有些文字关碍当局，弄不好会吃苦头，劝范骧等三人向官府自首。三人均等闲视之，不以为意。当然这也是为己沽誉的好机会。湖州地方官与庄氏关系较好，敷衍一番，将此事压了下去。谁也没想到，有个因贪赃枉法、削职为民的吴之荣，得知了这一消息，认为可以借机发笔横财，便上门向庄允诚和朱佑明敲诈。庄、朱两家不但不买他的账，还买通官兵将他逐出湖州。吴之荣一气之下就告到京城。

康熙元年（1662）冬，朝廷派罗多等来到湖州府。下车伊始，就逮捕庄允诚、朱佑明，追查书版。连人带物押解刑部大牢。

最初，当事人对此案的严重性还认识不足，因为吴之荣告的仅仅是庄、朱二人，交上去的也是撕了序文及参订者名单的书。庄允诚也自认为不会有大问题，因为他曾将此书送往通政司、礼部、都察院三衙门备过案。朱佑明则希望同贪财的府学教授赵君宋搞交易，表示若能鼎力相助，愿将家产分一半给他。

刑部查出了庄氏《明史辑略》扬明、毁清的八大罪状，定为逆书。严刑拷讯下，庄允诚供出了作序人李令晳，李经不起拷打和惊吓，加上老病，死在狱中。赵君宋也不得不交出完整的《明史辑略》，铁证如山。

康熙二年（1663）正月二十日清晨，湖州城门紧闭，按书内名单挨家搜捕，父子兄弟姐妹祖孙，以及内外奴仆一律擒拿；仅李令晳一家被捕的就有百十口，连前来拜年的亲戚和看热闹的邻居也一起拿下。庄、朱两家抓了好几百人不算，不在湖州的还要通缉追拿归案。

同年五月二十六日，在杭州弼教坊刑场上大开杀戒，有的被凌迟，有的被重辟，有的被处绞刑。庄廷钺被掘坟碎尸。书中署名的十八人中得以幸免的只有四人：董二酉在结案前三年身死；查继佐二十年前无意中接济过一个乞丐吴六奇，此人现在平南王尚可喜手下任广东提督，他为查打点疏通，说查与陆圻、范骧三人并未参与，系被庄允诚擅自挂名，又属首告，故无罪开释。其余十四人加上庄允诚、朱佑明均遭凌迟。庄、朱家族中，男子处斩，妇女幼男有的流放边区；有的配给旗人为奴。凡与《明史辑略》有关的刻写、校对、印刷、装订者，以及贩书、购书、藏书的，甚至读过此书的，不下两千余人，全被牵连锒铛入狱。

上任才三个月的湖州知府谭希闵、推官李焕宁、库吏周国泰等以隐匿罪处以绞刑。归安训导王兆桢到任不及半月，以放纵看守罪被绞死。赵君宋不仅未因献书立功，反而被判私藏逆书之罪，砍了脑袋。浙江将军柯奎受贿包庇，革职为民。原湖州知府陈永命，坐受贿包庇罪，虽已在山东自杀，亦追尸置杭州法场，当众分尸三十六块，并株连其弟江宁知县陈永赖。

事后，吴之荣得到朝廷封赏，捞了庄、朱两家财产的一半，又起复做了个右佥都御史。有野史记载，康熙四年（1665）秋，吴之荣从福建回来路上，突遇狂风，雷电交加，骤得恶疾，肉化于地，骨存于床，人们都说他是遭报应，被天雷劈死的。

与康熙朝恐怖的"庄廷鑨案"相比，发生在雍正朝的"吕留良案"却有一些黑色幽默的味道。

"吕留良案"主角并不是吕留良，而是另一位书生，名叫曾静。但事情是由吕留良开始的。

吕留良是浙江崇德县（今浙江省桐乡市崇福镇）人。从小聪慧过人，8岁就能赋诗作文。作为明末清初的知名学者，在明朝灭亡后，吕留良多次参加了反清斗争，但都没有成功。胳膊拧不过大腿，吕留良造反不成，就在家收学生教书。有人举荐他做官，他很傲气地拒绝了。教书也不清净，此时的吕留良情绪很低落，于是到寺院里当和尚去了。

在寺院里，吕留良著书立说，在他的书中，有不少反对清朝的内容，但他的反动读物，一直没有被公开发表而流传世间。因此，直到吕留良死后，也没人注意。实际上，吕留良在庙里写的书，也就是一个对当时社会极度不满的愤怒文人的自言自语。可谁也没想到，有人在无意中读到后，竟成了吕留良的粉丝。这位粉丝就是曾静。曾静当时身居湖北，是个落第书生，他偶然拾得吕留良的大作，读后被其思想深深感染，对吕留良佩服得五体投地。于是，曾静决定，要做吕留良的骨灰级粉丝。

所谓骨灰级粉丝，就是要收集到偶像的全部作品，欣赏、收藏，甚至模仿。曾静就打算这么干，但他自个儿不去，支使他的学生张熙去寻找吕留良的全部遗稿。张熙是个好学生，很听老师的话，就从湖南跑到吕留良的老家浙江去寻找遗稿。

这一去，还真就找到了遗稿，两本。一本叫《知几录》，一本叫《知新录》。张熙如获至宝，大老远来一趟，总算没辜负曾老师的心愿。不仅如此，还有非常意外的收获。此时，吕留良早就死了。在寻找反动图书的过程中，张熙还偶遇了吕留良的两个学生，双方结识后一聊，十分投机。张熙当即决定，把吕氏的俩学生带回湖南，给曾老师一个特大号的惊喜。

曾静果然很惊喜。他和张熙以及吕氏的俩学生，一起谈理想、侃人生，大肆评论清朝政治，越聊越来劲，越聊越愤慨。为什么愤慨呢？在中国历史上，每当改朝换代时，总有一些人，尤其是文人、士人，是不愿同新朝合作的。伯夷和叔齐在周武王灭掉商朝后，隐居首阳山不食周粟而死。元朝初年的时候，一些宋朝遗臣和文人应召做了新朝的官吏，内心却很矛盾。有的隐居表示不与新朝合作，他们既彷徨又苦闷。

清朝入关，进入北京后，又以夷制夏，再推行"剃发、易服、圈地、占房、投充、捕逃"等"六大弊政"。中原地区的汉人，特别是士人、文人内心深处是相当不满的。

清王朝以少数民族入主中原，从汉族传统观念看，叫"乾坤反覆，中原陆沉"，"天昏地暗，日月无光"，在以儒家文化为正统的汉族知识分子中间有着相当激烈的民族敌忾情绪。大规模、有组织的抗清武装斗争结束之后，反清思想通过各种形式的文字作品在民间流传，并与以恢复明朝为目的的反清暴动结合起来，使清朝统治者不得安宁。吕留良就是以文字作品诋毁清廷的一个榜样。

榜样的力量是无穷的。曾静等人决心继承吕留良的反清思想，以实际行动来推广吕留良的反清思想，进而推翻清朝政府的统治。

可几个读书人，手里既没刀又没枪，且手无缚鸡之力，怎么谋反啊？必须拉拢有兵权的人才行。于是，曾静下决心，一定要找到这个人。在此之前，曾静先构建了一套理论，那就是通过各种渠道收集雍正的劣迹。而后，他十分八卦地为雍正皇帝总结了十大罪状，这些罪状包括：杀父、逼母、弑兄、屠弟、贪财、好杀、酗酒、淫色、怀疑诛忠、好谀任佞。从人品、性格到私生活，一个都没落下。曾静的准备工作做得很充分，找到手握兵权的人，就用这套理论去游说他，让他听自己的，推翻大清朝。

这个机会曾静等了很久，终于还是来了。雍正五年（1727），张熙带给曾静一个振奋人心的消息，手握重兵的川陕总督岳钟琪上疏斥责雍正帝。这说明，这位爷也对雍正强烈不满。

也不知道张熙是从哪里弄到的这个消息，是真是假现在我们无从得知。可当时曾静一听就信了，当即就有一种找到了组织的感觉。

于是，曾静立马决定，派张熙去拉拢岳钟琪，让他造反，恢复大明江山。实际上，这师徒俩此刻心里压根儿就没底，但他们决定赌一把，有"雍正的十条罪状"的理论在，这事儿未必就不能成。

1727 年，张熙来到西安。他以一种比较雷人的方式求见了岳钟琪。就在大街上，张熙拦住了乘轿回署的岳钟琪，向他投递了一封书函。

岳钟琪接过书函，打开一看，浑身冒汗。他先以为是谁投错了书信，可见到书函封面写着"天吏元帅"，便有些诧异，决定亲自拆阅。

书函写的全是雍正的罪状，十大条，触目惊心。岳钟琪觉得事关重大，立即下令把张熙抓来审问。此时的张熙理直气壮，大有一副英雄气概，直言不讳地说明了自己的来意和企图。

岳钟琪开始怀疑这人精神有些问题。怎么能把对雍正个人的攻击，当作反叛朝廷的借口呢？到底读过书没有？

张熙却不以为然，和岳钟琪展开辩论，说你也是汉人，也和满人有世仇，难道你不想报仇吗？

这话说得岳钟琪直犯愣，自己虽是汉人，可自己的祖宗并没有被清廷屠杀过。不仅如此，雍正还破例重用他，让他担任陕甘总督，掌握重兵。他和清朝有什么世仇啊？

见岳钟琪疑惑，张熙向他解释说，将军姓岳，南宋名将岳飞也姓岳，清朝的先人是金人，岳飞当年就是被秦桧勾结金人给害死的。您是岳飞的后代，这就是世仇，现在您手握重兵，正好报仇！

岳钟琪听完，不再疑惑，他确定张熙精神有问题。什么乱七八糟的都硬往一块儿扯。岳钟琪都气笑了，当即下令，将张熙打入死牢。

在牢中，岳钟琪拷问张熙，谁是幕后的主谋？没想到，张熙骨头硬嘴很紧，坚决不招。于是，岳钟琪想了个计策。翌日，他把张熙请出牢，说自己其实早有谋反之心，只不过是试探张熙而已。如果不试，怎么知道你是真的想反清呢？

张熙很高兴，他在牢中就盘算，怀疑是岳钟琪在试探自己，不出所料，他就是在试探自己。于是，张熙立刻就招出了幕后的策划人和指使人——他的恩师曾静。岳钟琪得到了供词，又将张熙打入死牢。而后，一面派人到湖南捉拿曾静等人，一面写了一份奏章，把曾静、张熙等人图谋造反的事情汇报给了雍正。雍正勃然大怒，立刻下令，命大学士、九卿、詹事、科道、翰林、刑部等将该案细细研审，依据刑律定罪。

几个部门将案犯逐一提审一遍，经过几轮的严刑审问。曾静把事情一点不漏地全盘交代了。

案子很容易就破了，此案自然牵连到吕留良，吕留良此时已经过世，于是，雍正下令，将吕留良及其长子吕葆中开棺戮尸。吕留良的第九子和学生被斩立决。

然而，让人疑惑的是，真正的首犯曾静却没有被处死。按理说，他应该第一个被千刀万剐，但他却安然无恙，这是什么原因呢？

原来，是雍正皇帝下令，暂不处决曾静，要将他押解回京，再做出处理。

这期间，雍正皇帝曾令朝廷官员并各省总督、巡抚、道府守令、各地学官依次议论曾静的应得之罪。清廷官员于是纷纷表态，认为曾静罪大恶极，法不可赦。曾静到了京师，朝中的大臣们献上多种处决曾静的方式。但雍正都没有予以采纳。因为这时的雍正并不想让曾静死，要除掉这个头脑发热的无能"愤青"，就像踩死一只蚂蚁那样容易。雍正心里另有主意，他要亲自会会曾静。

其实，"文字狱"案在雍正朝，已不是第一次发生。雍正皇帝即位后不久，翰林徐骏上书奏事，不小心把"陛下"的"陛"字写成了"狴"，雍正见此奏章，认为这是"辱骂皇帝"立即诏令将徐骏革职。之后，在徐骏诗集中查到"清风不识字，何必乱翻书"这句诗，雍正牵强附会，认为"清风"影射朝廷，"清风不识字"无疑是诬蔑皇帝不识字，于是又下一道圣旨，将徐骏处以死刑。

江西考官查嗣庭，有一年出的试题为"维民所止"。试题一出，即有人密告雍正，说查嗣庭试题有影射陛下断头之意。雍正不解，经人解释，"维"字是去了头的"雍"字，"止"字是去了头的"正"字。"雍正"是胤禛的年号，去了头成"维止"，岂不意味陛下断头之意吗？雍正听信谗言，龙颜大怒，立即下旨把查嗣庭拿解进京，下狱问罪。

然而，对曾静的这桩"文字狱"案，雍正自有主张。而此时的曾静，非常害怕，痛哭流涕，发誓要痛改前非。雍正则饶有兴致地和曾静展开辩论，对吕留良的言论做了全面批驳，对曾静指责他弑父逼母夺嫡自立之事，逐条进行反驳。曾静自然不可能与雍正辩驳。雍正彻底反驳曾静历数自己的"十条罪状"，每反驳一条，就有人记录一条，最后汇编成一本类似于访谈的书。雍正给这本书取名为《大义觉迷录》。

曾静这时候倒挺机灵，他得知了这一点，立马写了一本《归仁录》，对雍正的仁德大肆吹捧和赞颂。与他历数雍正的"十条罪状"形成鲜明对比。曾静是一个好写手，当权者需要什么稿子，他就写什么稿子。原来，"愤青"也有一颗柔弱温顺的心。

雍正读了曾静的新作《归仁录》后，心中大喜。他把《归仁录》中的内容装进了《大义觉迷录》，怎么装的呢？就是把自己辩驳"十条罪状"的话，用曾静之口回答出来。这样，一本翔实、丰厚、拥护清朝统治的全新《大义觉迷录》就问市了。雍正决心将此书打造成一本畅销书。怎么打造？一是走官方配送路线，下令全国学校的教官督促士子阅读，把阅读此书当成一次政治任务来完成，玩忽职守者一律治罪；二是做广告宣传，嚷嚷得全天下都知道，雍正命曾静到江宁、苏州、杭州等地宣传此书的内容。

《大义觉迷录》确实畅销了，曾静将它广为传播。对曾静来说，传播此书，就是传播雍正的仁德。在这个事情上，曾静做出了卓越的贡献，算是将功折罪。雍正不但赦免了他的罪过，还给他安排了一份公务员的工作，他下令在曾静的家乡湖南成立观风俗使衙门，曾静就在观风俗使衙门上班，继续配合雍正，在各地宣讲雍正的仁德。

雍正认为自己这步棋走得很精，他不杀死曾静，而是利用他为自己脸上贴金，以为这样既可安抚民心，又落下一个仁慈的口碑。曾静也是认真负责，兢兢业业为雍正打工。

雍正的本意是要在民间肃清影响，宣扬自己的功德，然而结果却适得其反，造成谣言四起。至此，这起"文字狱"案并没有最终结束。雍正死后，乾隆即位。即位之初的乾隆，首先面临的是父皇雍正留下的因苛政而导致的紧张政治空气。

雍正以"严猛"治国，而严有余宽不足。政令苛刻且复杂。而乾隆的施政思想是"执中两用、宽严互济，交相为用"。他曾对大臣说，治天下之道，贵得其中。乾隆认为《礼记》中的"一张一弛，为文武之道"，正是自己应该奉行的为政之道。为政者应该根据实际情况，恩威并施、刚柔并济。他再三号令大臣们要以此互相勉励，不许有丝毫懈怠，更不能矫枉过正。乾隆一方面调整统治阶级内部的各种关系，扩大自己的统治基础；另一方面又纠正雍正时期的错案，以及一些错误的政策。其中被纠正的一起错案就是"吕留良案"。

"吕留良案"源于信徒曾静与张熙的策反，策反这样的事任何政权都是不会容忍的，按常规处置本来也很简单，但是到了雍正手里，却掀起轩然大波，变成一件牵动帝国上下，闹得鸡犬不宁的大案，施刑之酷，株连之广，骇人听闻，这表明了雍正政权的随意与残酷。其实，封建时代独夫治国，政权的本质便是随意与残酷的，只是若干帝王能够借重别人的智慧，明白"民可覆舟"的道理，在随意与残酷方面有所节制。

雍正对吕氏一族的惩处十分残酷，却释放了主犯曾静和张熙。乾隆即位后，立即下令逮捕曾静，并将他斩杀。同时收缴、焚毁了《大义觉迷录》。

曾静被处决后，"吕留良案"还留下一个吕四娘侠义复仇的民间传奇。据史书记载，公元1735年八月二十二日，雍正还在处理政务，晚上得病，次日凌晨便死亡。由于死得非常突然，于是在官场民间，便产生了种种猜想和传说。民间流传最广的就是吕四娘报仇削取了雍正首级。吕四娘就是吕留良的孙女，"吕留良案"案发后，吕四娘在安徽乳娘家中，因此幸免于难。年仅13岁的吕四娘秉性刚强，得知其全家祖孙三代惨遭杀害，义愤填膺，当即刺破手指，血书"不杀雍正，死不瞑目"八个大字。于是只身北上京城，决心替全家报仇。途中巧逢大侠甘凤池，四娘拜之为师。甘凤池传授吕四娘飞檐走壁及刀剑武艺。之后，吕四娘辗转进京，设计潜入清宫，刺杀雍正，削下头颅，提首级而去。民间又盛传雍正大葬时只得以金铸头代之，葬于河北省易州泰陵地宫。

十一 / 秘密建储与密折制度

在"吕留良案"中，曾静曾给雍正总结了十大罪状：杀父、逼母、弑兄、屠弟、贪财、好杀、酗酒、淫色、怀疑诛忠、好谀任佞。前三条罪状"杀父、逼母、弑兄"，都是子虚乌有的，其来源是对雍正继位的猜测。

其实，在清朝前期，确定皇位的继承人，一直是个大问题。皇太极死的时候，多尔衮和豪格相争，最后被顺治皇帝捡了个大便宜；康熙晚年时，皇子们争夺皇位，钩心斗角，几乎打破了头，而皇太子也是两立两废。最后雍正上台，还一直被人怀疑其是否正统。

有了这些前车之鉴，雍正皇帝登基后不久，便在乾清宫召集各王公大臣，一起商议立储的新办法，以免骨肉相残的悲剧再次发生。雍正对大臣感叹道：想当年父皇在的时候，太子立了又废，废了又立，弄得弟兄们心神不宁，人人觊觎大位。朕想立储乃是关系到朝廷长治久安的大事，终归要有个解决的办法，你们且说说，有什么好的建议？

大臣们当然不敢对如此重大的事情随意发表意见，最后还是雍正皇帝自己说了：朕以为，皇太子立了之后，问题很多，但不立又不行。朕现在想了一个变通的法子，那就是把继位的皇太子名字写入密封，将其藏在匣内，然后将匣子放在乾清宫正中世祖皇帝御书的"正大光明"匾额下面。这里是宫中最高之处，以备不虞。这样的话，大家也就知道建储已设，人心安定。就算以后情况有变，到时也可以再拿下来重新修改。

听了雍正的这番话，大臣们纷纷赞同。随后，雍正便将一份自己亲手写好的继位书放进匣子中。又命侍卫当众将锦匣封好，放在匾额后面。另外，还有一份同样内容的继位书，则由雍正自己随身携带，在死后才能打开。这两份继位书必须内容相同，方可确定最后的皇位继承人。

这就是历史上所称的"秘密建储"。从此以后，"正大光明"这块匾充满了神秘的色彩，匾下的那个锦匣子更是让皇子们日思夜想、魂牵梦萦，因为大家虽然知道皇太子已经确定，但彼此之间并不知道谁有这份幸运。更重要的是，立储之后还是可以更换人选的，这就加剧了彼此间的长期竞争，各皇子必须时刻注意自己的言行，约束自己，才有机会成为皇位最有力的竞争者。

其实，雍正皇帝创造的"秘密建储"，也未必是他首创。早在唐朝时期，波斯人就实行过这样的制度。据《旧唐书·波斯传》记载："波斯国王继位以后，便密选子才堪承统者，书其名字，封而藏之。王死后，大臣与王子之群子共发封而视之，奉所书名者为主焉。"

从实践上来看，雍正搞的"秘密建储"，在后面几代皇帝的继承问题上，确实发挥了作用，没有出现皇子间结党营私、争夺皇位的现象，选中的继承人也都表现不错。至少，从雍正后来挑选乾隆作为继承人来说，就是非常成功的。

"秘密建储"最大的进步是，它使皇帝挑选好的皇位继承人充满灵活性，如果选定的太子表现异常的话，可以随时进行更换，而皇子们并不知晓，不会影响父子兄弟之间的感情，更不会出现骨肉相残的事情。

不过，到了清朝最后的几个皇帝，"秘密建储"却没有了意义，因为爱新觉罗皇族的生育能力，到了后期都在走下坡路，最后的几代皇帝更是麻烦不断。譬如，咸丰只有一个儿子同治，而同治、光绪根本就没有子嗣，"秘密建储"也就无从谈起了。

除了"秘密建储"，雍正时期，还有一项空前绝后的密折制度。

在清朝，臣对君的报告沿袭了明朝的制度，有题本和奏本两种形式。题本是一种非常正式的报告，手续繁复，又很容易泄密；奏本手续相对来说简单很多，但也要做公文旅行，没有丝毫的机密可言。

而密折的关键所在便是一个"密"字，由皇上亲拆亲阅，第三者没有权力拆看，保密性相当强。说穿了，密折制度实际上就是告密制度。本来告密这种事许多人都以之为耻，但在雍正时期互相告密却是官员本职工作的一部分。

雍正皇帝刚刚即位，便下了一道谕旨，收缴前朝密折，密折逐步成为一种固定的文书制度。在雍正皇帝钦定的规章里，从缮折、装匣、传递、批阅、发回本人，再缴进宫中，都有一定的程序，是绝对不能乱来的。按照密折的内容，规定分别用素纸、黄纸、黄绫面纸、白绫面纸缮写，并且有统一规格的封套。密折必须由本人亲笔书写，加以封套、固封，装入特制的折匣中，锁上宫廷锁匠特制的铜锁，派专人送达。

给皇帝上密折不仅仅是一种特权，更是一种荣誉。根据史料记载，康熙年间上密奏者只有百余人，而雍正朝却扩大到了1100多人，逐步扩大到各省督抚、藩、臬、提、镇等。在密折的内容上，较之以前更为丰富了，上到军国重务，下至身边琐事，无所不含。雍正朝的密折不但用来陈述事情，还用来推荐人，最重要的是皇帝大臣利用它商讨政务。臣下可以将拿不准的问题提出来，请皇帝裁夺；对不了解的或不懂的问题，皇帝则询问臣下。

雍正朝的许多重大政事，如摊丁入亩的政策，就是在雍正皇帝与黄炳、李维钧等封疆大吏和中央九卿间，通过密折反复筹商而最后定下来的。雍正皇帝授权官员越境奏事，可以越级监视、上下牵制。这种方法使雍正皇帝能够了解更多的情况，也使得为官者人人震慑，不敢轻易触犯法纪。

密折制是雍正皇帝推行专制统治的有效手段之一，通过密折，皇帝可以直接处理政务，强化其权力，也可以有效控制官员。密折制度牵涉到君臣间的权力分配，是官僚政治的重大改革。

从秘密建储到密折制度可以看出雍正皇帝的精明强干，而且，雍正皇帝也算得上是清朝历史上，甚至是中国古代史上最勤勉的皇帝，几乎事无巨细，必躬亲过问，甚至包括赌博、乱收费等问题，他都亲自倾力整顿。

十二 / 禁赌风云与高薪养廉

在中国历史上，清朝是赌博最为泛滥的一个朝代。首先，赌博方式种类繁多，有传统的赌博方式，如投壶、叶子戏、象棋、马吊、纸牌、骨牌、骰子、摇摊、斗鹌鹑、花会等；也有不少新创的方式，如"叉麻雀"，成形于清中期，至晚清盛极一时，已经具备了今天麻将牌的基本格局；还有清中叶以后从西方传入的彩票、赛马、赛狗、扑克和打弹子等赌博方式，在沿海地区和通都大邑流行一时。其次，参赌人员分布广泛，遍及社会各个阶层。从高官显贵到社会底层的贩夫走卒，从士大夫到村夫妇幼，参与赌博活动的人数众多。

而清朝也是禁赌法规最为严厉的一个朝代。这种矛盾，无疑表明了清朝时期禁赌措施的失败。

事实上，从顺治皇帝时，清政府就开始禁赌，而到了康熙时期，赌风却愈演愈烈，康熙皇帝加大了禁赌的力度，禁赌的条例也日渐细化；到了雍正王朝时，禁赌已成为定制。然而，即便如此，清朝的赌博之风却没有停息。其中的缘由很多。不妨从雍正颁布的一则《禁止赌博谕》说起。

在雍正四年（1726）除夕的这一天，雍正皇帝颁布了《禁止赌博谕》。

这条《禁止赌博谕》的大致内容是：赌博之事坏人品性。如果下等人赌博，一定会聚众，作奸犯科由此而起；如果读书当官的人赌博，一定会误时误事。赌博的读书人和官员，哪里会有高尚的品德？朕多次申明禁止赌博，可是，直到现在也不见成效，实在可恨。如果不禁止生产赌具，就不能除赌博之根。现在，朕命令京城及各省地方官，将纸牌骰子全部封存销毁，不得再卖，违者重治其罪。如果还有赌窝或者引诱入局赌博的，输家可自首并检举同伙。所输的钱可追回归还，并免其无罪。这样，赌博之风可止。

从这些内容可以看出，对于禁赌，雍正皇帝是置于维护国家根本的高度来认识，尽管他在位只有13年，但他在清朝前期坚持禁赌政策不动摇的历史中，发挥了承前启后的作用。虽然这种作用在后来的历史中并没有达到多大的效果，但的确是因为雍正皇帝对赌博的狠抓，才让后来的几位皇帝下定决心禁赌的。

然而，决心归决心，虽然清朝几代帝王严厉打击赌博，却屡禁不止，反而日益猖獗，其中的原因之一是，皇帝们将人们的游乐活动与危害社会的大规模赌博不加区分，从而一概施予严刑峻法，导致禁赌法令难以长期坚持执行，最终成为一纸空文。

雍正皇帝自己也认为"赌牌掷骰虽为贪钱，然始初多以消遣而渐成者，原系适趣之戏具"。将此类"游戏"与开场设赌及"扎局弄赌"的骗钱把戏不加区分，使得禁赌措施难以具体贯彻。另外，以连坐治罪的形式加强对赌具的查禁，实际执行中也有困难，因为大部分官员害怕被牵连。于是，当各地官员查获赌具时，并不上报。

禁赌法律的制定与社会实际生活的脱节，导致法令难以执行，这正是清朝禁赌失败的首要原因。清朝的吏治败坏，到了乾隆皇帝时期已成积重难返之势，这种背景下的禁赌法令，在执行过程中自然会大打折扣，甚至成为官吏索贿的筹码。

在雍正时期，巡察史宋筠就遭遇过一件事情——有一次，宋筠来到一个叫盂县鹞腾崖的地方，在一个以卖烧饼为生的人家中，看到十多个人在聚赌。宋筠便问那些赌徒："新颁布的赌博新例那么严，你们就不怕被官捉去受罚吗？"

其中一个赌徒答道："那些官员离这儿有数十里，他们怎么会知道？"

宋筠又问："那么衙役稽查来了呢？"赌徒又答："送他几百文钱就完事了。"

宋筠再问："如果地方乡约来查，又怎么办？"赌徒再答："同在一块儿地方住，他们怎么好意思抓我们。"

所谓上有政策，下有对策，从宋筠经历的这件事可以看出，禁赌已经成了表面文章。到了乾隆时期以后，查禁赌博的官吏，以索贿为目标，致使所谓的禁赌，成为一些官员非正常收入的一个渠道。

清朝是中国封建社会人口增长最快的朝代，而可耕地面积基本没有增加，这就导致了大量人口从传统农业中游离出来，在村镇间或涌向城镇地区，从事农业以外的手工、商业和服务业等各种行业。雍正皇帝称这些为"游惰"之民。闲散的人员增多，便极易滋生赌博。

到了晚清时期，赌博泛滥，已成为严重的社会问题。张之洞等封疆大吏主张弛赌博之禁，开征赌捐，这本是为他们的政治经济活动筹款的权宜之举，并非近代意义上的由国家或地方政府统筹和控制赌博业，但在法律上，它却使禁赌法令走到其自身的反面。至此，清初以来的禁赌律例，在实施的层面上表现为禁小赌，不禁大赌，成为官僚吏胥索贿的一个筹码，在法律意义上，已经成为一纸空文。

除了禁赌，在雍正朝，还有一种特殊的制度，最后也形同虚设。这就是"养廉银"制度。这个制度，是雍正元年时，山西巡抚诺岷向朝廷提出的。这个制度立即得到了雍正皇帝的同意和支持。

"养廉银"就是指在官员的薪俸之外，增发数额较高的生活补贴。换句话说，就是"高薪养廉"。雍正皇帝希望用这个制度减少贪污。

其实，这种"养廉银"制度就是现今所谓"高薪养廉"，在中国历史上，与之类似的制度很多。北魏时期有"以酬廉吏"的尝试，宋代有"给赐过优"的待遇，明朝实行过"量增官俸"的措施，到了清代，又被称为"养廉银"。

清朝实施"养廉银"的出发点是减少朝廷认为官员因俸禄微薄而贪赃枉法的行为。

据《大清会典》卷二一记载的"文职官之俸"条："一品岁支银一百八十两，二品一百五十两，三品一百三十两，四品一百五两，五品八十两，六品六十两，七品四十五两，八品四十两，正九品三十三两有奇，从九品、未入流三十一两有奇……"——这是基本工资，称为"正俸"；而"京员（中央机关和京城地方官员）例支双俸"，即在基本工资之外加发同样数目的津贴，称为"恩俸"；此外，"每正俸银一两兼支米一斛，大学士、六部尚书侍郎加倍支给"，称"俸米"；三者相加，就是清朝官员的官俸了。

由此可知，即使是清朝的封疆大吏、一品总督，正俸也不过一百八十两银子，而七品知县的官俸折合每月只有三两七钱银子。这样微薄的"工资"

大约只能养家糊口，但作为一个朝廷官员，如果只是能够养家糊口，勉强度日，在任何朝代都是说不过去的。

光绪年间进士何刚德在其《春明梦录》中说："一般大臣坐的都是四人抬的轿子，也有大臣是坐车的。但这只以贫富论，不以官职分。如果大臣坐轿，必须要八个人抬才好，因为可以轮班倒。路途遥远，还必须在后面跟随一辆大板车，倒班的人坐在上面歇息。这样下来，一年费用，至少八百金。坐车的花费要比这省一倍，许多京官都喜欢坐车，因为省银子。"

何刚德任京官19年，最后做到了五品郎中，他后来说，自己刚到京城做官时，都雇车而坐，几年后才能二十四金买一骡，雇了一个仆人。后来因为公事较忙，又买了一头骡子，一个月要支出十金，即使是这样的生活，"在同官汉员中已算特色，盖当日京官之俭，实由于俸给之薄也"。

五品官年俸银百二十两、米六十斛，这百二十两银子刚好付每月十两的骡马费，何刚德一家人的生活，六十斛米又如何能够维持，势不能不于官俸之外另行设法。

《春明梦录》也多少透露了一些这方面的信息，如云："京官官俸极薄，所赖以挹注者，则以外省所解之照费、饭食银，堂、司均分，稍资津贴耳。"何刚德讲到他自己，则"有印结银，福建年约二百金左右（他在吏部分管福建）；有查结费，与同部之同乡轮年得之，约在印结半数；此外即饭食银也，每季只两三金耳；得掌印后，则有解部照会，月可数十金，然每司只一人得之，未得掌印，则不名一钱也"。

何刚德之所以"在同官汉员中已算特色"，就是因为他"得掌印"的缘故。那么，可想而知，那些没有"特色"的官员是如何度日的。

清朝的各级官俸到底低到什么程度，可以与各朝的官员俸禄做一个对比。明朝官员的官俸就已经很低，但与清朝比仍是比较高的。拿一品官来讲，明朝正一品官的俸额为清朝正一品官的2.7倍，明朝最低的正九品官的官俸也为清朝正九品官的1.3倍。若同唐朝的官俸相比，清朝官俸之低难以想象。经推算，唐正一品的官俸为清的5倍，唐最低的正九品官的官俸也是清的将近4倍。

喜好读史的清朝皇帝们不会不知道自己官员们的薪水之低，也对贪污现象有了"本质"的认识，这种"本质"的认识让他们做出推行"养廉银"制度的决定。

那么，养廉之资从何而来呢？皇帝绝不会自己掏腰包，更不可能取之于民间，增加人民的负担。倘若取之于民间，正与朝廷推行"养廉银"制度本意相悖。

据史料记载，清朝时期的养廉银资是从"耗羡"中来的。当时，凡是州、县官，主要在征收钱粮时进行盘剥。钱粮就是田赋，最初征收实物，后来改成"折色"，即征收银子。无论征收实物还是银子，都有一种"耗羡"陋规，所谓"耗羡"即指在征收银粮时，以弥补损耗为由在正额之外加征的部分。倘若是银子，就是指将碎银熔成银锭时所受的损耗。

一般情况下，征收的银两中，每两加征四钱至五钱作为火耗；粮一石加征二升到一斗几升，整个州、县的加征总量是一个可观的数字，实际上这笔耗羡并不归公，完全入了州、县官的私囊，成为公开的、照例的好处。由此可知，这所谓的"耗羡"实际上是地方官以耗损为名征收的一种在各种杂派中最苛重的附加税罢了。

推行"养廉银"的同时，雍正也推行了"耗羡归公"制度。他谕令各省把原来被大小官员贪污的耗羡银两全部提解归公，上交藩库，并从中拿出一部分作为养廉之资。

这部分银子并非是随意发放的，而是按照官员的官职高低、政务之繁简、地方之冲僻以及耗羡之多少来决定。这种做法可谓"厚俸以养廉"，而不是以往的"俭以养廉"了。官员们领取了"养廉银"，不许再有乱收胡收之举，否则就要受到严惩。

实行"厚俸以养廉"制的结果，化私费为公款，将原来对百姓的侵夺银两变成了制度化的合法收入，各种陋规大受压制，民众负担大为减轻。雍正这种做法被史学家们大为赞赏。

清朝推行"耗羡归公"和"养廉银"制度，至少对雍、乾二朝产生了三方面的积极作用：一是吏治稍得澄清，二是理足国帑，三是为百姓减轻了负担。在那一段时间，社会矛盾比较缓和，局势也较为安定。但乾隆后期，这种情况便不存在了，官员们越发"放肆"起来，贪污现象更加严重。

实施"养廉银"制度后，在外官员其数额往往超过正俸几十倍，而京官是没有这个"额外"收入的。提出"养廉银"制度的山西巡抚诺岷的养廉银一年高达3.17万两，为原俸的204.5倍。河南巡抚田文镜亦达2.89万两，为原俸的186.5倍。正俸遂微不足道了。

这并不是最主要的，最主要的是同为总督，有的高者可达2.2万两，而有的却只有1.3万两；同为七品知县，"养廉银"也有400两至2000两的差别。

这种差距让许多官员心里觉得不舒服，所以，他们仍旧在钱粮上打主意。他们可以借口银子成色不好，也可以借口粮食质量不好，而任意实施勒索，而且田赋可以用钱交纳，经手官员就任意把钱价压低。

举一个简单的例子，市价2000文合1两银子，他可以定为2500文合1两银子；田赋上缴有一定数量，通常缴到八成就算完成了任务，如果有水灾、旱灾，明明收成是七成，却以五成来报，农民实际田赋不少缴。多收的银粮都到州、县官和他们爪牙的腰包里了。

由于乾隆本人对"养廉银"制度推行得不认真，他又是个喜欢铺张浪费的人，开销不断增大，国家财政入不敷出，只好转向加摊派、兴捐献上。在摊派、捐献中，各级官员层层加码，各有截留，贪污之风又再刮起，腐败现象再度从上而下遍及各级官员。乾隆虽也多次惩办贪污，但都是阵发式的措施，过后又起，难以阻止腐败的燎原之势。

倘若刻薄一点讲，"养廉银"制度只不过是昙花一现。它只在特定的历史环境与特定的历史人物（雍正）那里起到了一定的作用，过后，它便凋敝了。

为什么"养廉银"不能养廉呢？首先，为官者普遍贪婪，再多的"养廉银"也不能满足其无限膨胀的私欲；其次，对官员缺乏有效的监督。虽然雍正设了可以随时告发贪官的"密折制"，但在皇帝的一人主掌领导之下，监督的作用是极为有限的。

在专制社会中更可怕的是贪污受贿已形成一个食物链。在这个食物链中，即使一个官员操守再好，也不得不贪污。在这个贪污的食物链中，你不按这些潜规则办，就在官场混不下去，即使要为民做好事，也必须求助于行贿的手段。要官员廉洁，必须让他们有能过上与身份相称的生活的高薪。但高薪只是养廉的必要条件之一，并非全部条件。只有高薪而没有相应的制度，想让官员廉洁只是一句空话。

十三 / 李卫当官真实版

雍正皇帝自始至终最信任的大臣，一共有四个人，分别是张廷玉、鄂尔泰、李卫和田文镜。提到李卫，人们会想到多年前曾经红极一时的电视连续剧《李卫当官》。剧中的李卫机智幽默，是四爷的家奴。他爱骑马，爱收藏小玩意儿，是个很招人喜爱的角色。而历史上真实的李卫，却并非如此。

历史上真实的李卫，是江苏徐州人，生于康熙二十六年（1687），卒于乾隆三年（1738）。李卫当官，并非通过科举的正途，而是家里花了不少钱，给他买了一个监生的资格。也就是说，是靠捐钱捐来的。

由于小时候没怎么读书，所以即使后来官做得挺大，李卫还是会闹出些错别字之类的笑话。

李卫虽然没什么文化，但人却非常聪明，他手下的师爷起草完公文奏章，读给他听，他听后，总能一针见血地指出问题的要害，然后通过口述让师爷们修改，大家对此都十分服气。李卫升堂审案的时候，更是才思敏捷，判决如流，丝毫没有文盲的嫌疑。

《小仓山房文集》里的《李敏达公卫传》中说，李卫身材魁梧，膀大腰圆，膂力过人，貌似武夫，这和电视剧《李卫当官》中李卫的形象完全不同。历史上真实的李卫，走在街上很容易辨认，因为他脸大如盆，鼻孔中通，不同凡人。不过，李卫虽然一副武夫的身材，皮肤却很白皙，只是生来就是一张麻子脸，委实可惜。

因为体魄强健，李卫自幼就喜好习武。他做官后，曾经自建了一个勇建营，在当地募集了一些壮汉，专门练习搏杀之技。李卫每次带领勇建营外出捕捉盗贼时，自己也身披金甲，执铁如意，亲自指挥，过上一把瘾。不过，雍正皇帝对他的武夫形象颇不以为然。有一次，李卫向雍正皇帝请缨，要上西北战场去拼杀。雍正皇帝不屑地说:"我知道你不是这块料,别多事了。"

《清代名人轶事》里说,雍正皇帝上台后不久,发现各省钱粮亏欠甚多,便下诏清查,各省官员闻讯十分恐慌。李卫当时任浙江总督,立刻召集幕僚们来商议对策,可手下那些人也想不出什么好办法。李卫便说,不请钦差大臣来吧,皇上一定不相信我们;可要是钦差大臣来了,我们这些做督抚的,又无权干涉清查,恐怕亏欠的事情就要败露。不如我主动上奏朝廷,说"浙省钱粮废弛日久,正好趁着钦差大臣清查的机会,好好整治一下。不过,钦差大臣初到地方,一时恐怕不得要领,臣身任地方官,理应协同办理,请皇上裁处"。

随后,李卫谎称自己要过生日,让浙省七十二州县的有关官员都速来祝贺。生日筵席吃到一半的时候,李卫把这些人召到密室,说,朝廷负责清查钱粮的钦差大臣马上就要来了,你们要是有亏欠的话,千万别欺瞒我,我能救你们,你们要不听话,等查出问题被抓被杀的话,到时候可别怪没给你们机会。

众官员一听这话,都害怕,连忙说,愿听大人吩咐。

官员们回去后,不管有无亏欠,都老老实实地造册登记后交给李卫,让李卫心里有数。

再说雍正皇帝接到李卫的奏折后,同意了他的提议,随后便派了户部尚书彭维新前去浙江清查,并批准李卫协助清查工作。彭维新当时已经在江南其他各省清查,彭维新做事认真细致,加上江南各督抚都不敢干扰他的工作,结果查下来的问题很多。很多官员被他抓住了辫子,彭维新还准备上报朝廷,以流放、斩首、监禁、追究财产等手段惩处这些有问题的官员,一时间弄得江南等地人心惶惶,怨声载道。

查完其他省后,彭维新又奉命来到浙江。不料,李卫一见面便拿出雍正皇帝的批示,说,朝廷让我协助清查工作,请大人一起商量怎么办好。彭维新见李卫手里有雍正的批示,气焰一下就小多了。

随后,李卫便为彭维新设宴接风,酒过三巡,李卫叹道,凡是共事,从来就没有不起争执的。我性子急,喜欢和人争辩,屡次被皇上批评。这次和大人共事，我倒是希望不要有争执，但就怎样才能没有争执呢？

彭维新听后，提出一个建议，说我们分县清查。李卫非常赞同，立即让随从把浙江各州县的名字写在纸上，然后把纸捏成团，放在盘子里，李卫和彭维新各拿一半。彭维新没有料到的是，这些纸团其实都让李卫做了手脚，李卫把那些亏欠了钱粮的州县，大部分都拿到了自己手里，那些问题不大的，都分给了彭维新。因此，彭维新虽然极其认真地清查，最后却一无所获。李卫在清查的时候，则让那些亏欠了钱粮的州县尽快设法弥补，把事情摆平。清查结束后，李卫和彭维新碰头，问道：怎么样，各州县可有亏欠的？彭维新说，没有。李卫装出一副很意外，但又很开心的样子说：恭喜恭喜，我这里也没有呢。

于是两人皆大欢喜，一起奏明朝廷说浙江没有亏欠。雍正皇帝接到奏报后大喜，说，别人都讲清查麻烦事多，唯独李卫那里什么事情也没有，看来这小子的确有一手。随后，雍正便加封李卫为太子太保，大加赏赐，浙江的其他各级官员也各升一级。

从此，手下的那些官员也对李卫彻底地服服帖帖了。

李卫这个人脾气倔，但有一次碰到一个比他还倔的手下。这个手下名叫田芳，是李卫的幕僚。

有一天，李卫让田芳给雍正写奏折，请求雍正封他五代。田芳不肯写，说人家请求封典的最多三代，从来就没听说过封五代的，这个折子我不能写。

李卫说，你别管，照写就是。

田芳还是不肯写，惹得李卫大怒，骂道，"你这狗娘养的，我要你写你就写，没有先例，我来创造先例，干你何事？"

田芳挨了骂，也愤怒，说："我看是大人你自己昏了头，你仗着皇上对你一时的宠爱，把朝廷都不放在眼里了。我好心好意地劝导你，你不感谢我，居然还辱骂我。大人为人子孙，封三代还嫌不够；我也为人子孙，一代也未曾封过，你却骂我狗娘养的，这还有天理吗？我就是不服！不服！"

李卫从来就没有碰到手下这么跟他说话的，一时间面子下不来，只好说：就算我错了，你不服，又能怎么样？

田芳说：你是大人，我是小吏，不要说大人骂我，就算大人把我打死，我也不能怎么样！只可惜大人之威，能强加到小吏的身上，但小吏之理，还是直于大人！说完，田芳扭头走了。

李卫站在原地，愣愣地半晌没出声。当天晚上，李卫又派人把田芳叫来。田芳下午回去后，想了想，觉得自己当时确实太冲动了，听到李卫叫他，以为要杀他，进去的时候双腿发抖，脸色如土，不想李卫走上前握着他的手，笑道："你小子有点胆识，做个小吏实在可惜了，不如我借给你1200两银子，你去买个县丞当当，以后做了官，也要像今天这样，正直当官，好好做事。"

田芳万万没想到，李卫会如此对待自己，于是千恩万谢。后来，田芳做了富平县丞和凤翔县令，为官期间名声非常好。

雍正皇帝曾将自己最宠信的几个大臣——鄂尔泰、李卫、田文镜树立为"模范总督"。但是，这几个人里面，田文镜心眼比较小，他看到李卫受宠，难免有些妒忌，便暗地里在雍正面前说李卫的坏话，但雍正不为所动。田文镜一计不成，便转而去巴结李卫。

这一天，李卫的母亲病逝，田文镜故作高姿态，特意派人前去吊唁，并向李卫赠以厚礼。李卫得知后，大骂道："我老母虽死，但我也不饮小人一勺水也！"

随后，李卫命手下将田文镜的使者挡于大门之外，并将田文镜送来的东西丢进了猪圈，以示不齿与田文镜结交。

李卫就是这样一个独特的官员，他最独特的地方，还不在于他的个性和为官之道，而在于他并非科举出身。一个非科举出身的人，能够得到重用，主要是还是取决于雍正皇帝遴选人才的标准。康熙皇帝晚年选官，最重视官员的操守，才干倒是其次，结果弄得各地官员只顾"清廉"的虚名，以至于"遍地清官"，却不做实事。殊不知，世上清官、贪官本就难以分辨，一味地追求清官，反而弄出很多弊政。

雍正皇帝上台后，常跟李卫说，这清官如同"木偶"，中看不中用，对社稷民生毫无裨益。因此，雍正皇帝用人，首先在才干，至于什么资历或者科举出身之类，倒是其次。恰如李卫的谥号"敏达"一样，既反映了李卫的为官之道，也反映了雍正皇帝的选官标准。正因为如此，李卫才脱颖而出，成为雍正王朝的能臣。李卫生逢其时，恰逢贵人，真可谓是人生的一大幸运。而在雍正王朝时期，另一位比李卫更有才能的人，却没那么幸运。他的结局，甚至可以用悲惨来形容，他就是下面要说到的年羹尧。

十四 / 年羹尧官场沉浮录

看过电视连续剧《雍正王朝》的，一定会对年羹尧印象深刻。这位显赫一时的年大将军曾经屡立战功、威镇西陲，满朝文武无不服其神勇，同时也得到雍正帝的特殊宠遇，可谓春风得意。然而，过了不久，风云骤变，弹劾他的奏章连篇累牍，各种打击接踵而至，直至被雍正帝削官夺爵，列大罪92条，赐自尽。

一个曾经叱咤风云的大将军最终落此下场，实在令人扼腕叹息。那么，历史上的年大将军究竟是一个什么样的人？又是什么原因，导致雍正皇帝要下决心除掉这个自己曾经倚为心腹的宠臣？

年羹尧，字亮工，号双峰，汉军镶黄旗人，生年不详（一说生于康熙十八年，即1679年）。其父年遐龄官至工部侍郎、湖北巡抚，其兄年希尧也曾任工部侍郎。他的妹妹是胤禛的侧福晋，雍正即位后封为贵妃。年羹尧的妻子是宗室辅国公苏燕之女。所以，年家可谓是地位显赫的皇亲国戚、官宦之家。

人们都知道年羹尧后来建功沙场，以武功著称，但很少有人知道他还自幼读书，颇有才识。

康熙三十九年（1700）年羹尧考中进士，不久就授职翰林院检讨。翰林院号称"玉堂清望之地"，庶吉士和院中各官，绝大多数由汉人士子中的佼佼者充任，年羹尧能够跻身其中，已经是非同凡响了。

康熙四十八年（1709），年羹尧迁内阁学士，不久升任四川巡抚，成为封疆大吏。这时的年羹尧还不到30岁。

对于康熙的格外赏识和破格提拔，年羹尧感激涕零，在奏折中表示自己"以一介庸愚，三世受恩"，一定要"竭力图报"。到四川上任以后，年羹尧很快就熟悉了四川通省的大概情形，提出了很多兴利除弊的措施。而他自己也带头做出表率，拒收节礼。康熙对他在四川的作为非常赞赏，并寄予厚望，希望他"始终固守，做一好官"。

年羹尧也没有辜负康熙帝的厚望，在击败准噶尔部首领策妄阿拉布坦入侵西藏的战争中，为保障清军的后勤供给，再次显示出卓越才干。康熙五十七年（1718），授年羹尧为四川总督，兼巡抚事，统领军政和民事。

康熙六十年（1721），年羹尧进京入觐，康熙御赐弓矢，并升其为川陕总督，成为西陲的重臣要员。

同年九月，青海郭罗克地方叛乱，在迅速进攻的同时，年羹尧又利用当地部落土司之间的矛盾，辅之以"以番攻番"之策，迅速平定了这场叛乱。

康熙六十一年（1722）十一月，抚远大将军、贝子胤禵被召回京，年羹尧受命与管理抚远大将军印务的延信共同执掌军务。

雍正即位之后，年羹尧更是备受倚重，和隆科多并称雍正的左膀右臂。年羹尧是雍正皇帝的亲郎舅，在雍正继位前已为他效力多年，二人的亲密程度非同一般。

雍正元年（1723）五月，雍正发出上谕："若有调遣军兵、动用粮饷之处，著边防办饷大臣及川陕、云南督抚提镇等，俱照年羹尧办理。"

这样，年羹尧遂总揽西部一切事务，实际上成为雍正在西陲前线的亲信代理人，权势地位实际上在抚远大将军延信和其他总督之上。雍正还告诫云、贵、川的地方官员要秉命于年羹尧。同年十月，青海发生罗卜藏丹津叛乱。青海局势顿时大乱，西陲再起战火。雍正命年羹尧接任抚远大将军，驻西宁坐镇指挥平叛。

到了雍正二年（1724）初，战争的最后阶段到来，年羹尧下令诸将"分道深入，捣其巢穴"。各路兵马遂顶风冒雪、昼夜兼进，迅猛地横扫敌军残部。在这突如其来的猛攻面前，叛军魂飞胆丧，毫无抵抗之力，立时土崩瓦解。

罗卜藏丹津仅率 200 余人仓皇出逃，清军追击至乌兰伯克地方，擒获罗卜藏丹津之母和另一叛军头目吹拉克诺木齐，尽获其人畜部众。罗卜藏丹津本人因为化装成妇人而得逃脱，投奔策妄阿拉布坦。这次战役历时短短 15 天（从二月八日至二十二日），大军纵横千里，以迅雷不及掩耳之势横扫敌营，犁庭扫穴，大获全胜。年羹尧"年大将军"的威名也从此震慑西陲，朝野闻名。

平定青海战事的成功，令雍正喜出望外。在此之前，年羹尧因为平定西藏和郭罗克之乱的军功，已经先后受封三等公和二等公。此次又以筹划周详、出奇制胜，雍正晋升年羹尧为一等公。此外，再赏给一个子爵，由其子年斌承袭；其父年遐龄则被封为一等公，外加太傅衔。此时的年羹尧威镇西北，又可参与云南政务，成为雍正在外省的主要心腹大臣。

年羹尧的权力越来越大，不仅在涉及西部的一切问题上大权独揽，而且还一直奉命直接参与朝政。他有权向雍正打小报告，把诸如内外官员的优劣、有关国家吏治民生的利弊兴革等事，随时上奏。他还经常参与朝中大事的磋商定夺。

雍正皇帝也对年羹尧宠信到无以复加的地步，年羹尧所受的恩遇之隆，也是古来人臣极少有能与之相匹敌的。对于政务方面的事情，雍正皇帝常常征求年羹尧的意见，在用人和吏治方面，也给了年羹尧极大的权力。在生活上，年羹尧的手腕、臂膀有疾，以及妻子生病，雍正都再三垂询，赐送药品。雍正也时常以手谕告知年羹尧其父亲在京的情况。赏赐美食珍宝更是常事。有一次，雍正皇帝赐给年羹尧荔枝，为保证荔枝的鲜美，雍正皇帝令驿站6天内从京师送到西安，这种待遇堪与唐代的杨贵妃相比。

年羹尧的失宠和被整肃是在雍正二年（1724）十月，这是年羹尧第二次进京觐见，在赴京途中，他令总督李维均、巡抚范时捷等跪道迎送。到京时，黄缰紫骝，郊迎的王公以下官员跪接，年羹尧安然坐在马上行过，看都不看一眼。王公大臣下马向他问候，他也只是点点头而已。

封建时代权贵最注重名分，君臣大义是不可违背的，做臣子的就要恪守为臣之道，不要做超越本分的事。事实上正是由于雍正帝宠信过度，赞誉过高，征询过多，致使年羹尧权力膨胀。而年羹尧骄横傲慢，忘乎所以，不守臣节，则渐渐引起了群臣的侧目和雍正的警觉和不满，终于下决心惩治年羹尧。

分析年羹尧失宠获罪的原因，大致有以几点：

第一，擅作威福。年羹尧自恃功高盖世，骄横跋扈之风日甚一日。他在官场往来中趾高气扬、气势凌人；赠送给属下官员物件，"令北向叩头谢恩"；发给总督、将军的文书，本属平行公文，却擅称"令谕"，把同级官员视为下属；甚至蒙古扎萨克郡王额附阿宝见他，也要行跪拜礼，这简直是凌辱皇亲。

对于朝廷派来的御前侍卫，理应接待，但年羹尧把他们留在身边当作"前后导引，执鞭坠镫"的奴仆使用。按照清代的制度，凡上谕到达地方，地方大员必须迎诏，行三跪九叩大礼，跪请圣安，但雍正的恩诏两次到西宁，年羹尧竟"不行宣读晓谕"，这是对雍正皇帝权威的蔑视。更有甚者，他曾向雍正进呈其出资刻印的《陆宣公奏议》，雍正打算亲自撰写序言，序言尚未写出，年羹尧自己竟拟出一篇，并要雍正帝认可。年羹尧在雍正面前也行止失仪，"御前箕坐，无人臣礼"，对此雍正心中颇为不快。

第二，结党营私。当时在文武官员的选任上，凡是年羹尧所保举之人，吏、兵二部一律优先录用，号称"年选"。这与康熙初年吴三桂的"西选"似有相似之处。他还排除异己，任用私人，形成了一个以他为首，以陕甘四川官员为骨干，包括其他地区官员在内的小集团。许多混迹官场的拍马钻营之辈眼见年羹尧势头正劲、权力日益膨胀，遂竞相奔走其门。而年羹尧也是个注重培植私人势力的人，每有肥缺美差必定安插其私人亲信，"异己者屏斥，趋赴者荐拔"。比如，他弹劾直隶巡抚赵之垣"庸劣纨绔""断不可令为巡抚"，而举荐其私人李维钧。赵之垣因此而丢官，于是转而投靠年羹尧门下，先后送给他价值20万两的珠宝。年羹尧就借雍正二年（1724）进京之机，特地将赵带到北京，"再四恳求引见"，力保其人可用。

被年羹尧参劾降职的江苏按察使葛继孔，也两次送上各种珍贵古玩，年羹尧于是答应日后对他"留心照看"。此外，年羹尧还借用兵之机，虚冒军功，使其未出籍的家奴桑成鼎、魏之耀分别当上了直隶道员和署理副将的官职。

第三，贪敛财富。年羹尧贪赃受贿、侵蚀钱粮，累计达数百万两之多。雍正朝初年，整顿吏治、惩治贪赃枉法是一项重要改革措施。在这种节骨眼上，一贯标榜廉政的雍正是不会轻易放过他的。

而雍正皇帝对年羹尧的惩处是有计划、有步骤逐渐进行的。

第一步是在雍正二年十一月年羹尧觐见离京前后，雍正做出决定，要打击年羹尧。年羹尧离京后接到的那份朱谕就是对他的暗示。

第二步是给有关官员打招呼。一是雍正的亲信，雍正要求他们与年羹尧划清界限，揭发年的劣迹，以争取保全自身；二是年羹尧不喜欢的人，使他们知道皇帝要整治年了，让他们站稳立场；三是与年关系一般的人，让他们提高警惕，疏远和摆脱年羹尧，不要投错了阵营。这就是为公开处置年羹尧做好了准备。

第三步把矛头直指年羹尧，将其调离西安老巢。到了雍正三年（1725）正月，雍正对年羹尧的不满开始公开化。年指使陕西巡抚胡期恒参奏陕西驿道金南瑛一事，雍正说这是年任用私人、乱结朋党的做法，不予准奏。

年羹尧曾经参劾四川巡抚蔡珽，以使其私人王景灏得以出任四川巡抚。这时雍正已经暗下决心打击年羹尧，蔡珽被押到北京后，雍正不同意刑部把他监禁起来，反而特地召见他。蔡珽陈述了自己在任时因对抗年羹尧而遭诬陷的情况，又上奏了年羹尧"贪暴"的种种情形。雍正于是传谕说："蔡珽是年羹尧参奏的，若把他绳之以法，人们一定会认为是朕听了年羹尧的话才杀他的。这样就让年羹尧操持了朝廷威福之柄。"因此，雍正不仅没有给蔡珽治罪，反而升任他做了左都御史，成为对付年羹尧的得力工具。

雍正三年三月，出现了"日月合璧，五星联珠"的所谓"祥瑞"，群臣称贺，年羹尧也上贺表称颂雍正夙兴夜寐，励精图治。

但是，表中字迹潦草，又一时疏忽把"朝乾夕惕"误写为"夕惕朝乾"。雍正抓住这个把柄借题发挥，说年羹尧本来是一个办事精心的人，这次是故意不把"朝乾夕惕"四个字"归之于朕耳"。并认为这是他"自恃己功，显露不敬之意"，所以对他在青海立的战功，"亦在朕许与不许之间"。接着雍正更换了四川和陕西的官员，先将年羹尧的亲信甘肃巡抚胡期恒革职，署理四川提督纳泰调回京，使其不能在任所作乱。四月，解除年羹尧川陕总督职，命他交出抚远大将军印，调任杭州将军。

最后一步是勒令年羹尧自裁。年羹尧调职后，内外官员更加看清形势，纷纷揭发其罪状。雍正以俯从群臣所请为名，尽削年羹尧官职，并于当年九月下令捕拿年羹尧押送北京会审。十二月，朝廷议政大臣向雍正提交审判结果，给年羹尧开列92条大罪，请求立正典刑。其罪状分别是：大逆罪5条，欺罔罪9条，僭越罪16条，狂悖罪13条，专擅罪6条，忌刻罪6条，残忍罪4条，贪婪罪18条，侵蚀罪15条。

雍正皇帝说，这92条中应服极刑及立斩的就有30多条，但念及年羹尧功勋卓著、名噪一时，"年大将军"的威名举国皆知，如果对其加以刑诛，恐怕天下人心不服，自己也难免要背上心狠手辣、杀戮功臣的罪名，于是表示开恩，赐其狱中自裁。年羹尧父兄族中任官者俱革职，嫡亲子孙发遣边地充军，家产抄没入官。叱咤一时的抚远大将军以身败名裂、家破人亡告终。

雍正皇帝仅仅用了十四个月的时间，就让年羹尧从权力的巅峰跌入死囚牢中，不仅他本人做梦也想不到，就是许多王公大臣也觉得奇怪：年羹尧的92大罪状可谓件件有据可查，难道这是新发现的吗？显然这是秋后算账的结果。那么，他获罪失宠的真正原因是什么？他送命的症结又在哪里？

雍正公布的这些罪状，任选一条就可以把年羹尧扳倒，何况他有92大罪状？然而，也有人不同意这种说法。认为即使这些罪名全部成立，以年羹尧对皇帝的忠诚，特别是他曾立下抚平西北的不世之功，雍正也不至于这么快就把他罢黜，更不会下狠心将其处死。因此，年羹尧落到这个下场，完全在于另外的原因。一是欲擒故纵说。康熙本想立十四子胤禵为帝，四子胤禛伙同年羹尧、鄂尔泰、隆科多等人，趁康熙临终之时矫诏篡立，年羹尧以手中重兵钳制了胤禵，熟知宫变内幕。因此，雍正刚登帝位，对年羹尧大加恩赏，使其稳定阵脚，继而西北动乱，又需年大将军带兵平叛。待他平定了叛乱，雍正也坐稳了江山，便腾出手来卸磨杀驴，网罗罪名除掉这个重要知情人。

但是，当时胤禵并未受到年羹尧的钳制。因为胤禛继位这一高度机密，隆科多手握京师兵权，康熙驾崩之后连续六天封锁京城九门，消息无法外泄；而雍正继位的时候，年羹尧尚在四川平乱，并未参加篡立之事，不可能知晓内情，故欲擒故纵、杀人灭口之说难以成立。

二是情报失灵说。雍正登基以后，为了加强中央集权，粉碎结党行为，曾派侍卫细心搜访显要大员的情况。据说，雍正的手段非常厉害。但是令雍正感到意外的是，他派去监视年羹尧的特务，竟然给年羹尧牵马，充作下人。雍正感到特别痛心，想不到自己最信任、最重用的人，竟然是最有负于他的人。此说虽有一定的道理，但只能算年羹尧倒台的原因之一。而且较之以上列举的其他罪行，这也不是主要原因。

三是说年羹尧的杀身之祸是因为他有做皇帝的念头，可是观天象发现不可，雍正知道了当然不能让他活命。乾隆时期的一名学者在《永宪录》中提到，年羹尧与静一道人、占象人邹鲁都曾商谈过图谋不轨的事。有的学者也持此说，认为"羹尧妄想做皇帝，最难令人君忍受，所以难逃一死"。而《清代轶闻》一书则记载了年羹尧失宠被夺兵权后，"当时其幕客有劝其叛者，年黯然久之，夜观天象，慨然长叹曰：'不谐矣。'始改就臣节"。说明年确有称帝之心，只因"事不谐"，方作罢"就臣节"。其实这种说法是没有充分依据的。

四是"兔死狗烹"说。有一种观点认为，年羹尧参与了雍正夺位的活动，雍正帝即位后反遭猜忌以致被杀。不只是稗官野史，一些学者也持这种看法。据说，康熙帝原已指定皇十四子胤祯继位，雍正帝矫诏夺位，年羹尧也曾参与其中。他受雍正帝指使，拥兵威慑在四川的皇十四子，使其无法兴兵争位。雍正帝登基之初，对年羹尧大加恩赏，实际上是欲擒故纵，待时机成熟，即罗织罪名，卸磨杀驴，处死年羹尧这个知情之人。有人不同意此说，主要理由是雍正帝继位时，年羹尧远在西北，并未参与矫诏夺位，亦未必知晓其中内情。但客观上讲，当时年羹尧在其任内确有阻断胤祯起兵东进的作用。

关于雍正篡改遗诏夺取皇位的情况，许多著述都进行了阐释，各家说法，见仁见智，莫衷一是。雍正即位一事，确实疑点很多。而他即位后，又先后处置了原来最为得力的助手隆科多和年羹尧，让人更不禁要怀疑这是做贼心虚、杀人灭口。当然，这只能算是合理推定，尚无铁的资料作为支撑。所以，这种怀疑套句俗语说就是："事出有因，查无实据。"

综观年羹尧的人生经历，尤其雍正对他的恩宠怨恨，真像演戏一般。像他这样大起大落的例子，在历史上并不多见，作为功臣，不管建有多大的功勋，一旦作威作福，恣意妄为，就会晚节不保。如果再遇上猜忌心重、难以容忍的帝王，则必然导致身败名裂的悲惨下场。年羹尧的所作所为，的确引起了雍正的极度不满和某种猜疑。年羹尧本来就位高权重，又妄自尊大、违法乱纪、不守臣道，招来群臣的侧目和皇帝的不满与猜疑也是不可避免的。

雍正是个自尊心很强的人，又喜欢表现自己，年羹尧的居功擅权将使皇帝落得个受人支配的恶名，这是雍正所不能容忍的，也是雍正最痛恨的。

雍正并没有惧怕年羹尧之意，他一步一步地整治年羹尧，而年也只能俯首就范，一点也没有反抗和防卫的能力，只有幻想雍正能看在往日的情分上而法外施恩。所以，他是反叛不了的。雍正曾说："朕之不防年羹尧，非不为也，实有所不必也。"至于年羹尧图谋不轨之事，明显是给年罗织的罪名，既不能表示年要造反，也不能说明雍正真相信年要谋反。年羹尧就是种种复杂矛盾交织下的牺牲品。

十五 / 雍正猝死之谜

雍正十三年（1735）八月二十三日，雍正皇帝在圆明园去世。雍正皇帝死得很突然，不管是皇后、皇子，还是身边的宠臣，都毫无心理准备。

清宫档案中雍正的《起居注》记载：雍正十三年八月十八，雍正住在圆明园，与大臣们商量处理少数民族事务；八月二十一日，雍正感觉身体有些不适，但仍召见百官。八月二十二日，雍正没有再召见百官，皇子和亲王终日守在身旁，以防有什么不测。到了戌时（晚上七时至九时），雍正皇帝病情突然加重，宫中传出急诏，召诸王、内大臣及大学士觐见。八月二十三日子时（夜十一时至翌日一时），雍正皇帝驾崩。

清朝的官方正史的记录很简单，并未言明雍正皇帝到底是患了什么疾病。而且，雍正皇帝的灵柩在清宫停放了 19 天，然后移到雍和宫永佑殿。雍正的灵柩为何如此匆忙地从皇宫移到寺庙里，难道雍正皇帝的死真有不正常的地方？

因为这些缘故，关于雍正死因的种种说法便随之产生了。

第一种说法，也是民间流传最为广泛的说法——雍正皇帝是被吕四娘砍了头死的。传说吕四娘是吕留良的女儿，有的说是吕留良的孙女。因为"文字狱"，吕氏一门或被处死或被流放，吕四娘逃跑，没有被杀掉。后来，吕四娘拜师学艺，学艺有成后，乔装打扮，混入深宫，乘机砍掉了雍正的脑袋。雍正没有头，无法发丧，传说做了一颗金头，埋在了泰陵。这个传说很生动，但毕竟只是传说。历史学者认为，吕留良之案，吕氏一门，男女老幼，全部被监禁，不可能逃逸。就连吕留良父子的坟墓，都被严加监视了起来，吕女怎么可能逃脱？因此，吕四娘行刺雍正皇帝一说，纯属子虚乌有，绝不可信。

第二种说法，更为荒诞，说是《红楼梦》作者曹雪芹有个恋人叫竺香玉，是林黛玉的化身。竺香玉后被雍正霸占，成为皇后。曹雪芹想念恋人，就混入宫中，与竺香玉合谋，用丹药将雍正毒死。还有的野史传闻，说宫女与太监串通一气，用绳子把雍正勒死了。这些传说表明，雍正生前因治国严厉招致许多人的怨恨。但是民间传说不是历史事实，这些说法并不可信。

第三种说法，说雍正皇帝是死于丹药中毒。雍正皇帝崇尚方术，为求长生，经常服用道士们进献的丹药。史料记载，在雍正没当皇帝的时候，就对丹药产生了兴趣。他曾写过一首《烧丹》诗："铅砂和药物，松柏绕云坛。炉运阴阳火，功兼内外丹。"从中可以看出，雍正早年就对炼丹有了相当的研究和兴趣。

在朝鲜的史籍中，也有关于雍正皇帝沉迷于方术，以致病入膏肓，自腰以下不能动的记载。

从雍正四年（1726）开始，雍正皇帝就经常吃道士炼制的一种叫"既济丹"的丹药。从他对田文镜奏折的批语中，可以知道他感觉服后有效，还把丹药作为礼品赏赐给鄂尔泰、田文镜等大臣。

雍正八年（1730）春，雍正生了一场大病。为治病，他命令百官大规模访求名医和术士。这份谕旨没有让负责抄录的大臣代笔，而是由皇帝一份份亲自书写，足见他对这件事的高度重视。

很快，四川巡抚宪德写折子说，当地有个人叫龚伦，有长生之术，86岁时还得了个儿子。雍正立即谕令此人进宫，但此时龚伦却死去了。为此，雍正十分惋惜。

浙江总督李卫秘奏说，民间传闻河南道士贾士芳有神仙之名，特推荐此人进京为皇上治病。贾士芳原是北京白云观道士，后来浪迹河南。贾士芳进宫初期，雍正还觉得他的治疗挺见效，可后来他渐渐发现，贾士芳用按摩、咒语等方术控制了自己的健康。天子岂能容他人摆布？于是雍正下令将贾道士斩首。

雍正虽然杀了贾士芳，但他并没有因此失去对道士的信任。据清宫档案记载，从雍正闹病到死去的大约5年时间里，他频繁地参加道教活动。此外，他还在主要宫殿安放道神符板，甚至在御花园建了几间房子让道士娄近垣等人居住。雍正还在苏州给道士定做了大量法衣，一次就是60件。北京故宫博物院还收藏有雍正当年穿道教服装的画像。所有这些都说明雍正确实信奉道教。

雍正如此尊崇道教，用他自己的话说，就是要"治病驱邪"。

清宫《活计档》是专门记载皇宫日用物品的内务府账本，里面披露了雍正炼丹的一些情况。最早的记载是在雍正八年（1730），其内容大意是：

十一月十七，内务府总管海望和太医院院使刘胜芳一同传令：往圆明园秀清村送去桑柴750公斤，白炭200公斤。十二月初七，海望、刘胜芳传令：往圆明园秀清村送去口径一尺八寸、高一尺五寸的铁火盆罩一件，红炉炭100公斤。十二月十五，海望、刘胜芳和四执事侍李进忠一同传令：往圆明园秀清村送去矿银10两、黑炭50公斤、好煤100公斤。十二月二十二，海望和李进忠又一同传令：圆明园秀清村正在炼银，要用白炭500公斤、渣煤500公斤。

档案中提到的秀清村位于圆明园东南角，是一个进行秘事活动的好地方。根据档案记载，在一个多月的时间里，往秀清村送的木柴、煤炭就有2000多公斤。清代皇家宫苑取暖做饭所用燃料都是定量供应，并有专门账本，从不记入《活记档》。同时，操办这件事情的海望是雍正的心腹，刘胜芳则是雍正医疗保健的总管太医院院使。档案中提到的"矿银"是炼丹用的，由此可以得出结论，从雍正八年末，雍正就在圆明园秀清村开始炼丹了。

专家从《活计档》中发现，从雍正八年到十三年，雍正先后157次下旨向圆明园运送炼丹所需物品，其中仅炼丹用的煤炭就有234吨，此外还有大量矿银、红铜、黑铅、硫黄等物品，由此可以想象几年间秀清村炼丹的情景。

当时在圆明园内为雍正炼丹的道士有好几个，其中最主要的是张太虚和王定乾。他们没有辜负雍正的期望，真的炼出一炉又一炉所谓的金丹大药。

雍正吃了道士炼制的丹药，自我感觉良好，所以他不但自己吃丹药，还拿出一部分赏赐给亲信官员。

在雍正十二年（1734）三四月间，雍正曾经两次赏赐丹药，对此《活计档》里记录的大意为：

第一次三月二十一，内大臣海望交丹药四匣，按雍正旨意，分别赏给署理大将军查郎阿、副将张广泗、参赞穆登、提督樊廷等四位大臣。

第二次是四月初一，内大臣海望交丹药一盒，按雍正的旨意，用盒装好赏赐给散秩大臣达奈。

这两次赏赐旨意都是从圆明园发来的帖子，又是内务府总管海望亲手交出。由此可知，这些御赐丹药，就是在圆明园的御用炼丹炉里炼制的。

事实上，炼丹所用的铅、汞、硫、砷等矿物质都具有毒性，对大脑和五脏侵害相当大。

雍正死前的12天，《活计档》中曾记录，总管太监陈久卿、首领太监王守贵一同传话：圆明园要用牛舌头黑铅200斤。

黑铅是有毒金属，过量服食可使人致死。200斤黑铅运入圆明园，之后不久雍正在这个园子内突然死去，史学家认为这不是偶然巧合，而是直接证明了雍正之死，完全有可能是丹药中毒造成的。

随着对雍正档案的发掘与研究，雍正服丹致死说法逐渐被史学家关注和认同。因为从清宫档案看，雍正确实长期服食丹药。那么，丹药的有毒成分在他体内长期积累，最终发作，导致了他的暴亡，这是极有可能的，不少专家通过著作对此进行了详细的推断。

学者们还普遍注意到，雍正的儿子乾隆对炼丹道士的处理露出了许多破绽。就在雍正死后的第二天，刚刚即位的乾隆便下令驱逐炼丹道士张太虚、王定乾。如果不是他们惹下弥天大祸，在这种非常时刻乾隆哪至于大动肝火，还专门为两个小小的道士发一道上谕呢？

乾隆在谕旨中还特别强调，雍正喜好"炉火修炼"是有的，但只是作为游戏，并没有服用丹药。如果真的没有服用丹药又何必辩解呢？

就在驱逐道士的同一天，乾隆还告诫宫内太监、宫女不许乱传"闲话"，免得让皇太后"心烦"。雍正刚死，究竟能有什么"闲话"？皇太后为什么听了"心烦"？所有这些，不能不让人推测雍正就是死于服用有毒的丹药，死于炼丹道士之手。

人们或许会问，雍正既然是因吃丹药丧命，那么炼丹道士是应该杀头的，可是乾隆为什么仅仅把他们赶走就算完了？对此研究者以往大多解释说，乾隆这样做主要是因为大丧期间不宜杀人。

有意思的是，历史上的唐高宗与乾隆皇帝处理道士的方法十分相似，给了我们一些启示。据《旧唐书》记载，唐太宗李世民就是吃了古印度国方士的丹药突然死去的，当时朝中大臣们都坚决要求把这个方士杀掉，但是刚刚登基的唐高宗却担心，大唐天子吃丹药死去不是一件好事，传出去会让天下人笑话，杀了那位方士，肯定会闹得满城风雨，所以最后还是将他赶回去了事。乾隆"驱逐"炼丹道士与唐高宗的做法竟然如出一辙，难道是一种偶然巧合？所谓人同此心，心同此理，在为父皇遮丑这一点上，乾隆与唐高宗使用的方法是一模一样的。

雍正皇帝在执掌朝政方面，以求真务实治天下，这是值得肯定的。然而，他的悲剧是不懂生与死的自然规律，迷恋于炼仙丹、吃仙药，一心想长生不老，最后仅以58岁享年，就突然抛弃了金銮殿，永远躺在了泰陵的地宫里。

十六 / 乾隆的身世与文治武功

乾隆皇帝名爱新觉罗·弘历，在位 60 年，自称十全武功，十全老人，是中国历史上最长寿的皇帝。细看清代历代皇帝的画像，乾隆的相貌酷似汉人，因而民间一直有传闻说，乾隆是汉人之子。而乾隆的生母，正史记载为"原任四品典仪官、加封一等承恩公凌柱女"；野史传说则有多种说法，如热河宫女李金桂、内务府包衣女子、傻大姐、"村姑"、海宁陈夫人等。

乾隆的生母到底是谁？这成了一桩历史疑案。皇帝的生母出了疑案，这在清朝十二帝中是仅有的，在中国历史上也是罕见的。

据《清代外史》记载，康熙年间，当时的雍亲王胤禛（即后来的雍正皇帝）和一位陈姓官员关系特别好。凑巧的是，两家在同年同月同日生小孩，胤禛听后大喜，便命人把陈姓婴儿抱来看看，同喜同贺。

等到陈家人把婴儿接回去的时候，一看傻了眼，这个抱回来的婴儿被掉了包，由男孩变成了女孩。陈家人心中愤懑，却又敢怒不敢言，根本不敢得罪胤禛。只能自己严守这个秘密，绝不对外声张。

后来，雍正皇帝胤禛即位后，对陈家也还不错，陈家的几个家人都得到了升迁。到了乾隆朝时候，朝廷对陈家更是优礼有加，这里面的缘故，恐怕只有当事人才清楚。

陈氏的老家是浙江海宁，乾隆皇帝游江南的时候，便住到了陈家，并对陈家的家世非常感兴趣，问得非常详细。临走前，乾隆皇帝还指着中门对陈家人说，今后把这个门封了，除非天子临幸，此门不要开。陈家人听后，便将此门封闭了。

关于这件事，有人提出了辩驳。光绪三十二年（1906）时，出版了一本书，叫作《皇室见闻录》，该书的作者叫富察敦崇，生于咸丰五年（1855），曾任东三省道员。他在自己的著作《皇室见闻录·辩诬》里说：

民间所谓雍正在藩邸时，王妃诞生一女，恐失王眷，适有邻居海宁陈氏恰生一男，命太监取而观之，既送出则易女矣，男即乾隆也。夫以雍正之英明，岂能任后宫以女易男？且皇孙诞生，应由本邸差派太监面见内奏事先行口奏，再由宗人府专折奏闻，以备命名，岂能迟至数月数日方始声报耶？其诬可知。

这段的意思很明确，以雍正皇帝的英明，怎么可能任凭后宫将王妃之女，与邻家陈氏生的男孩调换呢？而且，皇孙诞生了，应该派太监口头奏报，再由宗人府向当时的康熙皇帝上奏折，以准备为皇孙取名，怎么可能延迟了几个月才奏报呢？可见，关于"雍正王妃易子"一事，完全是谣言和诬陷。

但是，也有人认为，"雍正王妃易子"之事，连雍正本人也不知道，其实那是一笔糊涂账。倒是乾隆皇帝自己觉得像汉人，在宫中屡屡试穿汉服，还问身边的亲随：朕像汉人吗？旁边的一个老臣则跪在地上回答：皇上只是像汉人，但对满人来说，就不仅仅是像了。

那么，这个老家在海宁的陈家人，到底是何许人也呢？

海宁在清朝有"陈氏三宰相"——顺治朝大学士陈之遴、康熙朝大学士陈元龙、雍正朝大学士陈世倌，他们都不是靠裙带关系，而是靠自身能力当上大学士的。按照"雍正王妃易子"的说法，乾隆生母是浙江海宁大学士陈世倌的夫人。

陈世倌，俗称陈阁老，在康熙年间入朝为官。传说陈世倌与雍亲王一家常有来往，至今陈阁老的旧宅，还保存有一块九龙匾，据说是雍正皇帝亲笔书写的。

当代香港小说家金庸也是浙江海宁人，他的武侠小说《书剑恩仇录》便是围绕乾隆身世之谜展开的。

金庸在小说中有声有色地写道：陈世倌的小孩抱进雍亲王府，哪知抱进去的是儿子，抱出来的却是女儿。陈世倌知是皇四子掉的包，大骇之下，一句都不敢泄露出去。

这个故事一出笼，乾隆皇帝是陈阁老的儿子的传说，便越传越广，越讲越真。实际上，关于"调包"的故事，清朝中期就有传说。先说康熙出自陈家，后来这个传说不攻自破，就又移花接木，安在乾隆皇帝的头上。

其实，乾隆出生时，雍正的长子、次子虽已幼年早死，但第三子已经8岁，另一个妃子又即将临产。且这时雍正才34岁，正当壮年，他怎么会在已经有一个8岁儿子的情况下，急急忙忙、偷偷摸摸地用自己的女儿去换陈家的儿子？这从情理上也是说不通的。退一步说，其时雍正并不知道自己将来能否登上皇位，又怎么会知道陈家儿子是有大福之人呢？

然而，"雍正王妃易子"一事，仅仅是关于乾隆身世的传闻之一。

还有一种传闻，是晚清长沙湘潭的一位著名诗人、学者王闿运提出的。王闿运是曾国藩的幕友，做过大学士肃顺的西席（家庭教师），也是晚清著名的诗人。他在《湘绮楼文集》里提到了乾隆的母亲：

始在母家，居承德城中，家贫无奴婢，六七岁时父母遣诣市买浆酒粟面，所至店肆大售，市人敬异焉。十三岁时入京师，值中外姐妹当选入宫。孝圣容体端颀中选，分皇子邸，得在雍府。

后来雍亲王生病，此女日夜服侍。数月雍亲王病愈，她怀孕生下了乾隆。这一说法富于传奇色彩。清朝的遗老金梁认为，清朝选秀女制度是非常严格的，从清宫《钦定宫中现行则例》中，可以看到当时清宫的一些有关规定。清宫的门卫制度更是森严，怎么可能让承德地方一个女子混进皇宫并入选秀女呢？所以这种传闻是靠不住的。

而比这个传闻还离谱的，是另一个传闻，说雍正在做雍亲王时，一年秋天在热河打猎，射中一只梅花鹿，雍正喝了鹿血。鹿血壮阳，雍正喝后躁急，身边又没有王妃，就随便拉上山庄内一位很丑的李姓汉人宫女幸之。

第二年，康熙父子又到山庄，听说这个李姓女子怀上了雍正的孩子，就要临产。康熙发怒，追问："种玉者何人？"雍正承认是自己做的事。康熙怕家丑外扬，就派人把她带到草棚。丑女在草棚里生下一个男孩，就是后来的乾隆。

台湾学者庄练（苏同炳）在《乾隆出生之谜》文中，台湾小说家高阳在《清朝的皇帝》书中，都认同这一说法，甚至提出李氏名叫金桂，因为她"出身微贱"，而旨令钮祜禄氏收养这个男孩，于是乾隆之母便为钮祜禄氏。尽管乾隆生在草棚的传说流传很广，故事生动，影响也很大，但那毕竟是野史，是靠不住的。

另外，晚清文人天嘏在《清代外史》中，说乾隆知道自己不是满人，因此在宫中常常穿汉服，还问身边的宠臣看自己是否像汉人。乾隆的确在宫中经常穿汉服，现在故宫还保存着不少乾隆穿汉服的画像，也许这就是引起传闻的原因之一。如果仅根据穿的衣服而确定乾隆的出身，其结论肯定是荒谬的。

乾隆即位后，加强了对边疆地区的控制，以巩固国家的统一。这也是乾隆一生中重要的实践活动。他先后领导了10次重大军事行动：两次平定准噶尔之役，两次金川之役，以及平定大小和卓之乱，镇压台湾林爽文起义，指挥缅甸之役、安南之役及两次抗击廓尔喀之役。因此，乾隆曾自我总结一生有"十全武功"，他自称为"十全老人"。

准噶尔部是我国西北地区的厄鲁特蒙古诸部之一。康熙中期以后，该部崛起，先后兴兵进犯喀尔喀、青海和西藏等地。为了维护国家的安定和统一，康熙、雍正两朝都曾先后对西北用兵。康熙曾三次亲征噶尔丹。噶尔丹被击败后，他的侄子策妄阿拉布坦在西北仍然拥有很大的势力，控制了新疆、西藏和青海等地。策妄阿拉布坦死后，他的儿子噶尔丹策零继续统帅准噶尔部。由于清政府的军事打击，准噶尔部的进犯活动有所收敛。可是，到了乾隆十五年（1750）后，准噶尔上层贵族发生了争夺汗位的内乱。在这种情况下，乾隆趁机平定伊犁。噶尔丹策零的外甥阿睦尔撒纳先是向清廷投降，后来又反叛。于是，清军第二次出兵，彻底清除了准噶尔部的反叛势力。

在平定了准噶尔部上层贵族的叛乱后，从乾隆二十二年（1757）到二十四年（1759），乾隆又平定了天山南路维吾尔宗教首领、大和卓木与小和卓木的叛乱。准噶尔布赫维吾尔部叛乱的平定，使清朝政府直接控制的领土极大地扩展。为了加强对这些地区的管理，乾隆二十年（1755），清政府在惠远城设立伊犁将军，作为"总统新疆南北两路事务"的最高军政长官。在乌鲁木齐设都统，统辖塔城的驻军，在南疆喀尔喀什、叶尔羌、英吉沙尔、阿克苏等城设"办事大臣"或"领队大臣"，对当地实行军事统治。这些措施，进一步加强了中央政府对新疆地区的管理，对维护国家统一和领土完整发挥了重要的作用。

台湾自郑氏归降后始归清朝统治。来自本土的移民经过几代人的辛勤努力，开辟了中央山脉以南的大片土地。随着移民的不断增加及对清朝直接统治的不满，先住民与清政府逐渐成为对立面。乾隆五十一年（1786），北部的林爽文与南部的庄大田聚众成立秘密反清组织天地会，被强制解散后，林爽文以彰化为根据地，改年号顺天，联合庄大田一起发动叛乱。翌年，清政府派福康安出兵台湾，生擒二人，镇压了反清势力。

乾隆五十六年（1791）西藏发生内乱，蒙古后裔廓尔喀趁机入侵。清廷派巴忠为指挥官，率军征讨。巴忠为避免交战，力主议和。达赖与廓尔喀达成协定，支付岁币。于是巴忠向乾隆帝报告廓尔喀已降服。

乾隆五十七年（1792）为催迫达赖支付约定的岁币，廓尔喀再度出兵西藏。清廷派四川总督颚辉、四川将军成德出兵讨伐，久战无功。复命大将军福康安、参赞海兰察于青海出兵协同助剿。福康安率军一路直下，越过喜马拉雅山进入尼泊尔境内，直逼廓尔喀都城卡特曼兹。廓军奋力反击，双方数次交锋后达成协议：廓尔喀投降清政府，按时朝贡。

经过一系列的战争，今中国东北部及黑龙江左岸沿海州一带、蒙古、青海、西藏和由准部、回部构成的新疆地区，直接划入了清朝政府的统治范围内。朝贡国北起库页岛、朝鲜，东至琉球；南起尼泊尔，西至帕米尔高原；甚至东南亚的缅甸、越南、暹罗、西马来西亚亦在清朝的势力范围内。

乾隆皇帝有"十全武功"，在文治方面也值得称道。他十分重视文化，在即位之初，便开始组织学者修史，编纂各种书。著名的有《国朝宫史》《续三通》《清三通》《大清统一志》等数十种。到了乾隆中期，乾隆帝决定集中全国的藏书，编辑一部规模空前的丛书，一来可以笼络大批的知识分子；二来可以对民间藏书系统审查一遍。

乾隆皇帝意识到，广大臣工和百姓会因为惧怕文字狱而产生畏惧情绪，于是，他亲自反复进行解释，还以皇帝题词，赏赐图书、《总目》留名等手段奖励藏书者献出家藏秘籍。经过努力，到乾隆三十八年（1773）九月，从全国各地征求的图书已超过万种，大大充实和丰富了国家藏书。也就是在这一年，乾隆皇帝正式下令，开设四库全书馆。派出一些皇室亲王和大学士担任总裁，副总裁由六部尚书和侍郎担任。许多知名学者也先后被召入馆内，分别担任纂修、校对、整理等职。大才子纪晓岚是这部书的总编修官。加上总纂、总校等大大小小的官员，共有360人，再加上负责抄写和打杂的，先后共组织3800多人参与。

一个以整理古典文献为主要内容的编修《四库全书》的工作开始了。

《四库全书》的命名与我国古代书籍的分类有关。中国古代将书籍分为经、史、子、集四大类。经，是指从古至今儒家的经典著作，如《诗经》《论语》《孟子》等；史，主要是指史书，如《史记》《资治通鉴》等；子，是指古代诸子百家学说和科技著作，如农学、医学、天文、历法、算法、艺术等；集，是指文学的总集或专集等。

要编修规模如此巨大的丛书，首先得把书籍收集起来，在完成这一工作之后，乾隆皇帝下令，组织学者对社会全部现存文献进行整理。为了达到防火、防潮、防蠹，长期保存图书的目的，四库全书馆开馆不久，乾隆皇帝便派人专程赶赴宁波，了解已有200多年历史的范氏天一阁的建筑情况，并依照其样式，在紫禁城、盛京故宫、圆明园、热河避暑山庄等处分别建造了文渊、文溯、文源、文津等内廷四阁。

四库全书馆的大小官员、差役不分酷暑寒冬，一方面竭力搜求、挖掘各种书籍；一方面细心抄写、校对。他们从两万多卷的《永乐大典》中把零星的材料一段一段地抄出，拼凑起来，恢复了500多部珍贵的文献。

四库全书馆的官员按前例进行分类整理，花了整整10年的工夫，到乾隆四十七年（1782）才编成了一部浩瀚庞大的《四库全书》，这部丛书共收录有3400余部书，共有79000余卷。

乾隆皇帝不惜工本，编成这样一部大丛书，保存了许多珍贵的文献，本来是件好事，可是他出于阶级和民族的偏见，又借此机会销毁了许多图书。按清廷规定，凡是涉及明末清初历史而又不利于清朝的书，全部销毁。甚至宋朝人谈到辽、金、元，提倡民族大义的书，也都被烧了个一干二净。被销毁的书中，有些还侥幸保存了一个书目，当时"存目"的书就有6700多部，93500多卷，没有留下书目而被清廷销毁的书，就无法计算了。

编修《四库全书》，使清朝成一代学风，创一代新学派，人才不断涌现。作为这一事业的主要主持人和开创者，乾隆皇帝作出的贡献是不可泯灭的。但，在支持编修《四库全书》的过程中，却对中国古代文化的保存和流传又犯下了不可饶恕的错误。因各种罪名被销毁的图书，几乎跟《四库全书》的收书量大致相等，损失是惨重的，这是秦始皇焚书坑儒以来，中国古代文化的又一次浩劫。

十七 / 六下江南那些事

乾隆皇帝终年89岁，是中国历史上寿命最长的皇帝。关于他在位时的历史事件，无论是官方史籍，还是民间野史，都有许多记载。"六下江南"便是其中的重要事件之一，在各种史料记载中，对于乾隆皇帝的"六下江南"，有颂扬他修堤筑堰、功泽千秋的，也有说他风流成性、迷恋江南美景的，总之众说纷纭，褒贬不一。

事实上，乾隆皇帝最初决定南巡的时候，遭到了一些大臣的反对。《清史纪事本末》中记载，乾隆皇帝听说苏州景色美如天堂，便很想去江南巡游视察一番，于是便派大学士讷亲先去江南查看道路。

可惜的是，乾隆这次派错了人，因为讷亲是反对乾隆皇帝南巡的大臣之一。因此，当讷亲回来后，他在给乾隆的回奏中说："江南实在没什么好玩的，也就是苏州城外的虎丘还算得上名胜，不过那实际上像一个大坟堆，臣在江南印象最深的是，苏州城里河道狭窄，每到中午，运输粪便的船只就拥挤在一起，臭不可闻，哪里有什么风景！"

乾隆皇帝听了讷亲的这番回奏，只好暂时打消了南巡的念头，过了一段时间，乾隆才知道自己上了讷亲的当。

实际上，乾隆初年未能南巡，还有另外两个更关键的原因：一是乾隆皇帝认为，南巡是一个极为重要的大典，如果当政初期就到江南游玩，对自己的名声没有好处，他需要经过一段时间，在百姓中树立起贤明的形象，再巡幸江南。

二是当时朝中管事的鄂尔泰、张廷玉等雍正遗诏中指定的辅政大臣，资历都很深，影响也很大，且凡事谨慎，为政清廉。乾隆皇帝如果提出南巡一事，这些辅政大臣肯定会反对。等到了乾隆十年（1745），鄂尔泰去世，又过了四年，张廷玉退休。这样，乾隆南巡基本上就没什么障碍了。

乾隆十四年（1749），南巡时机成熟。乾隆皇帝迫不及待地实施南巡计划，经过两年的准备，乾隆十六年（1751）二月初八，乾隆皇帝开始了他一生当中的第一次江南之行，去了江苏淮安。

第一次南巡以后，乾隆皇帝还在乾隆二十二年（1757）、二十七年（1762）、三十年（1765）、四十五年（1780）、四十九年（1784）又进行了5次南巡。前四次南巡都打着奉太后巡幸的旗号进行的。30年后，皇太后年纪大了，经受不住千里奔波的辛劳，南巡之事暂时停止。皇太后病逝后，乾隆皇帝又两次南巡，至此，6次南巡才最终结束。

乾隆皇帝的历次南巡，于正月十五前后出发，陆路经直隶、山东到江苏的清口渡黄河，乘船沿运河南下，经扬州、镇江、丹阳、常州、苏州进入浙江境内，再由嘉兴、石门抵达杭州。回归时，绕道江宁（南京），祭明太祖陵、检阅部队，于四月下旬或五月初返京，到安佑宫行礼，回到圆明园。

在南巡中，确实发生了一些趣事。近代文人孙家振曾撰著了一部名为《退醒庐笔记》的书，这是一部记载清朝以至民国初期文坛掌故、坊间逸闻和社会风习的史料性札记。这部书中曾记载，乾隆皇帝南巡到镇江，住在金山寺。相传，有一日一位方丈随同乾隆到江边散步，乾隆见江上舟楫来来往往，十分热闹，便戏问方丈："你可知江上船有几艘？"方丈从容地答道："两艘而已。"

乾隆笑道："这江上舟楫来往如织，帆樯林立，怎么可能只有两艘？"方丈又答道："我只看见一艘为名，一艘为利，名利之外，并无他舟。"

乾隆听后，连声说好。而后，乾隆又见江边有卖竹篮的，就问这个东西是做什么用的，方丈说，这个东西是用来装东西的。乾隆也想学方丈玩禅机，便故意刁难说："东西可装，南北就不能装吗？"

方丈道："东方甲乙木，西方庚辛金，木类金类之物，篮中是可以装的。南方丙丁属火，北方壬癸属水，竹篮不能装水火，是以把物件称为东西而非南北。"

乾隆点头称是，长了见识。说话间，走到寺庙外，乾隆一时手痒，爱到处题词的老毛病又犯了，便提出到照壁上给和尚们题一匾额。有大臣随后拟了"江天一览"四个字。乾隆一时眼花没看清楚，误以为是"江天一觉"，随即挥笔立就，群臣见后相顾愕然。这时，方丈出来打圆场，说："红尘之中人苦于罔觉，果能览此江天，心头一觉，即佛氏所谓'悟'之旨也。好匾！好匾！"随后，方丈便让工匠镌刻挂上。据说，此匾至今仍在。

不过，一部叫《蛰存斋笔记》的书里，也记载了一件乾隆下江南时发生的事，不过是将"江天一觉"，变成了"江天一监"。其中还多了个对诗的故事。故事还是说乾隆游镇江金山江天寺，乾隆和众臣游到山巅，突然诗兴大发。乾隆先吟首句："长江好似砚池波。"大臣刘墉续道："举起焦山当墨磨。"众人正在想第三句，和珅见山的东北角有个危塔孤悬山顶，受此启发，便续道："宝塔七层堪作笔。"

续到这里，乾隆便指定皇子即后来的嘉庆来完成最后一句，嘉庆一时答不上来，纪晓岚当时正立于嘉庆的旁边，便偷偷告诉嘉庆一句："青天能写几行多。"

这句续得浑然天成，又和前面提到的文房四宝雅合，词意贯穿，信手拈来，如出一手。

乾隆得此佳句，非常开心，便说要在山顶留题。纪晓岚当即请求，用"江天一览"四个字，不料乾隆一时笔误，写成了"江天一监"。刘墉在一旁看见，便高声说："览者，看也。"旁边的另一位大臣张玉书高声附和道："正是。"

乾隆当即醒悟，便又在纸上写了个"览"字，而后将"监"字裁下。和尚们便建石亭于山巅，将此御书四字勒石竖于亭内，只可惜，后来太平天国军来的时候，将此石碑毁掉了。

另一本名为《南巡秘记补编》的书，还记录了乾隆下江南时，乾隆皇帝与纪晓岚的一段往事——

《南巡秘记补编》里说，乾隆皇帝对自己的江南巡游颇为自豪。有一次他偶入四库馆，和纪晓岚谈起天子巡狩的事情。纪晓岚是个书呆子，他对乾隆频繁南巡本就颇有微词，于是便乘机把三代之所巡狩的原因，以及必要性给乾隆讲述了一番。紧接着又说秦始皇游幸大可不必，至于后来的隋炀帝屡幸江都，明朝正德皇帝嬉戏南北，都不值得效仿。做皇帝的只要洗濯其心，用贤退不肖，天下自然大治，过多巡幸完全没有必要。

话不投机半句多，乾隆认为纪晓岚是在借古讽今，有意诽谤自己，他越听越火，纪晓岚话音刚落，乾隆立刻变色，骂道："你纪晓岚不过是个书生。还敢妄谈国事！朕不过觉得你文学尚优，这才让你领修《四库全书》，实际上不过是把你当倡优养着罢了。你跟我谈什么国事？"

这下可好，纪晓岚"倡优大学士"的外号传遍朝野，弄得尽人皆知。

纪晓岚深以为耻，心里气不过，便以自己年纪大了为由，请求辞职。乾隆不许，说："修《四库全书》的事情多得很，你怎么可以随便离职？何况你比朕还年轻许多，你还敢在朕面前言老，明明就是欺君。赶紧回去做好你的事情，别自己讨不痛快。"

随后，乾隆又说："朕明年还要下江南，而且要把你一起带去，让你也看看民间的盛世气象，长长你的见识，不要老是书生意气，发些不着边际的议论。"

纪晓岚被这么一吓，只得磕头而退，不敢争辩。

第二年，乾隆又跟纪晓岚说："朕这次南巡，本想带你一起，但想想修《四库全书》的事情重要，要是你不在的话，恐怕会有所耽搁，这次你还是别去了。况且你现在读书虽然广博，但还没有到融会贯通的地步，过多阅历对你也无帮助，这事不如以后再说吧。你回去好好反省，现在你还需要洗心革面，尚未到粉墨登场之时。"

纪晓岚心想，不带我去就算了，还无缘无故地挨了顿骂，从此便绝口不提南巡之事，即使是其他军国大事，也不再多言。可是，不知为何，乾隆临行之前，又把纪晓岚找来，说："这次还是把你带上，上次张廷玉等人阅召各地试卷，朕都不满意。这次把阅卷权授予你，你要好自为之，勿负朕意。"

于是，纪晓岚便作为扈从人员参与这次南巡。

一行人到了扬州以后，乾隆整天跑到花街柳巷里风流快活，纪晓岚对同僚们说，这次我一定要向皇上进谏，就算是触犯龙威，也不过是九泉之下和龙逄、比干相见，总比终身得一"倡优大学士"的名声要好。

说罢，纪晓岚便鼓起勇气进了乾隆的行宫，告诉太监说，自己有机要事面奏皇上。太监进去禀告后，没过多久就来告诉纪晓岚，皇上让你把试卷搁在某房，你现在可以到平山堂去看戏，不要在这里久混。

纪晓岚说，我这次并非为了交试卷而来，而是有事要当面奏陈皇上。太监笑嘻嘻地朝纪晓岚挤眉弄眼，让他别坏了皇上的好事，也不肯再进去回复。纪晓岚催促太监去禀告，太监说，纪先生你省省吧，还是回去算了，皇上既然不想让先生多说，先生又何必在这里喋喋不休呢？先生既然以作文章为专职，文章以外何必旁及？我劝你还是早点回去，你若有诗文来，自当为你呈进。

纪晓岚听太监的话里颇有轻侮之意，又羞又恼，愤愤地说："我今天就不回去，一定要等到皇上出来面奏。"太监一笑置之，也不管他。当时外面风大水寒，站得时间长了，纪晓岚被冻得手足俱冷，浑身上下直哆嗦，渐渐支撑不下去了。这时，另一个和他相熟的太监看见他的窘状，便过来婉言相劝，说皇上今日累了，谁来都不见。纪先生有事要奏，何不写个折子递进去。

纪晓岚没办法，只好向太监要了纸笔，写了个折子，大概意思是：陛下这次南巡，到各地查看民情，关系甚大。民间亲睹皇上威仪，也不是寻常游览可比。但皇上出京至此，贪图淫逸，唯漫游是好，倡优杂进，玩好毕陈，虽然天下太平不妨游玩一二，但宣淫都市恐怕会亵渎圣尊，希望陛下念创业之艰难，守安危之常戒，忧盛危明，以隋炀帝为前车之鉴，不至潜招奇祸。

太监收了纪晓岚的折子，笑道："纪先生不肯听我的话，非要无端挑起皇上之怒，我不过是白跑一趟而已。你若想博以成名，其实大可不必，皇上有言，'朕观这些酸文人的话，和俳优之官没什么两样，可笑则笑，可斥则斥，也不必加罪。他们说的都是些迂腐故事，实在没有加罪的价值。'你看，皇上都这么说了，纪先生何必多费笔墨，还不如多作几篇诗文，反可以博皇上之赏叹。"

纪晓岚听出这话纯粹是讥讽，也无可奈何。

上折三天后，乾隆也没有理睬纪晓岚。纪晓岚正百无聊赖间，突然有旨宣召。纪晓岚以为乾隆严惩降至，好在自己有心理准备，便做出一副不怕死的样子，昂首而入。不料进去后，乾隆颇为和颜悦色，不等纪晓岚开口，乾隆便道："你的诗文之兴大好，所作也不差，朕知道你在旅途中还颇能用功，且无怨悱意，尚不失谨厚书生的本分。但此后要更为勤勉，不要随意做出位之言，以免自取其咎。"

纪晓岚正要说，臣尚有奏。乾隆已令太监捧出试卷，命令道："这些试卷都归你评阅，赶紧拿回去，评好后明日交卷。"

这之后，纪晓岚虽常入见，但无非是些科考阅卷之事，乾隆从不和他谈及其他。一日，乾隆游杭州西湖，让纪晓岚跟随左右。纪晓岚以为进谏的机会到了，不料刚一见面，乾隆便问《四库全书》中有某某书吗？连问了数十种，纪晓岚都一一作答。乾隆说，现有献书若干册，其中已收录者颇多，你看是兼收好呢，还是不收呢？纪晓岚说，最好是兼收，可备参校，接着又说，皇上嘉惠艺林，不如各缮数份，分别贮藏在东南各名胜处，以作为南巡的纪念。

乾隆笑道："你这句话，可谓是恰合职份，数年来也就这句可取。朕早有此意，即日就让东南大吏去挑选风景好一点的地方，为藏书之所，你回去好好想个实行办法报上来。"

纪晓岚领谕而退。乾隆目送纪晓岚走后，笑道："给你件事做，让你好好忙上一番，免得总在我面前聒噪。"

从这些故事可以看出，乾隆皇帝南巡是有很多愉快经历的。而他的祖父康熙皇帝，在位期间也曾6次南巡江浙，对此乾隆羡慕不已。

然而，康熙皇帝下江南，不讲排场，每次"扈从者仅三百余人"。一路不设行宫，一切供应均由中央直接开支，严禁地方官借此扰民。他第一次南巡的时候，途中经过丹阳、常州、无锡，昼夜行船360余里，一路上没有停留，也就没给地方带来负担。而乾隆皇帝下江南，每次都提前一年就开始准备，指定一名亲王担任总理行营事务大臣，负责勘察路线，修桥补路，修葺名胜古迹，修建行宫等。

乾隆皇帝六下江南，总共建造了30余处行宫。除了带上皇太后、皇后、妃嫔，还有大批的王公大臣、侍卫，每次都有2000多人。陆路上走，要用五六千匹马，水路上走要用1000多只船。六下江南，共花费了白银2000多万两。两淮盐商在乾隆南巡时都捐出巨款，他不但不拒绝，还称赞他们，并加恩赏赐。各地官吏于是纷纷效仿，老百姓则叫苦连天。

乾隆皇帝第六次南巡回来后，曾写下这样两句诗："六度南巡止，他年梦寐游。"足见他对江南的无限眷恋。但乾隆皇帝不知道的是，他的六下江南，既靡费了巨量的金钱，又给当地的百姓造成了沉重的负担。

十八 / 文人宰相纪晓岚

众所周知，乾隆朝有三大名臣——刘墉、纪晓岚、和珅。三人之中，堪称顶级文臣的，非纪晓岚莫属。而历史上的纪晓岚，远远没有电视剧中演的那般洒脱自如。

纪晓岚，雍正二年（1724）六月十五日出生于直隶河间府献县崔庄。直隶，其范围相当于今天的河北省；河间府，相当于今天的保定地区。

纪晓岚的曾祖父纪润生在清朝是个小官，官至刑部江苏司郎中。纪晓岚的父亲纪容舒是康熙五十二年（1713）的举人，官也没做大，曾担任云南姚安知府。由此可见，纪晓岚的家庭没有什么特殊背景，在与他同殿称臣的官员中，算得上是出身卑微了。在家庭背景方面，他不能与刘墉相比。不过，纪晓岚在自己的家庭里，受到了一些文学上的熏陶。因为他的父亲纪容舒曾经还是一个文学名士。

雍正十二年（1734），纪晓岚的父亲卸去了姚安知府一职，到北京户部任职。纪晓岚跟随父亲入京，在天子脚下生活。乾隆五年（1740），16岁的纪晓岚又从京城回到家乡准备参加科举考试。

清朝的科举考试有三个目的。第一是选官取士。由于清代中国疆域辽阔，需要大批官僚来管理政事，帮助维持统治。从科举考生中选拔官员，有助于克服长官意志，扩大选官范围。第二是笼络汉人知识分子，缓和民族矛盾。这个目的在清朝初期尤为明显。第三是加强思想统治，通过考"四书""五经"，默写《圣谕广训》，可以有效地统一全国人民的思想。

清朝的科举制度仿照明朝的制度，分童子试和正式考试。童子试分为县试、府试和院试。通过童子试取得生员资格才能参加正式考试。正式考试分为乡试、会试和殿试，乡试、会试实行回避制度，试官子弟、亲戚不能参加当次的考试。

纪晓岚参加科举考试虽踌躇满志，却并不顺利，直到乾隆十九年（1754）三月，纪晓岚才考中进士，在会试中，名列第二十二名，殿试名列二甲第四名。此时的纪晓岚已经30岁了，就在这一年，纪晓岚进入了翰林院，开始了官宦生涯。

很快，纪晓岚就展示出了他出众的才华，在朝中逐渐有了些名气，上至乾隆皇帝，下至百官都知道纪晓岚是个不可多得的才子。

赏识纪晓岚的人虽然占多数，但是也有不少嫉贤妒能者。有一次，一个知府进京述职。这位知府想一鸣惊人，于是刚到京城，就在饮宴应酬中对纪晓岚的文才大加指斥。这件事很快在京城传开，引起了不小的震动。

纪晓岚得知此事，感到很诧异，官僚之间彼此相轻者固然不乏其人，但一个小小知府，竟敢对名噪京城的才子大加指斥，这实在是一件稀奇的事情。于是，纪晓岚就登门拜访这位知府。知府来者不拒，老调重弹，三言两语后纪晓岚就识破其浅陋，内心虽然窃笑，但表面还维持着一脸正气。如何让这个狂妄的知府认识到自己的浅陋呢？

此时，纪晓岚发现知府左额上长了一个不大不小的黑痣，心中有了主意。他假装很关心的样子，问知府为何不将此痣割去，将来如官居封疆大吏，长着这样一颗黑痣恐怕不雅。

知府回答自己曾遍访名医，皆以痣大根深，恐伤及经络血脉，故不敢妄动。纪晓岚告诉他，有个刑部司官专除黑痣，此人精通医术，有家传秘术，必可手到病除，但此人不肯轻易为人治病，必须重金相赠方肯出面。

知府听后大喜，第二天，他带着精心准备的礼物，来到纪晓岚所说的烂面胡同拜访这位刑部司官。刑部司官听家人禀告有知府来访，惊诧之余忙出门迎接。知府一见司官的面，就知道自己被纪晓岚捉弄，原来这位司官的右额上也长了一颗不大不小的黑痣。他自己的痣尚且不能除，何谈给别人除痣？但是礼品已经奉上，就不好再索还了，知府只好草草应付几句后悻悻而还。

知府领教了纪晓岚戏弄人的手段后，再也不敢说三道四哗众取宠了。对纪晓岚来说，这些庸俗的官僚并不难对付，但也有让他大伤脑筋的硬骨头，这就是当朝权相和珅。

论才学和珅远逊于纪晓岚，但是在揣摩和迎合皇帝的心意上，和珅则比纪晓岚内行多了。和珅虽贪得无厌，聚敛千万，却不忘附庸风雅。既然大家都说纪晓岚是当朝才子，和珅也想请他给自己家门题字，这样在外人面前也显得风光一些。

纪晓岚虽然明知和珅为人，但当面拒绝显然有失礼节，于是眉头一皱，计上心来。他挥笔写下了"竹苞"两字赠予和珅。和珅喜不自胜，觉得这两个字用在府中园亭的匾额上最合适不过，于是花重金请人装裱摹拓，高悬府中。后来乾隆帝来和珅府中做客，见到这块匾额之后，问和珅，这样过分自谦是不是有点过头了？

和珅被乾隆问得丈二和尚——摸不着头脑，如实禀报其乃纪晓岚所题，寓意园中清闲淡泊的意境。乾隆听后更感到好笑，告诉和珅这哪里是什么清新意境，而是暗骂他们全家"个个草包"。和珅这才意识到被纪晓岚愚弄了，而且还在皇帝面前暴露出自己无知的丑态，羞愤交加，发誓要报复纪晓岚。

和珅虽然没有多少才学，但他把官场的人际关系网梳理得异常严密，门生故吏师友姻亲遍设，全国各地都有他的耳目。从这方面讲，才华横溢的纪晓岚只能甘拜下风。

事情还要从纪晓岚嫁女说起。以纪晓岚在朝中的名望，上门提亲者络绎不绝。

但才子毕竟只是才子，在判断人品的能力方面比那些职业官僚要弱很多。他把女儿许配给两淮盐运使卢见曾的孙子卢荫文。卢见曾的确有些才学，也注意礼贤下士，在士人中享有很高的威望。这也是纪晓岚愿与他结为儿女亲家的原因。但卢见曾却不像纪晓岚那样两袖清风，他利用盐运使的肥缺大肆聚敛钱财，最终被和珅的耳目抓住把柄。

和珅决定抓住这个机会狠狠整治一下纪晓岚，于是请命查办此案。纪晓岚先期获知此事，不愿看到亲家就此锒铛入狱，但干涉公务又是欺君之罪，只能暗中帮忙。为防走漏风声，他不敢把对策写在纸上，只是把一些盐和茶叶装在信封里，暗含"查盐"之意，派人连夜送往卢见曾处。卢见曾收信后悟出其中含义，迅速把赃款转移到了别处。和珅来查时，卢的财产已所剩无几。但这种伎俩岂能瞒过老奸巨猾的和珅，结果不但转移的钱财被追缴回来，而且连纪晓岚送给他的密信也被查获。

回朝之后，和珅最急于向乾隆帝奏报的不是查办卢见曾一案，而是纪晓岚泄露机密的罪状。乾隆帝大怒，立即召纪晓岚讯问。纪晓岚早有准备，辩称自己未涉此事，且反问乾隆帝有何证据。

这次他低估了被自己愚弄的和珅实际理事方面的才干，在卢见曾的供词面前，纪晓岚认识到如果继续抵赖只会罪加一等，只能磕头认罪。清代对泄密行为的处置历来严厉，更何况纪晓岚外泄的是乾隆帝的旨意，自然应从重处罚。

纪晓岚急中生智，在大祸临头之际，竭尽平生所学编出一篇对仗工整的骈体文辞，盛赞乾隆帝明察秋毫，大公无私，自己在旷世贤君面前翻船，心服口服。这一番马屁拍得很好，让乾隆皇帝实在不忍心杀了这个才子，正要赦免纪晓岚的罪行，在场的和珅却一再强调皇上应秉公处理，最终纪晓岚死罪免除，从轻发往乌鲁木齐充军。纪晓岚走进了一生当中最为低沉的岁月。

被发配新疆的经历，给了纪晓岚一个行万里路的机会。沿途所见大大开阔了他的视野，他第一次走进西北边民粗犷的游牧生活，目睹了黄河上游的奇特伏流、沙漠地区的漏沙田等人间奇迹，后来所著的《阅微草堂笔记》中的很多奇思异想就是在苦寒寂寞的边疆之地萌发的。

两年后，乾隆皇帝决心要在文治方面超越历朝历代皇帝的成就，产生了编纂《四库全书》的庞大计划。但是朝中大臣谁堪当此重任呢？和珅和刘墉不适合纂此盛典，此时，乾隆帝想到了远在新疆冰天雪地的纪晓岚。这时已在新疆度过两年艰苦岁月的纪晓岚，终于看到重回京师的希望。后来他曾给自己写过一首诗，其中两句："浮沉宦海如鸥鸟，生死书丛似蠹鱼。"前一句是对自己前期为官经历的总结；后一句则概括他后半生为国家做出不可磨灭的贡献，那就是负责编纂《四库全书》。

经过两年多的筹备，乾隆三十八年（1773）清廷正式设立四库全书馆，纪晓岚受命担任总纂。

随着编纂工作的顺利进行，纪晓岚的官越做越大，升任协办大学士，后赏加太子太保，成为乾隆帝推行文治政策最为倚重的大臣。然而，编纂工作是个大工程，难免会出现各种各样的失误，如已成书的版本存在字迹讹误、违禁内容及缺漏等。

乾隆皇帝对质量的要求极严，一旦发现不足之处就会大动肝火，纪晓岚作为替罪羊首当其冲，先后十几次因工作失误遭到降职、罚俸等处分。他曾被遣去避暑山庄更正收藏在文津阁内的全套《四库全书》内的讹误之处，也曾南下江浙寻访原书真迹，顶着编纂失职的罪名东奔西跑。

由于编纂工作过于劳累，纪晓岚慢慢染上一些不良的生活习惯。首先就是吸烟。这与他彻夜翻书有很大关系，越到后来，烟瘾越大，劳碌之际一刻都不能离开烟锅。为了省去反复填装烟叶的麻烦，他特意给自己定做了一个特大号烟锅，一次就能装三四两烟叶，这样他从家乘轿到圆明园谒见乾隆皇帝，中途就用不着反复填装烟叶了。

时间久了，同僚给他取了个绰号叫"纪大锅"。一天，纪晓岚到琉璃厂一带闲逛，别在腰里的大烟锅竟然丢了，家仆遍地寻找也不见踪迹。纪晓岚却似乎心有成算一般，显得不那么紧张。他告诉仆人，第二天一早去东便门外的小市场上一定能找到。家仆第二天果然以很低的价钱从小市场买回了丢失的烟锅。纪晓岚告诉大家，这样大号的烟锅别人都不爱用，拾获者也没必要把这样一个无用之物留在家里，肯定会低价出售谋取微利。

可是没过几天，这失而复得的烟锅又让纪晓岚吃了苦头。当时，他在午门外的朝房一边批阅文书，一边大过烟瘾。乾隆皇帝一般不会突击视察，但恰恰这天来了。等纪晓岚看到乾隆帝从门外走来时再隐藏烟锅已来不及，顺手将燃着的烟锅塞在靴筒中。乾隆进门后谈锋甚健，并没有坐坐就走的意思。这下可苦了纪晓岚，不一会儿，烟锅把纪晓岚的袜子点着了，烫得他咬牙切齿，最初的笑脸很快变成苦瓜脸。乾隆皇帝莫名其妙，惊奇地询问他何以敢在皇帝面前作怪脸。纪晓岚只得以实相告才得跳到门外脱靴灭火，但还是把小腿的皮肤灼伤一大片，狼狈至极。

乾隆皇帝追出一看，恻隐之心油然而生，忙传御医为他敷药调治。腿虽被灼伤，但纪晓岚当然不会放过这个难得的机会当面赞扬乾隆帝的仁爱之心。乾隆帝本来就喜欢被人吹捧，何况这一次也确实对纪晓岚体恤有加，一时兴起，当场授予纪晓岚"钦赐翰林院吸烟"这样一个空前绝后的独特称谓。

后来，纪晓岚奏折末的署名处除了写大学士、尚书这些正式头衔，还专

十八／文人宰相纪晓岚

门加上"钦赐翰林院吸烟"的封号。尽管这次事故有些因祸得福的味道,但传到同僚们耳朵里还是引发了一片嘲笑之声。他的好友彭元瑞原先看他走路速度很快,曾以《水浒传》中人物为底给他取了"神行太保"的绰号,见他遭受此劫之后走路变得一瘸一拐,便以《八仙过海》中的人物"铁拐李"来作临时昵称,弄得素以伶牙俐齿驰名的纪晓岚也不得不低头认命。

纪晓岚还有个不良的生活习惯,就是对女色过分贪恋。据说有段时间编纂任务紧迫,他连续好几天未能回家,在内廷值班住宿,后来竟变得两眼通红,语无伦次。乾隆帝看到他这副模样惊讶异常,问清缘由后不禁心中窃笑,随即派来两名宫女伴宿。

这两个宫女颇为聪明,纪晓岚教其吟诵唐诗宋词,后来她们连带把《三国演义》《水浒传》等流行小说都通读了,时间久了又学会了即景赋诗。

竟然连皇帝的侍女都据为己有,纪晓岚渐渐感觉有些飘飘然,差点儿惹出更大的乱子。此事发生在三伏天。纪晓岚在翰林院与各位编修谈论编纂体例和取舍规则,由于天气炎热,纪晓岚就把上衣脱了,袒胸露背地侃侃而谈。

此时,乾隆皇帝又不打招呼来到现场,纪晓岚来不及穿衣,赤裸上身自然有辱圣上,情急之下钻到了一个柜子里。乾隆看见了他钻入柜中,就想故意戏弄他一次。乾隆帝端坐桌前一言不发,其他人也都跪在地上,不敢说话。过了好久,藏在柜中的纪晓岚感觉闷热异常,又听不见柜子外面有什么声响,以为乾隆帝和其他人都已离开,于是推开柜门,伸出头问道:"老头子走了吗?"

乾隆听得真真切切,纪晓岚竟敢私下里称他"老头子"。依大清法律,目无天子乃十恶不赦之罪,纪晓岚顿时吓得面如土色。他连忙从柜子里爬出,一边假装四处找衣服,同时琢磨该如何应付局面。他眉头一皱,计上心来,竭尽附会地说道,圣上万寿无疆,岂能不老;国君是一国之首,也就是头;同时又贵为天子,集萃三个尊位于一身,就是"老头子"。乾隆帝明知他在狡辩,但听他如此解释,也没有过多计较。纪晓岚又侥幸逃脱一劫。

纪晓岚主持编纂《四库全书》,居功至伟,而他还给后人留下另一部与《四库全书总目提要》风格截然不同的传奇故事集,那就是《阅微草堂笔记》。这部故事集假借神仙志怪,将现实生活中上至达官显贵,下至普通群众的风貌刻画得栩栩如生。稗官野史、神仙志怪、鬼狐妖魔等离奇故事都被纪晓岚的生花妙笔有机糅合，故事内容皆为子虚乌有之事，但人人读过后仿佛都能在故事中找到自己的影子。书中有鬼怪戏弄纵意高谈的狂生、花神舍命救穷乞丐等内容，或嘲弄无知鄙俗者狂妄自大，或赞美普通群众的淳朴善良，大多蕴含着劝诫世人之意。此书文笔平易，人人读后皆爱不释手，成为和《聊斋志异》一样著名的志怪小说集。

纪晓岚的一生，堪称多姿多彩。他不仅是清代的文坛泰斗、学界领袖，即使在中国和世界文化史上也是一位颇具特色的文人宰相。

十九 / 叫魂奇案：盛世下的阴影

乾隆皇帝在位60年，做的事情太多，所做出的功绩归纳起来有八件事。

第一件是编修文化典籍，如上文所提到的《四库全书》，另外乾隆皇帝还主持编修了《满文大藏经》。第二件是维护、兴建皇家园林。第三件是贡献诗文才华。第四件是蠲免天下钱粮。乾隆皇帝蠲免全国钱粮，其次数之多，地域之广，数量之大，效果之好，在封建王朝中，前无古人，后无来者。第五件是统一整个新疆。第六件是完善治理西藏。第七件是修砌浙江南塘。浙江原有的柴塘、土塘，经不住海潮的冲击，乾隆皇帝命拨银两将柴塘改为石塘。共修建石砌海塘4000余丈，加强了这一地区抗御海潮侵袭的能力。第八件是中华各民族一统。清朝已经历"三祖三宗"，乾隆则是集大成者，在其祖宗既有成就的基础上，进一步巩固并开拓了中国的疆域版图。乾隆时期的中国疆域，东起大海，西达葱岭，南及曾母暗沙，北跨外兴安岭，西北到巴尔喀什湖，东北到库页岛。

因此，乾隆王朝在历史上被称为"盛世"，然而就在盛世年间，却发生了一件"叫魂案"，这个案件的发生，暴露了当时清王朝的种种弊端，甚至被后人称为"妖术大恐慌"。

这件事要从乾隆三十三年（1768）一月说起。当时，浙江德清县的石匠吴东明、郭廷秀承揽建造城桥工程，开头一切均很顺利。时至三月，工程进入了打木桩入河的阶段，这一阶段的工作十分繁重。就在打桩工作刚开始不久，有一个名叫沈世良的当地农民，找到了吴东明，希望吴东明帮自己一个忙——沈世良交给吴东明一张纸，请吴东明将这张纸贴在木桩尖上打下去。

吴东明心里一惊，他知道，这是诅咒人早死的一种方式。他打开那张纸一看，上面写着两个人的名字。吴东明就问沈世良，这两个人是谁，你为何要诅咒他们？沈世良解释说，这两个是自己的侄子，他们总是欺负沈世良，所以要诅咒他们早点死。

吴东明听后，非但没帮沈世良的忙，还把沈世良告到了县衙。知县见沈世良已经很老了，就没判其故意杀人罪，只是打了沈世良一顿板子，而后就放了。

吴东明以为自己立了大功，他认为自己救了两条人命，是仁义之举，所以到处宣扬。这事传到德清县慧相寺的和尚耳朵里，这些和尚经常吃不饱饭。但是，附近一座观音殿的和尚们却都吃得很饱。慧相寺的和尚心理严重失衡了，他们开始散布谣言，说有石匠在观音殿附近"作法埋丧"。这样一来，一传十，十传百，石匠吴东明和他手下的工人们就被推了出来。

谣言从德清县传向四面八方，石匠们都被当作"叫魂犯"，被官府抓了起来。

当地百姓认为，只要和气待人，不树敌，别人就不会把自己的名字写在纸上，交给石匠诅咒。所以，一开始对这件事也没有太在意。但就在此时，另一个谣言开始广为流播：城桥下桩用人的头发缠桩即可打下，若用女人头发，便害女人脱发，若用黄豆数把缠紧头发，可致小儿痘伤。

与此同时，浙江省萧山县传来一条消息：说四名和尚被控剪人发辫，并在其中一人的行李中，发现了一缕头发，四人已被收押。接着就是江苏省胥口镇，人们捉到了几个来自湖州府法云庵的和尚，他们被打成重伤，又被送到了官府。人们打他们的理由是，他们是和尚，所以想剪别人的辫子。

接下来，全国各地发生了多起所谓剪辫子的叫魂事件，范围包括浙江、山东、直隶、湖北等七省。人们纷纷传说有人欲剪万人发辫，摄魂造桥，用纸剪成人马，黏入发辫，念咒点血，人马便能行走，可以取人财物。在那个经济匮乏的时代，广大下层民众对这种与巫术有关的谣言深信不疑。

在山东省邹县，一个叫蔡廷章的乞丐供称与和尚通元等人同行，并于途中剪人发辫。当然，蔡廷章不是主动去衙门招供的，而是被人用木棒打去的。接着就是章丘县的一个乞丐，遇到一个叫张四儒的算命先生，张四儒怂恿他说，要饭没前途，我们还是跟着和尚学割人发辫之术吧，到时候钱大把大把地来。这个乞丐很有"上进心"，哪知道第一次施法时，就被人当场捉住。

这一事件终于闹大了,山东巡抚富尼汉把这个消息报告给了乾隆皇帝。乾隆皇帝龙颜大怒,勒令各省查处。

至此,关于叫魂的谣言蔓延到了京畿。事情闹到这个地步,并非是山东巡抚富尼汉惹出来的,在富尼汉看来,这样的案件不断发生,如果再闹下去,整个大清朝都会受到影响。

其实,真正让这个事情闹成惊动皇帝的大事的,是民间对"叫魂事件"的态度。当时的人们通常有一种传统的看法,认为当一个人的魂与魄分离之时,人会昏迷、生病,更严重的会导致死亡。这显然是一个非常危险的事情,恐惧感便油然而生了。

于是,这件在我们今天看来是迷信的事,震动了朝廷,自然也就震动了九五至尊的乾隆皇帝。他和百姓一样惊恐和愤怒,但原因却不一样。

回顾历史,经过康熙和雍正的精心治理,清朝的统治已经趋于稳固。表面上,"剃发留辫"的国家制度已被汉民所接受。但事实却是,许多汉人的造反,或多或少与"剃发留辫"有关。而山东巡抚富尼汉报上来的案子正触动了乾隆皇帝的神经。乾隆皇帝认为,这其实是在间接动摇清朝的统治。于是乾隆皇帝下令:坚决查处与"叫魂案"有关的人,并且要严惩。

很快,从朝廷到省到府到县都开始清查"叫魂犯"。一开始,许多官员对乾隆皇帝大怒的原因还不是很明白,但大小官僚都知道要忠诚。所以,清查"叫魂犯"并不是保一方平安的小事,而是对皇帝忠诚与否的大事。

事实上,从乾隆皇帝下令全国清查"叫魂犯"的那一刻起,就注定了许多底层的小人物要因此而死掉。因为在地方上所谓的"叫魂案"都是子虚乌有的事,但皇上已经下令清查,有与没有就已经不是一般官员该思考的问题了,他们只能奉命执行,只能思考"叫魂犯"到底该抓多少才算合适。

这些官员先将乞丐当作"叫魂犯"抓了起来,然后是和尚。官员们认为,乞丐身无一物,四处漂泊,肯定就是"叫魂犯"。至于和尚嘛,乾隆皇帝的盛世,其实并没有给和尚带来什么好处。他们还是需要自己动手从寺庙里走出来,去外面寻找食物。他们和乞丐差不多,而且他们天天念经,谁知道念的是什么东西呢？按照这种思路，他们也被送进了衙门。

抓的乞丐与和尚太多，官员们焦头烂额，当官员们认为抓获的"叫魂犯"已经足够向乾隆皇帝表示忠心的时候，已经来不及了。"叫魂犯"从乞丐、和尚这类高危人群开始向大众群体过渡了。许多人因为与他人结怨，一赌气就诬告对方是"叫魂犯"，即使不是"叫魂犯"，也是预备分子。大家开始了告密，许多人刚把别人送进监狱，自己也很快跟着进去了。

全国一片恐慌，官员越是卖力地捉拿"叫魂犯"，"叫魂犯"就越多。乾隆皇帝在遥远的京城，自然不知道"叫魂犯"为什么会这么多，认为是因为官员办案不力。但他不想告诉这些官员"叫魂犯"的罪过到底有多大，他们在反对朝廷，反对满人的江山。

乾隆皇帝很清楚，他一旦这样讲了，就证明了身为满人的自己还停留在自卑的层面上。大清朝已经走过了一百余年，乾隆皇帝不想让人知道自己还是那么自卑。所以，面对越来越多，抓也抓不完的"叫魂犯"，乾隆皇帝再一次大发雷霆，要求官员们将"叫魂犯"进行彻底地清剿。

这样一来，"叫魂案"的范围从江南波及华北、川陕。一大批乞丐、僧人等社会最底层的人受尽冤屈折磨，最后死亡。

同年十月，刘墉劝说乾隆皇帝，希望能停住对"叫魂案"的查办。乾隆皇帝似乎良心发现了，或者说，他发现了那些"叫魂犯"根本就没有自己所认为的企图。于是，接受了刘墉的建议。然而，接受归接受，却没有直接放弃对"叫魂案"的清查。乾隆皇帝仍然让负责此案的官员认真查办，但同时，他又质疑案犯供词的可信度。于是，乾隆要求各地官员，在不用刑的情况下认真办案。另外，在军机大臣审理完疑犯后，由大学士傅恒负责审理并处刑。结果，除了病死或其他原因死去的疑犯外，其余疑犯全部获得免罪。

说起来，这所谓的"叫魂案"其实非常简单，就是谣言和宗教的一种结合形式。但这样简单的案子，却造成了全国性的恐慌。很大的原因在乾隆皇帝身上。在他看来，在全国性的"妖术大恐慌"中，妖术之一就是剪辫子。辫子对于大清朝不是可有可无的，而且，这次妖术恐慌又来源于江南。江南是汉民族的文化和经济中心，也是当初反清最激烈的地方，这就使得乾隆皇帝不得不格外小心。因为他的格外小心，让这场大恐慌持续了一年时间。

当时，在谣言面前，大清朝廷缺乏相关科学知识和舆论控制技巧，因此也让"叫魂"这个幽灵在中华大地游荡了许久，直到1768年冬才消失。

二十 / 天下第一贪

如果说，"叫魂案"是大清盛世下的一道阴影，那么在乾隆王朝最鼎盛时期，还有另一道阴影，那便是贪污腐败。而提到乾隆朝的贪污腐败，人们都会想到一个人——和珅。

和珅出生于乾隆十五年（1750），比乾隆皇帝小39岁，满洲正红旗人。19岁的时候，和珅参加了科举考试，结果名落孙山。这里有一个疑问，历史上的和珅是个有学问、能力非凡的人才，为何连举人都考不中呢？原因很简单，当时的科举考试，考的无非是"四书""五经"。像和珅这样一个博览群书的人，在这种考试制度下，其能力是无从发挥的。

清朝时期，满洲人和汉人不一样，满洲人有两种当官的渠道：一是通过科举考试；二是依靠祖上的功绩。也就是说，满洲人可以凭借祖上给自己创下来的基业直接当官。

和珅的祖先因为跟着努尔哈赤和皇太极不断打仗，立下了赫赫战功，所以和珅家被授予了一个三等轻车都尉的世袭爵位。"轻车都尉"是清朝为了酬劳功臣、奖励阵亡官兵、推恩外戚，以及嘉奖其他有特殊贡献的人员而规定可以世代承袭的爵位。

和珅在19岁参加科举考试的时候，承袭了三等轻车都尉的爵位。因此，尽管他名落孙山，但在3年后，他进了皇宫，当了一名三等侍卫，成了皇家仪仗队的成员。这个官职虽然小，但是可以接近皇帝。

《郎潜纪闻初笔》里说，和珅最开始做宫中仪仗队校尉的时候，有一次出宫，乾隆皇帝在轿子中读各地的奏报，其中有一个报告说要犯逃脱，乾隆微怒，随后说出一句"虎兕出于柙"。这句话出自《论语》，意思是典守者要对此负责。可当时扈从的众校尉，都不解其意。只有和珅站出来说，皇上的意思是典守者不得辞其责。

乾隆皇帝听后，看了看和珅，问，你也读《论语》吗？

和珅说，是。乾隆皇帝没想到校尉里还有人读《论语》，很是感兴趣，于是又问了和珅的家世、年岁。和珅一一作答。

由此，和珅开始被乾隆皇帝注意，加上近水楼台先得月，乾隆也有意对和珅加以提拔。和珅本来就是一个极聪明的人，当然不会放过这个宝贵的机会，是恩礼日隆，飞黄腾达。

据《和珅列传》记载，和珅天资聪明、思路敏捷、多才多艺、勤奋好学，通晓满、汉、蒙、藏四种语言文字；又亲善热情，办事干练，成绩突出。他不是不学无术之徒，而是既有学问又懂权术的人。

乾隆皇帝在《平定廓尔喀十五功臣图赞》中，曾对和珅给予充分肯定。认为和珅对边疆少数民族的管理建设，做出了很大的贡献。乾隆曾说，用兵西藏和廓尔喀时，所有的谕旨都是兼用满、汉文下达；颁给达赖喇嘛和廓尔喀的敕书，则兼用藏文和蒙古文。大臣中懂藏文的非常少，只有和珅能把这些谕旨，用满文、藏文、蒙古文、汉文等各种文字撰写出来，加以翻译，并把事情都办理得很好。

乾隆四十五年（1780）正月，和珅接受了一项重要的任务，就是远赴云南查办大学士、云贵总督李侍尧贪污案。和珅一到云南，首先拘审李侍尧的管家，取得实据后，迫使精明强干的李侍尧不得不认罪。和珅从接受这个任务，到乾隆下御旨处治李侍尧，前后只用了两个多月。和珅这次查办李侍尧贪污案办得很出色，确实表现了他出众的才华和干练的能力。所以和珅在回京途中就被提升为户部尚书。

和珅依靠乾隆掌握着朝中的大权，又利用手中的大权拉帮结派，扩大自己的势力。他的弟弟和琳几年之内就从一个内阁小官升为四川总督。他又拉拢军机大臣福长安。福长安是乾隆孝贤皇后的亲侄子，他的父亲傅恒和哥哥福康安都曾经任军机大臣等高官，他本人没有什么本事，但对和珅言听计从。和珅手下的吴省钦和吴省兰，以及只会吹嘘拍马的山东巡抚伊江阿等都成了和珅的亲信。

大权在握的和珅，开始疯狂敛财。他敛财的手段之一，是发"人情财"。一般来说，在朝为官，重要的是消息灵通。尤其是职位较低，无法接近权力核心的官员，他们的前途和命运，都决定于能否从大官口中得到朝廷内部的信息。因此，为了得到这些信息，一些官员就会花费巨额资金去打通关节。作为乾隆皇帝第一宠臣的和珅，凭借向外传递朝廷的"内部消息"，大发"人情财"。

1780年，乾隆皇帝准备第五次南巡，对和珅说，应该去祭孔庙。这个消息对不熟悉路线的人来说，根本没有什么。可和珅仔细看了一下地图，立刻就发信给他的亲信——泗阳县令国泰。国泰接到了和珅的密信，拆开一看，非常兴奋。因为按照和珅的推测，乾隆皇帝在祭祀孔庙之后，必定会经过泗阳县。于是，国泰在距离县城50里的地方，为乾隆皇帝精心筹建了一处行宫，想以此博得乾隆皇帝的欢心。

国泰调集了全县的能工巧匠，不分昼夜地修建行宫。当乾隆皇帝祭祀过孔庙向南进发，路经泗阳县境的时候，果然发现了这座优雅奢侈的行宫。进入行宫后，乾隆皇帝非常陶醉，就问，谁这么有心在此为朕献上这么好的东西？

和珅立即令国泰前来。国泰见到乾隆皇帝后，大表忠心，和珅也在一旁对国泰赞不绝口。乾隆皇帝心花怒放，马上下旨擢升国泰为道台。

就这样，国泰从一个小小的县令转眼间变成了道台。国泰自然很感激和珅，还没上任，他就给和珅送去了一大笔银子。

这事过去后，许多与和珅有关系官员，都纷纷给和珅送上了"人情财"。这种"人情财"可以说是当时官场流行的一种潜规则。而这种财来得不算直接，更直接的，便是和珅敛财的手段之二——依靠职权进行贪污。

这一年，和珅开始担任户部尚书。作为管理天下钱粮的户部，每天都有大量的银子进出。而作为管理者和领导人，如果没有很强的定力，根本无法把持住。而和珅似乎一开始就根本不知道什么叫定力，他在户部到底贪污了多少钱，历史没有确切的记载。

4年后，和珅又被任命为吏部尚书。吏部尚书是管理百官的，和珅便利用职务之便，勒索百官。百官似乎也习惯了他的勒索，但也有官员不买他的账。

按照大清朝廷的惯例，每隔几年就会命各地的大臣回京述职，以检查全国各地的治理情况。各地官员回京，不仅要带上政绩，还要备好礼物。一般情况下，地方上的大臣进京时都会携带一些珍稀之物，作为贡品进献给皇上。

有一年，安南总督孙士毅从安南前线回京述职。孙士毅不仅武功高强，脾气也很倔。他认为自己是封疆大吏，几个省的行政和军事都掌握在自己的手中。在他眼里，整个大清王朝也只有皇帝一个人。

这样的人在大清官场显然是个异类。当孙士毅昂首阔步前往金銮殿面见乾隆的时候，在宫门外遇到了和珅。和珅一眼看见了孙士毅手里的东西，急忙拿过来看，发现是一颗明珠做成的鼻烟壶，大如雀卵，雕刻精巧，晶莹剔透。和珅煞是喜爱，出于惯性，就向孙士毅索要，说："孙大人如果不嫌弃在下的话，能否把这个玩意儿送给在下啊？"

哪知道孙士毅一点不给和珅面子，直截了当地说："这是我献给皇上的东西，和大人喜爱，本当赠给大人，可我如何向皇上交代呢？因为事先我已经跟皇上说了。"

和珅很无趣地干笑了两声，说："我开个玩笑，你何必当真。"

几天后，孙士毅要返回边境，去军机处辞行，在军机处，他再次见到了和珅。和珅手里拿着那个鼻烟壶，得意扬扬地对孙士毅说："孙大人，你献给皇上的鼻烟壶，皇上把它赐给我了。"

孙士毅非常震惊。他震惊的不是皇上把鼻烟壶赐给了和珅，而是和珅居然在这样一件小事上跟一个封疆大吏斗气。这件事让孙士毅明白了和珅在朝中的地位和权势。从此以后，孙士毅对和珅就有了一种莫名的恐惧。

其实，和珅索贿已经是官场皆知的事情了。相比孙士毅而言，有些官员就知趣多了。如闽浙总督福康安、领侍卫内大臣海兰察、云南总督李侍尧、吏部郎中和精额、浙江巡抚伊龄阿等，都主动向和珅行贿。

除了贪污受贿外，和珅的手段之三，便是利用贪污受贿来的钱财进行投资经营。在商业活动中，和珅获得了更大数量的钱财，同时还兼并土地。

官方史料记载，和珅能够收取地租的土地，有1266顷。他的土地分布在北京南部、以保定为中心的地区，另外在东北的锦州地区也有他的土地。

那么，这些土地是如何得来的呢？其中一部分来自乾隆皇帝的赏赐，另外的绝大部分土地是和珅自己花钱购买的。在清朝，买土地是一件大事，大部分的地主都不会轻易出让土地。可白莲教的出现，使情况发生了变化。在一系列不安定的事件发生了以后,很多地主不愿意再保有土地,纷纷把土地换成更为保险、安全,便于携带的金银,地价随之下跌。

天生就有商业头脑的和珅看准这个时机,用极低的价格买进了大量的土地,并安排自己的亲信管理,将土地租赁出去,收取极高的地租。

在买卖过程中,和珅只认钱不认人,不管是他的亲戚还是朋友,他都毫不留情地把价钱压到最低,最大限度地购进。而且,和珅买土地,并不采用普通的买卖方式,而是用所谓典卖的方式。也就是说,土地主像去典当行当东西一样,将土地典当出来,而不是和珅一次性购得。典当的价格当然要远远低于市价,原来的土地主可以再筹足银两支付高额利息后,再将土地赎回。

在这期间,土地上的一切收益就都归和珅所有。如果原来的土地主根本没有能力赎回,或者不想赎回自己的土地,这些土地就成了和珅的永久财产。

除了经营房地产和当铺外,和珅还经营了几十家店铺,如粮店、酒店、古玩店、瓷器店、灰瓦店、柜箱铺、弓箭铺、杠房、鞍毡铺、小煤窑,等等。此外,和珅还购置了80辆大马车,做长途贩运。

按照大清的律法规定,在旗的满人是不允许从事各种商业活动的,也就是说,尽管和珅的各种商业活动都是靠自己干出来的,但从法理上讲,这些活动还是非法的活动,这些商议活动虽然不能叫作贪污受贿,但最起码也是以权谋私。

总归来说,和珅聚敛钱财的手段多种多样:侵吞、贿赂、索要、放债、开店、收税、盘剥盐商,等等。

因为和珅的非法敛财、贪污受贿,直接导致了两个后果:一是督抚在利益的驱使下,为行贿和珅,投其所好,而以上索下,或监守自盗,亏空国库;二是上行下效,和珅恣意贪婪,官吏争相效尤,有恃无恐。乾隆王朝后期发生的贪污大案,凡情节严重、手段卑劣者,无不与和珅有关。

而在惩治贪污的问题上,乾隆皇帝极为宽大。正如他自己所言:"朕御极以来,政崇宽大。"特别是在乾隆皇帝的统治后期,他的宽大几乎到了让人难以理解的地步。如粤海关德魁亏空税银,按律应赔2万余两银子,乾隆却下令全免了;甘肃布政使王亶望集团贪污,乾隆在惩处以后,忽然感慨道:"在这件案子还没有发现之前,朕就有风闻,但朕觉得案情重大,所以,没有下定决心来惩治。"

从乾隆皇帝的这句话可以看出，他对贪污的惩处并不是很认真。而且，他还徇庇亲信，如他一向器重的云南总督李侍尧，因贪赃索贿，被云南储粮道海宁参劾，由于情节恶劣，大学士九卿会议判其斩立决，而在证据确凿的情况下，乾隆皇帝却万般维护，让督抚再议。但当各督抚维持原判时，他又给予开脱，对之处九卿之议的陈辉祖、富勒深等人大加斥责，并不顾及众意，以"罪疑惟轻，朕不为己甚之事"，下诏定为斩监候。不久，又下旨，赐李侍尧三品顶戴花翎，起用为陕甘总督。

而乾隆皇帝本人挥霍无度的奢侈作风，也影响到了时政和时风。也就是说，他一面惩治腐败，另一面又助长了腐败。腐败使繁荣昌盛的清帝国江河日下，然而，清帝国从极盛一步步走向没落的真正原因，除了贪污腐败以外，还有一个重要因素，就是闭关锁国。

二一 / 闭关锁国

乾隆二十二年（1757）十一月七日，时任闽浙总督杨应琚，收到乾隆皇帝的一纸诏书。诏书的大致意思是：让杨总督告诉英国人，以后只准在广东收泊交易，其他地方均不可。如果有人敢迎头而上来浙江宁波，那么怎么来的就给我怎么回去。

乾隆为什么要下这样一道令呢？往前看，类似的政策早在清朝初年就有过。当时朝廷为了围剿占据台湾的郑成功，对沿海百姓下了两道命令。第一道是"迁界"，就是限令直隶沿海南下到广东沿海一带居民，一律迁入距海岸线30里外的地方居住。第二道是"禁海"，严令不许船舶下海经商，甚至连捕鱼也在限制之内。但是，清廷在给台湾郑氏造成经济困难的同时，也给沿海商民们带来了巨大的损失，使得对外海上贸易几乎停滞。

而到了1683年，台湾收复后，清廷随即允许沿海居民回迁，又开放海禁。时值英明的康熙在位，康熙皇帝为了尽快恢复海外贸易和加以有效管理，命令在广州、厦门、宁波和上海附近的云台山设立四处海关，定下规则，收缴课税。

这样，经过了雍正一朝到了乾隆朝。乾隆皇帝用了20多年的时间思考了一个问题，那就是，我们为什么要开放这些地方和外国人做生意？我们什么都有，还用得着这群洋鬼子吗？

而当乾隆皇帝向闽浙总督杨应琚发出谕旨的时候，停泊在定海的一艘英国船只主人发火了，这个人名叫洪任辉。洪任辉是英国人，由于汉语讲得很好，英国东印度公司就让他在贸易活动中充当翻译。早在1755年4月，他就领着一艘商船到达定海，船上装了大量的银钱和酒，还装备了枪炮弹药。浙江官员非常欢迎他们，这样一来二去，洪任辉就和浙江官员成了天下最好的合作伙伴。他在与中国做生意的过程中，的确捞到了不少好处。

洪任辉听到乾隆的谕旨后，火气很大，浙江巡抚命令他立即离开宁波，或是回国，或是到广州。他却直往北来，一直到天津。于是，他创造了一个纪录——第一个进入天津的英国人。

他之所以要北上到天津，是想见乾隆皇帝。他想凭着自己的独到见解，来说服这个"天朝上国"的皇帝同意和自己的国家做生意。

然而，洪任辉在天津被清朝官员阻挡，官员向他许诺说，一定将此事上报皇帝，请他原路返回。

洪任辉只好返回广州，并且充满了幻想等着乾隆皇帝给他回信。到了广州的第二天，闽浙总督杨应琚召见洪任辉。洪任辉以为乾隆皇帝来信了，欢欢喜喜地跑进了总督府。但迎接他的却是流放澳门3年，禁来中国内地。

最后，洪任辉弄明白自己为什么会被判刑了。因为他违抗了乾隆皇帝的旨意去了天津。他被流放到了澳门，而整件事情并没有完。5年后，也就是1760年，乾隆发布了一道法令，从而彻底地将大清帝国的大门关上了。这项法令包括：

一、外国人必须在春节离开广州，撤到澳门，直至秋天；二、中国人不得同外国人做生意，也不得为外国人服务，否则判流放罪；三、外国人不准学中文，他们只能同广州公行的翻译接触；四、任何外国商船在中国领水停泊期间船上都必须有中国官员；五、外国人不准携带武器，他们送寄信件都必须通过中国政府；六、外国人如和中国人发生纠纷将按中国法律处理。

从此，清王朝实行了闭关锁国政策。而当时的西方进入了蓬勃发展的时期，逐渐超越了盛极一时的大清王朝。

我们不妨看看，在乾隆执政的60年间，世界上发生的三件大事。

第一件事是英国工业革命；第二件事是美利坚合众国成立；第三件事是法国大革命。这三件事都具有划时代的意义，影响了世界历史的进程，改变了整个世界的格局。

英国工业革命：乾隆三十年（1765），英国纺织工哈格里夫斯发明了新式纺车珍妮纺纱机。同年，英国人瓦特改良了蒸汽机。乾隆五十年（1785），英国卡特赖特发明了水力织布机。这说明，西方开始了工业革命，人类开始从农业文明走向工业文明。从生产技术方面来说，工业革命使工厂制代替了手工工场，用机器代替了手工，创造了巨大生产力，人类进入蒸汽时代，英国成为"世界工厂"。

美利坚合众国的建立：乾隆三十九年（1774），美国独立战争爆发。乾隆四十八年（1783）美国独立战争取得胜利。乾隆五十三年（1788），第一届美国国会在纽约召开。乾隆五十四年（1789），华盛顿就任美国第一任总统。乾隆五十六年（1791），美国通过《人权法案》。

法国大革命：乾隆五十四年（1789），法国举行三级会议，爆发了资产阶级大革命，发表了《人权宣言》；乾隆五十八年（1793），法国国王路易十六被处死。

而在西方世界发生了一系列划时代的巨变时，大清王朝却处于停滞状态。人们的思想被八股文、"文字狱"所禁锢，资本主义萌芽被重农抑商的观念所压制。西方工业革命如火如荼地进行着，大清王朝的统治者不鼓励科技发明也就罢了，反而将科技发明视为奇技淫巧，根本不屑于学习西方先进的科学技术，落后便成了必然的结果。

乾隆五十七年（1792）九月二十六日，英国以补祝乾隆皇帝八十大寿的名义，派出以马戛尔尼、斯当东为首的使团访问中国，历经9个月，于乾隆五十八年（1793）五月十四日抵达中国。此时的英国，正处于资本主义上升阶段，迫切需要开辟新市场。因此，此次出行的目的是敲开清王朝的大门。

英国使团乘坐一艘有60门炮，名为"狮子"号的炮舰，以及两艘英国东印度公司提供的随行船只，抵达天津白河口，之后换乘小船进入大沽，受到直隶总督的欢迎。乾隆皇帝接到英国使者来华"进贡"的奏报后，十分高兴，命人专门负责接待英国使团。英国使团到达北京之后，先在圆明园休息了几天，然后前往承德避暑山庄参加乾隆皇帝的寿辰庆典。

清政府拟订了一套接待方案，却在礼仪问题上发生了严重的分歧。按照清王朝的规定，使者必须要行三跪九叩之礼。这种礼仪早在皇太极时期就有了，可谓根深蒂固。1636年时，皇太极举行登基大典，朝鲜使臣在今天的沈阳参加大典，大家都行三跪九叩之礼，朝鲜使臣立而不跪。清朝的官员按着他们跪，他们从地上挣扎着爬起来，还是不跪。到后来，衣服都被撕破了也没有跪下。大典之后，皇太极勃然大怒，就开始对朝鲜用兵。

在大清王朝的皇帝们看来，作为"天朝上国"，有责任和义务向下等的附庸国提供伦理道德、文明教化和政治统治。蛮夷走进中国的国门，向天朝进贡，并进行叩拜之礼是天经地义的。据史料记载，当时大清对外国使臣有这样的规矩：应在所乘坐的车船上悬挂旗帜，写上"某国贡使"的字样。使臣在觐见皇帝之后，应立即离京，不准任何形式与意义上的逗留。尤为重要的是，使臣见到皇帝或皇帝的代表时，必须行三拜九叩之礼。

这种规矩在步入19世纪后，已经显得非常可悲和可笑了。而在此之前，大清王朝的皇帝们并不觉得这是可笑的，反而认为是天经地义的。

在雍正时期，清朝政府派托时等人去圣彼得堡贺新沙皇即位。一行人临走之前，雍正皇帝嘱咐他们：我中国使臣无论出使何国，从无叩拜之礼。雍正的意思很明显，不许用三跪九叩之礼觐见俄国沙皇。雍正皇帝还叮嘱托时，尽量不要面见沙皇，如果对方一定要见，只能"按拜见王爷之礼拜见贵汗"。

当时的俄国早与清王朝有来往，他们自然知道中国的礼仪。但是，他们并未发现觐见之礼的问题。1731年1月9日，托时到皇宫递交公函后，向新即位的沙皇行一跪三叩首之礼。

在大清王朝的使臣看来，这种礼仪是把俄国沙皇降格为大清朝的王爷一级，虽然俄国人并不会有同样的感觉，但雍正皇帝心里却是非常高兴的。

到了乾隆皇帝八十大寿的庆典，清政府又要求英国使者行三跪九叩之礼。英国使团的使者代表马戛尔尼个性倔强，他希望作为第一个真正的外交官，迫使中国接受西方所谓的文明。为此，他与自负的清朝大臣为觐见皇帝的礼仪大起争执。马戛尔尼坚持欧洲的单屈膝礼。而清朝大臣一定要使者行三跪九叩之礼。最后，马戛尔尼提出了一个交换条件：中国官员在英王画像前，行叩拜之礼，英国使者即向乾隆皇帝行叩拜之礼。

清朝的官员们觉得这个条件太可笑了，坚决不同意。最后，双方经过谈判，达成共识：八月初六，在万树园欢迎宴会上，行英式礼节；八月十三日，举行乾隆万寿典礼时，行三跪九叩之礼。

《清史稿·高宗纯皇帝本纪》记载："英国使节马戛尔尼等虽然不习惯叩头，一到皇帝面前，还是跪下去了。"

英国使臣不仅跪了，还敬献了各种礼品，共有19宗、590余件，有座钟、地球仪、望远镜、测报气象的仪器、手枪、步枪、榴弹炮，等等。这些礼品代表了当时英国先进的科技，乾隆皇帝接过礼单，震惊之余让负责接待的官员有意向对方说明，他们所进贡的物品天朝也有。而后，清朝本着"薄来厚往"的原则，赏赐丝绸绒、瓷器、玉器及各类工艺品 3000 多件。

英国使团参加完庆典返京，马戛尔尼递送的表文，由在京的传教士翻译。英国要求派人常驻北京，乾隆皇帝断然拒绝了这个要求。此时，乾隆皇帝意识到了英国使者来华是另有企图的，于是催令他们赶快启程回国。

马戛尔尼按临行前英王的训示，给乾隆皇帝写了一封信。提出了七条要求：一、开放珠山（今舟山）、宁波、天津等口岸通商；二、允许英国人仿俄罗斯例在北京设一个货栈买卖货物；三、取消澳门和广州之间的转口税，或照 1782 年的税率减免；四、禁止向英国商人在海关关税之外另行勒索；五、在珠山附近划一个没有城寨的小岛，供英国商人居住、囤货；六、在广州附近划分一块地方，允许英国商人居住，并自由往返澳门；七、允许英国人在华自由传教。

乾隆皇帝愤然拒绝，并且在给英王的敕书中，逐条加以批驳。在乾隆皇帝的严谕督促下，马戛尔尼一行在钦差大臣松筠的护送下，于九月初三离京，并传令沿途地方提高警惕，以防英国人滋事。英国使团于 1794 年 9 月 6 日到达两年前的始发地普利茅斯港，结束了访华之行。

马戛尔尼访华失败了，乾隆皇帝完全拒绝了英国的要求。而通过这次访华，马戛尔尼看出了清朝"纸老虎"的面目。乾隆皇帝的盲目自大，对西方情形的无知，闭关保守的对外政策，使中国失去了一次与世界接轨的机会。在后来的 1840 年，鸦片战争爆发，两年后，也就是 1842 年，清政府被迫与英国签订了《南京条约》。英国使团想得到而没有得到的东西，终于在英国军队的坚船利炮轰击下得到了。当然，这是后话，就在英国使者离开中国的两年后，也就是 1796 年，乾隆皇帝禅位于嘉庆。关于乾隆皇帝的"禅位"，还有一段内幕。

二二 / 禅位真相

乾隆皇帝生前曾先后立过三个皇太子。第一个皇太子是皇后富察氏的皇次子永琏。乾隆皇帝认为"永琏乃皇后所生，朕之嫡子，聪明贵重，器宇不凡"。乾隆皇帝即位后，亲书密旨，立永琏为皇太子。这道密旨藏在乾清宫的"正大光明"匾额之后，但很不幸，永琏9岁时死去。

第二位皇太子是永琮。乾隆皇帝在永琏病故后，立了皇七子永琮，没想到永琮也很不幸，在两岁时，又因痘症病逝。第三位皇太子是皇十五子颙琰，就是后来的嘉庆皇帝。嘉庆的名字本来叫永琰，后将"永"字改为"颙"。这源于清朝皇帝的名讳。

清太祖努尔哈赤、清太宗皇太极、清世祖福临的名字，没有避讳的规定，只是在《实录》《玉牒》等特定文献出现的御名上贴黄（就是将名字用黄签盖上）。清帝名字避讳，是从康熙皇帝开始的。康熙名字玄烨的"玄"字，避讳时缺末笔；雍正名字胤禛的"胤"字，避讳时缺末笔，同时命他的兄弟将"胤"字改作"允"字；乾隆名字弘历（当时写作"弘曆"）的"弘"字，避讳时缺末笔，"曆"字，则改作"暦"字。到嘉庆永琰时，乾隆考虑君主名讳，"永"字为常用字，避讳不便，便命将永琰的"永"字，改为不常见的"颙"字。永琰继位之后，就改称为"颙琰"。清朝皇帝的名字，把排辈分的字，改为特别的字，是从嘉庆开始的。

嘉庆元年正月初一（1796年2月9日），一场罕见的传位大典在紫禁城举行。在中国漫长的历史中，生前传位的皇帝寥寥无几，并且绝大多数是被迫的，如唐高祖李渊，就是在其子李世民的逼迫之下退位的。而乾隆皇帝是一个例外，他在位60年，在85岁高龄之时，主动举行了传位大典，3年以后，寿终正寝。

其实，乾隆皇帝传位的思想很早就已经形成了。早在雍正十三年（1735）九月举行即位大典之时，乾隆皇帝就焚香告天："昔皇祖御极六十一年，予不敢相比，若邀穹苍眷佑，至乾隆六十年乙卯，予寿跻八十有五，即当传位皇子，归政退闲。"

60年的为君生涯，使得乾隆皇帝积累了丰富的政治经验，同时也尝尽了君临天下的甜头，先前的传位思想一度发生变化，为了寻找理由，乾隆二十五年（1760）时，乾隆表示，只要自己的母亲崇庆皇太后健在，即使在位周甲（60年），也不进行传位。后来，乾隆虽然下来昭示："予葺宁寿宫，为将来优游颐养。"同时向诸皇子公开提及传位一事，但在实际行动上，乾隆皇帝对传位是相当消极的。

乾隆四十二年（1777）正月，崇庆皇太后去世，乾隆失去了不行归政的借口。一年多后，锦县的一个生员金从善投递呈词，要求建储立后。在乾隆皇帝看来，这是对自己坚持不行传位的挑战。这让他十分气恼，下令将金从善斩首示众。在强压之下，下面的大臣再也不敢提出这样的建言了。乾隆皇帝几乎背弃了自己"八十五岁归政退闲"的诺言。

然而，乾隆四十年（1775）以后，乾隆皇帝的身体和精神状况不断恶化，到了乾隆四十五年（1780）时，乾隆皇帝因两臂疼痛一度不能弯弓射箭，过了三四年，又因气血瘀滞而疼痛，以致举步维艰的地步。乾隆四十九年（1784）以后，乾隆皇帝又患上了失眠症。此后，乾隆的记忆力明显减退，精神昏愦，身体虚弱，使他不由得又想起自己即位之初许下的诺言。于是，在85岁时，乾隆皇帝将传位一事重新提上了议事日程。

乾隆六十年（1795）九月初三，乾隆皇帝公布了早在38年前订下的建储密旨，立皇十五子颙琰为皇太子，次年新年举行传位大典。

嘉庆元年（1796）九月初一，内外王公，文武百官与外藩使臣齐聚太和殿，按班序列，恭候乾隆皇帝举行全国瞩目的传位大典。据说乾隆曾临时决定不把玉玺授给颙琰，只念一下传位诏书即可。这下可把几位大学士给急坏了，因为这样一来典礼就不圆满了。而且，传出去会有损乾隆皇帝的形象。于是连哄带劝，最后乾隆答应交出玉玺。

85岁高龄的乾隆皇帝当上太上皇之后，仍不服老，说自己身体健康，仍然能处理大事。他认为嘉庆经验不足，还需学习。乾隆皇帝觉得自己年近九旬，对于登降跪拜等礼节，已经做不来了，因而将"郊、坛、宗、社诸祭祀"的行礼之事交给颙琰来做。乾隆还要求，部院衙门及各省题奏章疏，甚至连引见文武官员等寻常事,也要"嗣皇帝一同批阅"。乾隆不服老,实际上是不愿意放弃权力。直到他89岁寿终正寝也没有离开养心殿。

中国历史上的禅让之说,起自尧舜,但只是史册传闻之辞,是否真有其事,不得而知。秦汉以来,鲜有尝试。像乾隆皇帝这样为了践行诺言而主动传位者,可以说前无古人。即使退位退得不彻底,也是非常难得的了。

然而,嘉庆皇帝颙琰即位后,却是非常郁闷的,因为朝政仍然被太上皇乾隆控制。乾隆宣称自己的身体状况依然良好,继续把持大清朝的一切军政大权,各项用人理政措施都由他来决断。嘉庆帝颙琰暂时居住在毓庆宫,他每天除了批阅奏章、接见臣僚,就是陪同乾隆四处巡游、打猎,参加各种宴会。有时候,也率领皇子们练习弓马射箭。有他那位"十全武功"的父亲在,嘉庆皇帝只好扮演了傀儡皇帝的角色。

随着太上皇乾隆一天比一天老迈、衰弱,受宠信的和珅大肆揽权,嘉庆皇帝投鼠忌器,只能不露声色,韬光养晦,与和珅巧妙周旋。在其位不得谋其政,滋味很不好受。更要命的是,除了年老的太上皇,还有一个权倾朝野、眼里只有太上皇的和珅。这样一来,嘉庆皇帝免不了要受很多夹板气。

嘉庆皇帝对和珅的痛恨由来已久,早想除掉他,但无奈自己没有实权。乾隆禅位给嘉庆后,和珅见乾隆无意交出大权,便更加猖狂。常跑到太上皇乾隆那里搬弄是非,这时的乾隆毕竟已是一位80多岁的老人了,有些糊涂也是在所难免的。

关于乾隆皇帝舍不得让权给嘉庆的记载很多。比如每当遇到军国大事的时候,都要请乾隆裁决。按理说,嘉庆登基后,年号已经更改,一切官书也都应该更改,但当时的宪书却有两种。全国发行的时宪书采用的是嘉庆年号,但是颁发给内廷和亲近王公大臣的,仍旧用乾隆年号纪年。

所谓时宪书,就是历书,通常每年都会备上一本,所以传播很广。在宫廷中有乾隆六十一年至六十四年的时宪书,世人将其视为珍本。此外,朝鲜的史书中也有对这件事的记载,朝鲜使臣到北京,本应由嘉庆皇帝接见,但是朝鲜使臣回国后,却只知道有乾隆,而不知道有嘉庆。由此可见,在嘉庆登基后的三年中,不过是太上皇乾隆手中的木偶。

嘉庆四年(1799)正月初三,太上皇乾隆驾崩于紫禁城养心殿,享年89

岁。至此，嘉庆皇帝才真正亲政，这个时候，他已经 39 岁了。

嘉庆皇帝亲政后，做的第一件事，就是惩治和珅。

二三 / 和珅倒台始末

从清朝的十二位皇帝来看，嘉庆皇帝是对贪污最恨之入骨的一位皇帝。他曾写下了一首痛骂贪官的诗：

满朝文武着锦袍，闾阎与朕无分毫；

一杯美酒千人血，数碗肥羹万姓膏。

人泪落时天泪落，笑声高处哭声高；

牛羊付与豺狼牧，负尽皇恩为尔曹。

诗的开头，揭露了满朝文武大臣的奢侈腐化。第一、二联写贪官的奢靡生活，指出他们的房子与皇宫没有差别，他们吃喝的是百姓的膏血，笔尖直触实质；第三联也很有深度，"人泪"是指贪官们的行为不但让老百姓痛苦，连老天爷也痛苦。"笑声"句采用了对比手法，点出他们的欢乐建立在百姓的苦难之上。最后一联抒发了作者的沉重叹息。古代，管治黎民的官员称为"牧"。作者将黎民喻为牛羊，将这些官员喻为豺狼，表现了黎民百姓在他们管治下的苦难，很形象。

诗的最后，指出这些官员"负尽皇恩"，这并非虚假之词，嘉庆皇帝的生活相当俭朴，为人比较忠厚，他是真心希望老百姓的日子过得好一些的。

在中国古代，不少皇帝骂贪官、罚贪官，甚至杀贪官，但像嘉庆写诗骂得如此痛快淋漓的却不多见。足见嘉庆皇帝对贪官之痛恨。而乾隆朝最大的贪官便是和珅。

乾隆皇帝传位于嘉庆后，做了三年的太上皇，仍紧紧把持着实权。这时的和珅依然受宠，但毕竟形势发生了变化，和珅为了防止嘉庆皇帝日后对自己进行惩处，竭尽全力限制嘉庆，培植任用自己的亲信。

嘉庆皇帝即位时，他的老师朱珪当时任广东巡抚，朱珪向朝廷上了一封表示庆贺的奏章。和珅立即就到乾隆面前告朱珪的状，不过乾隆未予理睬。

嘉庆元年（1796），乾隆准备召朱珪回京，升任大学士，嘉庆写诗向老师表示祝贺。和珅又到乾隆面前告状，说嘉庆皇帝笼络人心，把太上皇对朱珪的恩典算到了自己的头上。这一次，乾隆生气了，他问军机大臣董诰，应该怎么办，董诰跪下，劝谏乾隆说："圣主无过言。"乾隆这才作罢。

不久，和珅还是找了个借口，怂恿乾隆将朱珪从两广总督降为安徽巡抚。同时，和珅还将自己的手下吴省兰派遣到嘉庆身边当卧底。名义上是帮助嘉庆整理诗稿，实际上是监视嘉庆的言行。

嘉庆二年（1797），领班军机大臣阿桂病故，和珅只知进，不知退，便成为领班军机大臣。这时的乾隆，已年老体衰，记忆力很差，昨天的事，今天就忘，早上做的事，晚上就不明白了，和珅真正成了乾隆的代言人，也就更加为所欲为。

和珅自作聪明，作茧自缚。嘉庆皇帝颙琰当皇子时，被定为储君，和珅密知此事，就在乾隆公布嘉庆为皇太子的前一天，送给嘉庆一柄如意，暗示自己对嘉庆继位有拥戴之功。嘉庆笑在脸上，恨在心里，但因和珅是乾隆的宠臣，老奸巨猾，在朝廷上下有各种关系，盘根错节，不便动手。

嘉庆四年（1799）正月初三，乾隆驾崩。就在当天，嘉庆一方面任命和珅与睿亲王等一起总理国丧大事；另一方面传谕他的老师署安徽巡抚朱珪来京供职。和珅昼夜都在大内守灵，不能出入，隔断了与外界的联系。这实际上削夺了和珅的首辅大学士、领班军机大臣、步军统领、九门提督的军政大权。

正月初五，在嘉庆皇帝的授意之下，给事中王念孙等官员上疏，弹劾和珅弄权舞弊，犯下大罪。

正月初八，在公布了乾隆的遗诏之后，嘉庆宣布将和珅革职，交刑部收监，并下令让刘墉、董诰等人负责查抄和珅的家产，会同审讯。

正月十一日，在经过了初步查抄、审讯之后，嘉庆皇帝宣布了和珅的二十大罪状。并通报各省督抚。

关于和珅的二十条大罪状在《清仁宗睿皇帝实录》里有所记载：

第一，当乾隆皇帝册立嘉庆皇帝颙琰为皇太子时，和珅先期呈给颙琰如意，泄露机密以为拥戴之功。

第二，在圆明园内骑马，直入左门，过正大光明殿，至寿山口。

第三，乘轿出入神武门，直进宫中。

第四，娶出宫女做小老婆。

第五，川、楚教匪滋事，各路军中文书报告，延搁不报。

第六，乾隆皇帝病重时，毫无忧戚，逢人谈笑自若。

第七，乾隆皇帝批阅文件，字写错了，竟然说不如撕掉另拟。

第八，管理吏、户、刑三部，一手遮天，变更成法，不许手下的人参议一个字。

第九，西宁报贼匪聚众抢劫杀伤，将原折驳回，隐匿不报。

第十，朝廷有旨蒙古王公未出痘者不必来京，却违背谕旨，无论出没出痘者，俱不令来。

第十一，任人唯亲，与自己关系密切的人吴省兰、李潢等人，俱保举提升。

第十二，军机处在册人员随意撤去。

第十三，私盖楠木房屋，奢侈豪华，超标准、超规格。

第十四，其坟茔设立享殿，开置隧道，致使老百姓称之为"和陵"。

第十五，所藏珍珠手钏200余串，比宫中多好几倍，其中的大珠，比皇帝帽子上戴的还大。

第十六，真宝石顶，本不应该和珅戴的，和珅却藏了10余颗，还有整块大宝石，为宫里所没有的，不计其数。

第十七，家中银两、衣饰等物，数逾千万。

第十八，夹墙内藏赤金26000余两，私库赤金6000余两，地窖埋银百余万两。

第十九，当铺钱铺资本10余万两，与民争利。

第二十，家人刘全资产亦有20余万两，且有大珠及珍珠手钏。

这20条大罪状中，涉及财产罪的有8条。令人不解的是，为何在罪状中只字不提"贪"字？查看清代文献，朝廷对贪污行为的公文，记载一直是直言不讳的，如索额图"贪侈倾朝右"等类似记载，历历在目。为什么在嘉庆皇帝的谕旨中对和珅却不肯给一个"贪"字呢？

嘉庆皇帝在谕旨中将"贪"化为"藏",模糊地说明和珅罪孽深重,格杀合法。嘉庆皇帝并未明确和珅的贪污罪,而是以巨额财产来源不明罪惩办和珅。嘉庆皇帝在谕旨中将"贪"字隐去,实际上是因为涉案金额太大,涉及的相关人员太多,为了保全大局,稳定队伍,这么做是比较理性的。如果要把相关的人员都查办了,不但会人人自危,而且会造成朝政混乱。

在赐死和珅的谕旨中,嘉庆皇帝不提及"贪"字,还与乾隆有一定的关系。和珅是乾隆一手提拔起来的,是其心腹和代理人,要问和珅为什么贪,还不是乾隆皇帝创造了有利的条件。为了摆平一个奴才,而让自己的父皇脸上无光,是嘉庆所不愿看到的。

据说,和珅被抄家后的财产全部合计约值11亿零600万两。这个数字相当于清朝鼎盛时15年到20年的财政收入。扳倒和珅,嘉庆可以缓解面临的财政压力。所谓"和珅跌倒,嘉庆吃饱"。

然而,历史上却有一种说法,说之所以嘉庆登基后,很快将和珅杀掉,并不仅仅是因为和珅很有钱。真正的原因要从乾隆第六次南巡说起,当时,乾隆皇帝还没离开京城,和珅就派快马把一封信送到了远在扬州的地方官员汪如龙手中,信中还有一张女子的画像,和珅告诉汪如龙,可以按画像的样子为乾隆皇帝找寻美女,办成此事,前途远大。

原来图中的女子是乾隆皇帝的一名贵妃,很受乾隆宠爱,因为她不仅天生丽质,美貌绝伦,而且天生体内有异香,所以人称香妃。香妃原本是回疆进献来的美女,后来大、小的卓部起兵叛乱,乾隆派出大军镇压。乾隆皇帝对叛邦之女香妃也不得不日渐疏远,在中南海的瀛台之南,建造了一座楼,名为宝月楼,并将宝月楼比作月宫,想让这位美女成为嫦娥,永远孤独。但事实是,乾隆皇帝还是非常喜欢这位妃子的。和珅感觉到了这一点,才命汪如龙寻遍江南,一定要找出一个形容酷似香妃的女子,以解皇上之忧。

想在江南找一个漂亮女子真是再简单不过了。随着乾隆皇帝南巡驾临扬州,女子献上,这个女子不但给了乾隆温暖,而且让他回想起已飘零远逝的青春,感到很久未有的幸福。乾隆对汪如龙大加赞赏,立刻提升了他的官职。为此,汪如龙特地送给和珅20万两白银,乾隆由此也更加信任和珅了。

但这个时候,和珅却想,对待汪如龙这样的人,必须能够以威势强制,否则一定不会去除他的野心。于是，和珅私下召见汪如龙，一见面，和珅就摆出一副严酷的表情，仿佛满怀怒气，令汪如龙心中忐忑不安。忽然，和珅开口说："恭喜先生，讨得皇上如此欢心！"

汪如龙不知是回答好，还是不回答好，只得站在那里。突然，和珅又像疯狗一样指着汪如龙的鼻子，怒斥道："对皇上惑以美色，致使君王不朝，你论罪当斩！"

汪如龙顿时大惊失色，双膝跪地，口中慌忙称罪不止，乞求和珅能网开一面。其实，一向在官场行走的汪如龙，此时已经明白了是怎么回事。他虽然给和珅送了银子，但并没有送上恭敬。

果然，和珅对汪如龙这种恭敬的态度很满意，就拍着汪如龙的肩膀，说了一些安慰的话。汪如龙当时就觉得，和珅居然敢以中堂的名义，如此对待地方官员，那么他的眼里是否还有皇上，就真要另说了。

但汪如龙又不敢向乾隆皇帝告状，首先，他自己真没有可以拿出来的理；其次，乾隆皇帝此时已经老糊涂了，又非常信任和珅，自己去告状无疑是去送死。为了向和珅表明自己的忠心，他把家里祖传的一幅名画送给和珅，并在画中夹带了一张银票。

汪如龙的苦心自然没有落空，很快他就升了官。不过，他感谢的并不是乾隆皇帝，而是和珅。

乾隆皇帝驾崩后，有人把这件事告诉了嘉庆皇帝。其实，和珅威胁大臣的这类事情，嘉庆皇帝听得耳朵都起茧了。但是，当有人告诉嘉庆，和珅曾经仿照皇帝房屋的格局，修建自己的房屋包括陵墓时，嘉庆皇帝勃然大怒，在这位新皇帝看来，和珅已经不光是贪恋钱财了，他的权欲之心已到了惊人的地步。

嘉庆四年（1799），嘉庆皇帝在张诚基奏折上批示："朕若不除和珅，天下人只知和珅，不知有朕。"

其实，嘉庆皇帝对查抄和珅的家产是适可而止的。同年正月，他在直隶布政使吴熊光的奏折上明确批示："不必过于株连搜求。"甚至后来大臣萨彬图奏称"目前抄出的不足和珅家产十分之一"，请求再深挖严追时，遭到了嘉庆的严厉批评。

由此可见，嘉庆杀和珅的主要原因，是和珅权力过大，权欲也过度膨胀，已经严重威胁到了皇权。嘉庆甚至怀疑和珅可能会谋反。

嘉庆四年（1799）正月十八日，经过廷议，嘉庆皇帝做出对和珅进行凌迟处死的决定，而且立即执行。廷议结束之后，等待和珅的就是凌迟。

凌迟刑最早出现在五代时期，此后，金、元、明、清都规定为法定刑，是最残忍的一种死刑。

这种刑法主要用于处罚那些十恶的罪犯，如谋反、大逆等。到了清朝乾隆时期，如打骂父母或公婆、儿子杀父亲、妻子杀丈夫，也是触犯伦理道德的重罪，要处凌迟刑。但后来为了镇压农民反抗，对于不按时缴纳赋税的也要处以凌迟刑，这在明太祖时期尤为突出。

而就在和珅将要遭受凌迟时，他的儿媳向嘉庆皇帝求了情。和珅的儿媳是固伦和孝公主，是乾隆最喜爱的女儿，也是嘉庆的妹妹，嫁给和珅之子丰绅殷德。和孝公主为和珅求情，希望可以赐和珅自尽，嘉庆皇帝答应了。

还有一种历史观点认为，嘉庆之所以要杀和珅，是为了缓解官民之间的矛盾。嘉庆元年（1796），发生白莲教民变，清军连连失利。嘉庆三年（1798），清军抓住四川农民军首领王三槐，王三槐的口供说"官逼民反"。嘉庆意识到，正是因为地方官吏皆如和珅般贪暴，所以屡屡激起民变。嘉庆帝总结说："层层胺削，皆为和珅一人。"又说："朕所以重治和珅之罪者，实为其贻误军国重务。"所以，嘉庆杀和珅，以谢天下。

不管嘉庆皇帝是因为何种原因，最终赐和珅自尽，他对和珅的功绩和才能还是肯定的。嘉庆十九年（1814），在和珅被杀15年之后，清国史官将编修的《和珅列传》稿本送呈嘉庆审阅。嘉庆见记载简略，只记录了和珅的一堆官阶履历，很不满意。他朱批道，"和珅并非一无是处"，他"精明敏捷"，任职30年，还是做了很多的事。只是和珅贪鄙成性、怙势营私、狂妄专擅、贪婪专权，才不得不加以重罚。

和珅死的时候50岁，他死前留下一首绝命诗：

五十年来梦幻真，今朝撒手谢红尘。

他时水泛含龙日，认取香烟是后身。

诗的前两句，是说富贵荣华如过眼云烟；后两句，有人解读为：我将大清推向了世界第一大帝国的位置，可是，新皇帝却将我给杀掉了。从此以后，大清帝国就会像寺庙里的香烟一样，很快就烧光了。还有人认为，后两句是说，和珅希望自己来世的时候，可以做一个平凡的人，再也不掺和政事了。

还有一种说法比较荒诞，说"水泛含龙"中的龙，不是真正的龙，而是说发大水，在和珅被赐死的头一年，河南的黄河决堤。因为有人说那句诗的意思是，和珅等到下一次发大水的时候要转世为生。巧合的是，道光十二年（1832），河南的黄河再度决堤。同年十月，一个女婴呱呱坠地，民间传闻这个女孩就是后来的慈禧太后。

其实，不管哪一种说法更接近和珅临终前的本意，有一个事实是存在的，那就是嘉庆皇帝从父皇乾隆手里接过大清国时，盛世的局面已然消失殆尽。

二四 / 白莲教起义

乾隆皇帝把皇位"禅让"给嘉庆的当年，即嘉庆元年（1796），发生了川、楚、陕三省的白莲教武装起义。

乾隆王朝后期，人口越来越多，可是，人民的生活水平没有提高，土地被官僚、地主、富商大肆兼并，贪污横行。各种名目的苛捐杂税却日益繁重。而且灾荒连年，湖北荆州屡遭洪灾，淹死无数百姓；当阳人民没有粮食吃，连树皮也啃光了；枝江、长阳人民只能吃到观音土，枣阳人民以石粉充饥；四川重庆、忠州一带饿殍遍野，到处是一幅幅凄惨的景象。所以，当白莲教号召的声音响起，很多苦难的民众便抱成了一团，准备跟清王朝来一场正面对抗。

白莲教源自佛教的净土宗。相传净土宗始祖东晋释慧远，在东林寺与刘遗民等结白莲社共同念佛，后世信徒以之为楷模。北宋时，净土念佛结社盛行，南宋绍兴年间，僧人茅子元（法名慈照）在净土结社的基础上创建新教门，称白莲宗，即白莲教。

元朝末年，推翻元朝的红巾军起义，就是由白莲教首先发起的。当了明朝开国皇帝的朱元璋，原本是红巾军领袖之一，在他得了天下，做了皇帝后，就下令禁止白莲教，他怕这个下层群众的秘密组织威胁到明朝的安全。但是，白莲教仍然秘密地保存了下来。过了将近300年，到嘉庆皇帝登基，社会矛盾日益激化，白莲教势力活跃，逐渐形成了一支具有强大力量的反清队伍，直接威胁到清朝的统治。

朝廷得到白莲教遍地蜂起的消息，十分恐惧，嘉庆皇帝马上命令各地的总督巡抚，捉拿白莲教。而负责捉拿白莲教的地方官吏却想借机发财。他们打着捉拿白莲教的幌子，滥捕了很多无辜的百姓，对他们严刑拷打，敲诈勒索。凡是出得起钱的，当即宣布无罪释放；拿不出钱的，就关在牢里受罪，甚至砍头，有的甚至还被钉在墙上，被活活折磨而死。老百姓被逼得走投无路，于是越来越多的人参加了白莲教。

当时，湖北的地方官员抓人最多，那里的白莲教也最活跃。首先发动起义的，是襄阳县城白莲教的首领齐林。可惜事情被襄阳县令察觉，齐林被捉拿，他的头被砍下，悬挂在襄阳县城示众。

暗中积极准备起义的白莲教徒，并没有被这件事吓住，反而激起了他们更大的愤慨。齐林的妻子王聪儿被推举为起义首领。王聪儿召集襄阳白莲教徒，在城郊的黄龙垱集会。上万名身着缟素的白莲教徒，饮酒盟誓，放声高喊："有患相救，有难相死！"而后，白莲教徒一律剪掉辫子，表示誓死与大清王朝斗争到底。王聪儿指挥襄阳起义军，进攻襄阳和樊城，随又转战于河南的邓州、唐州之间，火烧了吕堰驿，声威大震，逐渐成了四方起义军的中心。

嘉庆二年（1797）初，襄阳起义军兵分三路攻入河南，再经陕西向四川进发。嘉庆皇帝一再命令加强汉水防御，想把义军堵击歼灭于汉水之北。但是，起义军却早在清军赶来前5天，就全部南渡汉水。同年六月，竟到达四川的东乡附近。

在四川战场，徐天德、冷天禄率领的起义军节节胜利。六月，他们在东乡附近的白秀山遭到清军围攻时，王聪儿率领部队分成黄、白、蓝三队，步兵在前、骑兵在后，突然出现在山沟，向清军发动了猛烈的攻击。两个多小时的激战，起义军终于把清军击溃。湖北、四川两支起义军会合后，一共控制了20多个州县的广大农村土地。不久，冷天禄部又拿下了临江市，各支起义军纷纷赶来聚会。

起义军在东乡会师后，清廷非常恐惧，立刻调集了三路重兵，向起义军扑来。这时，起义军人数众多，粮草供给上出现困难，又难以统一号令。决定分兵突围。四川起义军撤向江、巴州地区，王聪儿率领襄阳起义军突破包围圈后，又杀回湖北。避实就虚，连连粉碎清军的围追堵截，强渡汉水，与陕西起义军会师，逼近西安。但当时驻守陕西的清兵非常多，他们死死缠住王聪儿部队，使起义军陷入被动。王聪儿且战且退，想退回湖北，行至湖北境内的三岔河时，被追上的清军包围，起义军奋勇还击。弹药箭矢用尽，就用石头砸击清军。当清军得知王聪儿在卸花坡时，便集中全力围攻王聪儿。王聪儿组织了多次反击，终因众寡悬殊，便带领十多名女战士，退到山顶。清军蜂拥而上，意图活捉王聪儿，王聪儿等人登上山顶后，全都纵身跳下了山崖。这一天，是嘉庆三年（1798）四月二十日，王聪儿还不满22岁。

王聪儿死后，襄阳起义军的余部又重新杀回四川，与四川各支起义军并肩战斗，给清军以沉重的打击。嘉庆四年（1799）底，起义军发动了苍溪之战，一夜杀死清军副将以下24名军官，歼灭清军无数。

嘉庆五年（1800）夏天以后，清政府下令地主乡绅的乡勇、团勇实行坚壁清野和碉堡政策，才使起义军的力量大为削弱。但是，起义军在极其艰苦的条件下，还坚持斗争了4年。直到嘉庆十年（1805），这场轰轰烈烈，历时9年3个月的白莲教起义，才被清朝统治者最后镇压下去。

可是，为了镇压这次起义，清政府也元气大伤，清廷从全国16个省征调兵力，损失了20多名一二品大员，耗费白银2万万两。从此，清王朝走向衰落。而白莲教之所以失败，没有造成像后来太平天国起义一样的影响力，战术是一个很大的问题。纵观9年的战斗，可以分成初期和后期两个阶段，初期先是数万起义军起兵，在山区修建了一些营寨堡垒，据险防守。由于清朝的军队没有回过神来，派遣的兵力也比较少，所以迟迟攻打不下来，损失惨重。紧接着，大批清军纠结，以优势兵力进攻起义军。起义军陷入被动，成了大炮轰击的对象。

在初期阶段，白莲教起义军胜多负少，之后，他们则成了困兽。到了后期阶段，白莲教起义军首领也发现，据险防守，其实是被动挨打，于是改为主动出击。这又使白莲教起义军占了上风，各地起义军开始节节胜利。但是，他们的兵器粗劣匮乏，在攻城的时候，遇到了很大的困难。清军在城中坚守不出，将郊外的百姓和各种生活生存用品都转移到城内，而且还加固了城墙。每一座城池都是这样，加之以前占据的城池也被清军重新占据，白莲教起义军陷入困境，饿死的人不计其数。

从白莲教起义军后期主动出击的这一阶段来看，像初期一样，都是刚开始打得不错，后来却败得很惨。这是因为，虽然各地的起义军都主动出击，却没有形成一个核心组织，都是各打各的，这样导致了一个严重的后果——

起义军没有根据地，各自为政。

　　这场声势浩大的起义，对于日益腐朽的清王朝来说，是一场很大的冲击，这个占据世界三分之一人口的帝国，在 9 年时间内，死了三分之一的人口，如果将一个王朝比作一匹马，此时的大清王朝这匹马，日渐衰老，且严重受伤，已经跑不起来了。

二五 / 王朝危机

嘉庆皇帝花了9年3个月的工夫，把白莲教起义镇压下去以后，又集中精力平息了东南沿海的渔民起义，以及一些地区的士兵哗变。这时候，嘉庆皇帝以为可以喘口气了，不料又发生了震动皇宫、危及皇帝宝座的天理教起义。

天理教本是白莲教的一个分支，因人员按乾、坤、震、巽、坎、离、艮、兑八卦编排，所以又称为八卦教。教徒遍布河北、河南、山东、山西、北京等地。在北京掌管坎卦的首领叫林清，是北京大兴人，当过药铺学徒，也在衙门里干过差事，还到过东北关外，还在大运河上当过纤夫。后来，林清住到北京郊外宋家庄的外甥家里，替外甥照料家务。他在宋家庄由人介绍参加了天理教。因为他见多识广，为人仗义，被推荐当了教首，筹划起义。

林清自称是弥勒佛转世，他口才极好，很会鼓动，很快就吸引了不少人入教。就连皇宫里的太监，也有许多受他影响入了教，并且表示愿意日后起事做内应，帮助起义军攻进皇宫。

为了使天理教的各部人马协同一致，林清几次去河南滑县，同震卦首领李文成、离卦首领冯克善等人建立联系。三人在河南滑县和北京郊区多次聚会，共商起义大事。选举林清为天皇，冯克善为地皇，李文成为人皇，约定在嘉庆十八年（1813）九月十五日午时起义。林清本人率领直隶教众攻打北京皇宫，李文成在豫东起兵，攻打当地官府，冯克善则在露西起兵，攻打当地官府。三地将同时起兵。战略步骤确定下来后，就开始忙着打造兵器。可是，就在离约定起义的时间还有半个月的时候，私下打造兵器的事却被官府查到了，李文成被捕了。

李文成是首领，却被捕了，起义只能提前开始了。

九月十四日，林清派遣了200余名教徒，扮成商贩进入北京城。十五日中午，在几个太监的接应下，分别从东华门及西华门两个方向攻入紫禁城，进行了一番混战后，有四五个教徒进入隆宗门，甚至到达了养心殿。可惜，嘉庆皇帝不在宫中。此时的嘉庆皇帝按照惯例离开了北京城，只带了几个年轻漂亮的新宠，开始了他木兰狩猎的行程。所以，天理教徒没能够顺利完成刺杀皇帝的计划。但是，他们离后妃宫室已经没多远了。很快，消息传到了后宫妃嫔们的耳中，一时间，喊叫声和打杀声混杂成一片。好在皇后钮祜禄氏还算镇定，她派人把正在书房读书的皇子、皇孙们叫了过来，皇次子绵宁最先做出反应，他带着鸟枪守卫在养心殿前，指挥各路官兵与天理教徒作战。

到了傍晚，天理教徒在健锐营、火器营被装备精良的官兵围攻，终于抵挡不住。攻打东华门的一路教徒撤回了黄村、宋家庄，进入皇城的教徒则被全部歼灭。两天后，林清被捕。

天理教攻打皇宫的消息，第二天便传到了嘉庆皇帝的耳朵里。当时，在木兰狩猎的嘉庆，因为天公不作美，阴雨连绵，所以只好提前回京。在回京的路上，嘉庆皇帝便接到了直隶总督温承惠的奏报，说天理教徒攻打皇宫。嘉庆皇帝震惊之余，不禁为皇次子绵宁的英勇感到高兴。他马上封绵宁为智亲王，加给岁俸12000两，绵宁用的那支鸟枪，也起名为"威烈"。皇次子绵宁，就是后来的道光皇帝，嘉庆死后，他继承皇位，改名叫旻宁。

再说嘉庆皇帝，回到北京之后，详细调查天理教教徒攻打皇宫的事件。结果发现，正是自己的近臣太监给林清做内应，实际上，这个事在早些时候已经被知情人告发了，但王公大臣们当皮球一样来回踢，一直拖到事发。

皇宫内出了这样的丑事，嘉庆皇帝可以说是颜面尽失，痛心疾首的他只能发诏自责。可是，不管嘉庆皇帝怎么嘉奖儿子，下诏痛责，都无法掩盖官僚的腐败、军纪涣散的实情，更无法掩盖大清王朝的颓丧之势。表面上看，天理教攻打皇宫的事件，是紫禁城的一次危机；透过现象看本质，这个事件其实暴露了大清王朝的危机。

这一危机，还是要说到"腐败"的问题。尽管嘉庆皇帝赐死了和珅，但腐败却没有铲除。在嘉庆皇帝执政期间，曾一再发布整饬吏治的谕旨，对"惩贪倡廉"的问题十分重视。纵观嘉庆一朝，被处置的大官很多，而这些人都是因为犯贪污罪被惩处的。比如，湖南布政使勒索下属，贪赃枉法，家里所养的歌伎就有300多人，被查抄后，处以斩刑。嘉庆皇帝在上谕汇总告诫其他官员：你们可以养歌伎，但绝对不能用百姓的钱。朕知道天下还有许多个这样的贪官，倘若叫朕知道，必不饶恕。

接着，云南总督、漕运总督又因为贪污被处以"绞监候"。贪污而不知悔改的云南巡抚伊桑阿被处以"绞立决"。另外，武昌府同知常丹葵，既贪婪又残暴，他借口抓捕白莲教徒，对百姓肆意勒索，乃至连累无辜者达数千人之多。

当时的御史谷际岐在给嘉庆皇帝的上疏中，谈到常丹葵时说："按名取结，纳钱释放，少得供据，立与惨刑，至以铁钉钉人壁上，或铁锤排击多人。情介疑似，则解省城。每船载一二百人，饥寒就毙，浮尸江上。"

嘉庆皇帝趁势抓住此案，严惩常丹葵。他想到"惩一儆众"从而来抑制地方官的贪暴，凡此种种，都可以看出嘉庆皇帝反贪的决心和力度。

然而，历史告诉我们，嘉庆一朝，从开始到终结，贪污问题不仅没有解决，甚至更加严重。用唯物主义历史学家的话来讲就是：任何一个封建王朝都不可能解决贪污问题，因为这是阶级性决定的。但这种堂堂大言似乎也没有用。嘉庆皇帝之所以惩治不了腐败，原因有两个，第一个原因，是他本人，面慈心软，颇有妇人之仁。

回顾清朝历史，康熙皇帝在惩治腐败上，以"柔"为基本方针，在惩治腐败的基础上加大力度倡导廉洁。于是康熙一朝有无数个清廉之官。而雍正皇帝在惩治腐败上，是以"严"为基本思想。抓住贪官本人要杀，其他有牵连的也一并要杀。而再看嘉庆皇帝，从他处理天下第一贪官和珅的事上，就可以看出，他很"软"，按照当时积习已久的贪污风气，就应该将与和珅有一点关系的人全部处死，甚至可以株连九族。但嘉庆皇帝只惩处了和珅本人。这如何能起到威慑作用呢？

在后来的几个贪污案件中，一旦涉及的人过多，嘉庆皇帝就于心不忍了。从而只对罪犯本人进行惩处，其他有牵连的人员，或是小罚一下，或是告诫。

第二个原因，是当时清朝官员的制度问题。按照清朝官员的制度，差旅、办公费用和幕客、随从的报酬，基本上是官员自己出钱，正常的薪俸、"养廉银"根本就不足以维持公务运作和官员家族豪奢的生活。所以，大多数官员只好通过各种名目获得额外的收入，这已经成为整个官僚机器必不可少的润滑剂。

但是，在当时，"千里为官只为财"，官员们取得额外收入，不会满足于弥补公务支出，对金钱的追求是"多多益善"。当贪赃枉法已经变得不再无耻，反而成为一种规则、制度，甚至是习惯时，皇帝的一首诗，几句骂娘的话，几道圣旨已经毫无用处了。从历史可知，嘉庆皇帝骂贪官的诗，并没有骂出清廉的吏治，也不能阻止天下大乱的发生。

因为贪污横行，各种名目的苛捐杂税日益繁重。民众无法生存，所以才纷纷起义。所以，天理教起义，攻打皇宫，看似只是紫禁城的一次危机，实际上是整个大清王朝的危机。其实，天理教教徒攻打皇宫之前，嘉庆皇帝就遇到过一次更大的威胁。

嘉庆八年（1803）闰月二月二十日早晨，正当嘉庆皇帝坐轿从西郊回宫，路过神武门，快要进入顺贞门的时候，突然间从西厢房山墙后面冲出一个40多岁、披头散发、手持利刃的汉子，直奔御辇扑来。就在这万分紧急的时刻，守护在神武门内东西两侧的100多名侍卫、护军个个呆若木鸡，竟然无一人阻拦。只有御前大臣、定亲王绵恩，御前侍卫扎克塔尔等6人上前阻挡。

这突如其来的袭击，吓得嘉庆皇帝慌忙跳下了御辇，惊恐万状地逃入顺贞门。刺客一时来不及追赶，只是左右挥舞着刀，奋力拼杀，企图杀出一条活路，但终因寡不敌众被缚。

经过一番调查审讯得知，这个刺客名叫陈德，47岁，镶黄旗人。原本是山东青州府海防同知松年的契买家奴。后来，陈德到京城投靠了任护军的外甥，被分到内务府服役，所以有机会出入宫中。之后，陈德和妻子又一同去一个叫孟明的官吏家中做厨役。在此期间，陈德的妻子因病去世，岳母瘫痪，还有等待抚养的小儿，生活突变使他难以承受，所以常常借酒浇愁，而酒醉之后便会胡闹一番。

面对陈德这样一个醉鬼，孟家只得解雇了他。没有了经济来源，生路被断绝的陈德，只好先借住在他的外甥家，后又寄居在旧友黄五福家中。事发前几天，陈德看见街上铺垫道路，得知嘉庆皇帝的进宫日期，于是打定主意谋刺嘉庆皇帝。

从表面上看，是陈德饱尝人间辛酸，亲眼看到王公贵族富足、腐朽的生活，从而激发了反抗的情绪，但是这番供述漏洞百出，疑点甚多。因为穷困潦倒过不下去，就意图刺杀皇帝，简直是无稽之谈，实在荒诞。更何况皇帝的行踪，属于国家机密，神武门又是皇帝出行的必经之路，戒备极其森严。此处建筑高达31米，常人是不可能靠近的，更别说进入了。

可是，陈德却能持刀潜入神武门。而且，他行刺的时候，上百名军校和众多随行之人，居然袖手旁观。种种迹象都让人觉得，背后必定有人出谋划策。这是一次有计划、有预谋的刺杀行动。

但是，无论怎么酷刑拷问，刺客陈德都一口咬定是他一人所为，并没有主谋。对陈德的两个儿子以及交往密切的人，进行严刑拷问，也没有获取到任何有价值的线索。于是，会审官员拟旨上奏，嘉庆皇帝传谕道："一味动用酷刑，想要知道幕后主谋，若是他们随便说出一名官员，那么那位官员该怎么处置呢？倒不如不审问了，让这件事成为一个谜团，就此作罢吧！"于是，下令将陈德凌迟处死，将他的两个未成年的儿子陈禄儿、陈对儿处以绞刑。并以失察的罪名，对护卫守候在神武门和东华门的17名文武官员，分别给以罚俸、发往热河披甲当差的处分。

一桩震动朝野的重案，就此了结，但这中间究竟有着怎样的隐秘，恐怕已经没有人能破解了。

一个平民百姓行刺皇帝，几十人的农民起义军就打进了皇宫，嘉庆皇帝对此，说了一句感慨的话："此乃汉、唐、宋、明未有之事。"由此可知，当时的阶级矛盾已尖锐到了不可调和的地步。

从大历史的角度来看，嘉庆皇帝在位的25年，正是清王朝从"康乾盛世"走向衰落的过渡阶段。嘉庆皇帝与他前面的几个文治武功的祖宗相比，他在位所发生的事实在是太窝囊了。因此，有人说，嘉庆皇帝是清朝皇帝中最倒霉的一个。

在天理教教徒攻打皇宫7年后，也就是1820年七月，嘉庆皇帝再次去木兰狩猎，驻于承德避暑山庄。大概是7年前的那件事依旧在他的脑海里起作

· 二五 / 王朝危机 · 155

用，他开始头痛发热，不久，病情开始严重。嘉庆皇帝连忙宣召大臣赛冲阿、托津等入室，宣布立即传位于皇次子绵宁。同月二十五日，嘉庆皇帝驾崩于承德避暑山庄。

二六 / 经济困境

嘉庆皇帝时期，大清王朝的财政收入已经陷入了危机，而道光皇帝时期，财政危机的状况更加严重。

嘉庆十七年（1812），岁入4113万余两，岁出3510万余两，虽然收支抵消后的盈余数已较乾隆时期大为减少，但仍有600万两左右。而到了道光皇帝时期，据道光三十年（1850）户部的奏报，此前的10余年间，"岁额所入，除豁免、缓征、积欠等项，前后牵算，每岁不过实入四千万上下"。比嘉庆皇帝时期的平均值少征四五百万两，岁出则"约需三千九百万两"，收支相抵，几乎没有盈余了。

这还仅仅是就例内支出而言，实际上当时到底用了多少钱根本无法预测。从道光皇帝执政到此前的10余年，各个战争和边疆建设、东、南两河工用，南北各省灾务，统计例外用款，多至7000余万。计入这些，那就入不敷出了。户部奏折中提道：

入款有减无增，出款有增无减，是以各省封存正杂等项渐至通融抵垫，而解部之款日少一日……虽经叠次恩发内帑银一千余万两，王公大臣议减京外各营马乾，红白赏恤、杂项、减平等款共节省银一千余万两，臣部先后催完积欠银一千七百余万两，又因南粮缺额，京仓支放等款分成改折，而入不敷出，为数尚巨。

到了道光后期，京师户部每年支放银950万两，其来源"除各省例解部款一百二十万，常捐、旗租、减平二百余万两外，不敷银两随时奏闻，于盈余省份地丁、盐、关指款拨解部库"，计入京师款，道光后期全国总计的岁入、岁出实际上是没有盈余了，因为各省出入的盈余数，差不多要全部用来解京供应中央开销，常例支出如此，应付起当时层出不穷的例外开支，就只能吃库存老本了。

众所周知，道光皇帝是历史上著名的"节俭皇帝"，他的节俭多少与他面临的财政困境有关。

道光皇帝的节俭，并非只是嘴上说说、纸上写写，而是采取实际措施，见诸行动。他倡行节俭的谕旨和措施，尽管收效很小，但他自己确实是一直躬亲实践，身体力行。

照例，皇帝每餐最少也有二十几样菜肴，道光觉得这样过于靡费，下令只做四样菜，有时则只要一碗豆腐烧猪肝。

道光皇帝在位多年，只给自己的妻子庆祝过一次生日，那是皇后佟佳氏四十整寿，在那时算是一个大日子。而对于这一次皇后"千秋"的宴席，无论是正史还是野史都大大地记了一笔：面对成百上千的王公大臣及其内眷，还有后宫的妃嫔和宫女、太监，道光皇帝只给了御膳房宰杀两口猪的指标。于是佟皇后的整寿千秋宴，就只有一品肉片打卤面来款待来宾了。

《清稗类钞》里还记录了几件事：道光皇帝曾经有一件黑狐端罩，衬缎稍微大了点，他便令太监拿出，四周添皮。内务府报告说，这样改一下的话，需要上千两银子。道光皇帝听后，忙说不用改了。

道光皇帝有一条套裤，膝盖的地方不小心弄破了，后来就让内务府的人在上面缀了一块圆形补丁，即所谓的"打掌"。大臣们见了，纷纷效仿，也在膝间缀了一块圆形补丁，竟然风行一时。

有一次，道光皇帝召见军机大臣，正好大臣曹文正离御座近，道光皇帝见其套裤上缀了一块圆形补丁，便问："你这套裤也打掌了啊？"

曹文正说，改做太花钱，所以还不如补缀一下。道光皇帝问："你打掌要花多少钱啊？"

曹文正说："要银三钱。"

道光皇帝吃了一惊，说："外面的东西是便宜啊，我这里内务府说要银五两。"这时，道光皇帝对内务府的人起了疑心，又问曹文正："你家吃的鸡蛋，要多少钱啊？"

曹文正是个聪明人，他怕得罪内务府的人，便谎称："臣小的时候患病，从来不吃鸡蛋，所以我也不知道鸡蛋的价钱。"

幸亏曹文正没说。因为在乾隆朝的时候，有一次早晨，乾隆皇帝问大臣汪文瑞:"卿这么早来,可在家里吃过点心?"汪文瑞答:"臣家里穷,每天早上不过吃四个鸡蛋而已。"乾隆愕然,说:"鸡蛋一枚,需要十两银子,我都不敢吃这么多,你一天吃四个,还敢说自己穷?"汪文瑞知道是内务府的人搞鬼,但又不敢明说,只好敷衍道:"外面卖的鸡蛋,都是残次品,没法和上供给宫中的相提并论,所以我买的都是些便宜货,不过几文钱罢了。"

《清朝外纪》里说,道光皇帝到了晚年,更是小气。宫中膳品,本沿袭旧例,有时候道光想吃某样东西了,但听说这东西太贵,往往又忍住,不让宫里的人去买。后来的慈禧太后也小气,但她的小气是抠门儿,喜欢存钱,而道光皇帝的小气是根本就不消费。

因为道光皇帝的禁欲不消费,弄得内务府的人大为头疼,怨言多多,不过,他们还是有办法来对付的。有一次,道光想吃片儿汤,让内务府的人按自己说的制法去做。内务府报告说,若是按皇上的做法,就必须另盖一间厨房,并请专人来负责。这样的话,要请上面拨给经费6万两来办理此事。另外,还需要15000两的维护费。道光听后,眉头一皱,说,朕知道前门外就有一饭馆能做此汤,每碗不过40文。算了,以后每天让太监去买吧。

过了几天,内务府的人报告说,前门外的饭馆已经关了,原因不明。道光叹道,朕向来不为口腹之欲而滥费国帑,没想到朕贵为天子,想吃一碗片儿汤都办不到,真是可叹啊。

内务府的人其实是想找个借口来造个厨房,借此中饱私囊,可惜没有得逞,弄得道光皇帝连一碗片儿汤都吃不到。

为表示自己倡节俭、杜奢靡的决心,道光皇帝诏令停止和严格限制各地进献贡品。宫娥彩女大批放还出宫,令后妃以下悉去繁华装饰,衣食用度概从朴实,诏谕嗣后皇子皇孙婚仪一切从俭。

对道光如此节俭的举动,大臣们是极力奉迎,尤其是相国穆彰阿。穆彰阿每次上朝的时候,总穿着破旧的袍褂。道光皇帝见了,便称赞他大有名臣风度。但他不知道,这位具有"名臣风度"的大臣,在外面做了许多贪赃枉法、穷奢极欲的事情。

皇太后万寿那一年,道光皇帝很害怕花钱,便下旨说:"天子以天下养,只需国泰民安,便足以尽颐养之道。皇太后节俭垂教,若于万寿大典过事铺张，反非所以顺慈圣之意。万寿之期，只需大小臣子，入宫行礼，便足以表孝敬之心，勿得过事奢靡，有违祖宗黜奢崇俭之遗训，钦此。"

这道圣旨一下，大臣们都明白了道光皇帝省钱的心思。便跟道光皇帝说："所有万寿节一切铺张，都由臣民孝敬，不花内务府一分钱。"道光听了，自然龙颜大悦，心想既然你们花钱，那就让你们自己去操办吧。于是，下了一道谕旨，成立一个皇太后万寿大典筹备部，而穆彰阿就是这个筹备部的头儿。穆彰阿以皇太后万寿为借口，到大小衙门勒索。最小的官员都以100两起，仅这一次，穆彰阿就足足得了1000万两的好处。

由此可见，道光皇帝的节俭，根本无法改变财政入不敷出的状况，也无法走出经济上的困境。因为再节俭也抵不上官员贪污给国库造成的空虚。此时的大清帝国上层，官员们大捞特捞，而在帝国的下层，还有一群蛀虫啃噬着帝国大厦的根基，这些蛀虫就是清朝京城里的银库兵。

在清朝，有一句话，叫作"想发财，去户部"。《清代野记》中提道："户部各差以银库郎中为最优，三年一任，任满，贪者可余二十万；至廉者，亦能余十万。其下司库、书役人等，无人肥美，皆满缺，无一汉人也。其中尤以库失一项为诸役冠，亦三年更替，亦皆满人，虽有汉人亦必冒满名，役满人可余三四万金不等。"

这段记录的大致意思是说：清朝时期的五府六部，最有油水可捞的就是户部了。而户部，最有油水的职位是银库郎，银库郎3年一任。有人说，如果天天贪污，在任满后可捞上20万两雪花银。廉洁一些的，也能捞到10万两银子，至于下面的司库、书役，也是3年一任，任满时，也能捞到三四万两银子。但这些差事与汉人是无关的。担任这些官职的，都是满人。即便有汉人担任，也要冒充满人。

除了银库郎、司库、书役等大小官员，在银库部还有一种人：银库兵。他们虽然被称作"兵"，但捞到的油水一点也不比官员少。所谓"三年银库兵，万两雪花银"。银库兵不仅要求必须是满人，而且还要花六七千两银子贿赂户部尚书，或者户部尚书左右的人才能当上。

据说，当年北京城里的许多镖师有一项生意就是保送银库兵。由于银库兵可捞的油水很大，那些没银子贿赂，当不上银库兵的人，便和地痞、无赖相勾结，寻找机会绑架银库兵，让他的家属送钱来赎。因此，每个银库兵出门都要雇几个镖师来保护。

清史记载：为了防止银库兵夹带私藏银子，银库兵进出银库搬运银两，无论春夏秋冬都要赤身裸体，由堂官公案前鱼贯而入，并且在出库时，赤身到公案前，两臂平伸，张嘴发声，以示口中无物。然而，即便如此，银库兵也自有高招，他们把银块藏于肛门之中。在此之前，他们都要事先经过刻苦的训练，先用鸡蛋抹了麻油往肛门里塞，然后再换鸭蛋、鹅蛋，最后是铁蛋。把一套"夹功"练得炉火纯青，功夫最高者，一次可以夹带50多两银子。

当时的银锭都是各地铸造，银库兵最爱夹带的是江西锭，因为"江西锭光滑无棱，其肛之嫩者，则用猪油浸湿，裹银而塞之"。但这样做，让许多银库兵到老后，都患上了脱肛痔漏症。在当时，知道"江西锭"内幕的人都不爱用它，特别是一些酒馆老板，公开拒绝收江西锭，说那都是银库兵用肛门夹出来的，是脏钱，不干净。

按清朝的制度，银库兵总设40人，每月开库9次，逢加班能开14次左右。每个银库兵每月当班三四次，每次进出六七趟，当一个班，一个银库兵能偷200两银子，一个月就偷上千两银子。

银子从外地运往京城，都装在银鞘里。当地为了凑足分量或成色，每个鞘里都要放些散碎银子，往库里存放时，要把银鞘劈开。一般的银鞘三斧子就可以劈开。但劈到第三斧时，掌斧人就耍手段了，因为这一斧子下去，要使碎银子像雪崩似的四处散开，这样围上去的人好边拾边偷偷往身上藏。

银库兵如此胆大妄为，管库的官吏心里当然很清楚，只不过睁一只眼闭一只眼罢了。当局之所以不能禁绝，主要是自身不干净，外地来交银子，他们要人家的好处费，否则就百般刁难，要么说分量不够，要么就说成色不好，拒绝接收。如果拿到好处费，就是运银的差官半路上拿了一些，管库的官吏也不追究；银库向外支付银子时，他们也向领取人索要贿赂，否则，要么就不给足分量，要么就给成色不好的银子。当时，山西出的银锭不仅成色最好，而且每锭银子里有黄金一钱，所以支取者不惜花大价钱贿赂司库，企图得到这种银子。

另外，银库兵都是一些亡命徒，如果哪个官员吃了熊心豹子胆，当场抓住一个偷银子的库兵,真要铁面无私办起案来,那么,这些人夜间甚至会去把办案的官员杀掉。《清代野记》里记载了这样一件事情——祁文恪世长署户尚时,忽见一桶底脱而银出,不能不问,随即锁拿库兵数人,将于次日奏参严讯,人谓之曰:"尔将兴大狱乎?尔不顾身家性命乎?无论大狱不可兴,即若辈皆亡命徒,拼出一人认死罪,而半夜刺公,公何处呼冤者!"祁文恪乃含糊了事。

《清代野记》的作者感叹说:"清之亡,亡与内政之不修,不亡于新政之不善。"

其实,嘉庆朝的时候,因为贪污横行,吏治腐朽,大清王朝已然是一个烂摊子了。道光即位后,他接手了这个烂摊子。以他的才智和魄力,无法开创一个新的局面。但他不想让清朝的祖业毁在自己手中,然而,尽管他兢兢业业、恪守祖制,力图振兴衰败的王朝,可他的才华不及祖父乾隆,精明不如曾祖雍正,胆略不如高祖康熙,想重振雄风,实在是很困难。

二七 / 鸦片战争始末

道光皇帝即位后，由于财政危机，国家陷入了经济上的困境，加上吏治腐败，道光皇帝感到举步维艰。而这期间，世界格局发生了很大变化，邻近中国的印度和缅甸都已成为英国的殖民地。英国等西方国家在中国推销商品，企图占领中国市场，但却受到清政府闭关政策的限制，也受到了中国自给自足的自然经济结构的抵抗。

当时，英国输入中国的商品以纺织品、金属制品和从印度运来的棉花为主，后两种商品能够赚点钱，但数量有限。大宗的纺织品则亏损。而对于中国的茶、生丝等商品，英国的需求量又非常大。在相当长一段时间里，中国一直保持着出超的地位。直到19世纪30年代初，出超额每年仍在300万两白银以上。英国为了改变不利的贸易格局，找到了鸦片，打算以此来扭转英国在对中国贸易中的不利地位。

19世纪以后，英国开始向中国大量输入鸦片，甚至采取贿赂官吏、武装走私等卑劣手段。在19世纪最初的20年当中，英国每年平均向中国输入约4000箱鸦片。到了19世纪30年代这一数字激增，到1839年，达到了将近40000箱。

从19世纪30年代起，在英国的对华贸易总值中，鸦片占到了1/2，到鸦片战争前，英国通过鸦片贸易改变其不利的地位，由入超转为出超。除了英国以外，美国商人也来中国贩卖鸦片，但数量相对较少。鸦片贸易给东印度公司、英属印度殖民地政府和鸦片贩子带来了巨大的利益。

清朝政府自然发觉了这种局面对自己非常不利，因为鸦片的大量输入造成了财政困难，而且统治机构，特别是官吏和军队也迅速糜烂和削弱。

实际上，从雍正七年（1729）起，就曾经严禁百姓吸鸦片烟。当时，朝廷下令"私开鸦片烟馆引诱良家子弟者，照邪教惑众律，拟绞监候"。

到了道光年间，鸦片泛滥成灾，封建地主和烟贩子们也同英国商人勾结起来赚钱，致使白银大量外流，吏治更加腐败，无数百姓因为吸食鸦片上瘾而弄得家破人亡。很多清朝士兵也吸食鸦片，根本没有力气打仗，军队的战斗力大打折扣，直接危及清朝的统治。然而，此时的清政府内部，却在如何对待鸦片的问题上产生了分歧：一部分官员认为，应该以更加严厉、更加积极的态度禁烟，持这种观点的，被称为"严禁派"；而另一部分官员则认为，应该以开放鸦片市场的方法，达到清除鸦片的目的，持这种观点的，被称为"弛禁派"。

两派各持己见，争论不休，终于在道光十六年（1836）爆发了公开的论战。

道光十六年四月二十七日，太常寺少卿许乃济向道光皇帝上了《鸦片烟例愈严流弊愈大亟请变通办理折》，公开提出了弛禁主张，揭开了禁烟大讨论的序幕。许乃济提出的弛禁办法是：一、准许外商输入鸦片，照药材纳税，但只准以货易货，不能用白银购买。二、允许内地人们种植鸦片，以此抵制洋烟进口，使其不禁自觉。三、允许民间吸食鸦片，但不准官吏兵丁吸食。

很显然，许乃济的弛禁主张实际上就是使鸦片贸易合法化，这一方法不仅解决不了烟害，其后果将更为严重。

道光十八年（1838）闰四月十日，鸿胪寺卿黄爵滋向道光皇帝上了一道折子，提出了重治吸食鸦片的主张，将禁烟问题的论战推向高潮。黄爵滋的严禁措施是：一、加重惩罚，重治吸食，以一年为期，限吸食者戒烟。二、建立五家邻右互保法，互保之家有违犯禁令者，各家都要治罪。三、官吏犯禁罪加一等。黄爵滋的主张是历年来最严厉的，引起了道光皇帝的高度重视，也引起朝野内外的强烈反响。道光皇帝将此奏折转发给各省督抚复议。共收回29份反馈意见。其中，赞成严禁的有湖广总督林则徐、两江总督陶澍等8人，不完全同意或反对的，有直隶总督琦善、云南总督伊里布等21人。反对派占多数。

琦善等人不敢从正面反对严禁，转而从侧翼进攻，认为应该维持原来的禁烟办法，若重治吸食，则会矫枉过正，不利于体现圣朝宽大。他们对英国输入鸦片的罪行闭口不谈，却将广东一些"囤贩"说成鸦片泛滥的罪魁祸首。

这实际上是为外国侵略者，以及包庇走私鸦片的清朝官员开脱罪责。

虽然反对派的势力很大，但严禁派无所畏惧，据理力争，林则徐多次上书道光皇帝，力陈鸦片走私的危害，并提出了自己的禁烟办法。林则徐的慷慨陈词，打动了道光皇帝，尤其是"流毒于天下，为害甚巨……是使数十年后，中原几无可以御敌之兵，且无可以充饷之银"。让道光皇帝感到了切肤之痛。他想，若果真如林则徐所言，大清的江山岂不要葬送在自己手中？

于是，道光皇帝终于下定决心严厉禁烟，并把希望寄托在林则徐身上。

道光十八年（1838）十一月，道光皇帝任命林则徐为钦差大臣，加兵部尚书衔，节制广东水师，前往广东厉行禁烟。

林则徐从京城驰往广州，刚一到达，立即着手禁绝鸦片。他到广州时，无论贩运鸦片的洋商，还是国内的买办、掮客，以及吸食者都感到一股巨大的威慑力。在远离广州的粤西地区，居民听说林则徐禁烟的消息后，吓得慌忙把家中藏有的鸦片弃之门外，唯恐因此获罪。

而广东地方依靠鸦片走私活动聚敛钱财的贪官污吏，却并不把林则徐的禁令放在眼里。他们在海上、岸边、内河、小路与不同级别的鸦片贩子环环接力，仍旧把鸦片运往各地。这些人的阳奉阴违，使林则徐的禁令很大程度上形同虚设，局面并未有很大改观。百姓因吸食鸦片日益穷困，州县官吏因此完不成每年应上缴的税额。与此同时，银价日贵，钱价日贱，导致银钱找换频繁的商人大笔赔本，穷苦的百姓更不愿交租纳粮。

擒贼先擒王，林则徐首先拿首商开刀，首商即洋商头领。他要求首商迅速将鸦片缴送官府，当时最大的鸦片贩子英国人查顿闻讯后逃亡海上；另一英国人颠地尚在缴与不缴之间犹豫不决。林则徐强令英国驻华商务监督义律督促各洋商，尽快将鸦片缴送完毕，同时声明将来若再贩运鸦片，甘愿接受中国政府严惩。义律见无机可乘，欲逃往澳门暂时躲避。林则徐获悉后，调集战船将洋商云集的广州夷馆围了个水泄不通，随即传令馆内中国买办撤出，迫使义律就范。义律起初坚持拒不投降，几天后见林则徐毫无通融余地，只好命令洋商缴出藏在夷馆内以及黄埔河鸦片趸船上的20283箱鸦片，合计237.6万斤。至此，林则徐取得了禁烟的第一场胜利。

林则徐原本是想把鸦片运回京师销毁的，但御史邓瀛提议就地销毁更好，以防鸦片在路上被偷换掉。道光皇帝同意了。林则徐决定在虎门公开销毁鸦片，接下来的问题便是该如何销毁这些鸦片了。林则徐曾使用传统"烟土拌桐油焚毁法"，销毁鸦片，但膏余却会渗入地中，吸毒的人掘地取土，仍得十之二三。于是，林则徐想出了"海水浸化法"，在海边挑挖两池，池底铺石，为防鸦片渗漏，四周钉板，再挖一水沟。把盐水引入池中，接着把烟土割成四瓣，放入盐水，浸泡半日，再投入石灰，石灰遇水便沸腾，烟土溶解。士兵拿木耙不停在池中搅拌，让烟土完全溶在水里面。等到退潮的时候，放池水入大海，并用清水洗刷池底。

1839年6月3日，广州文武大臣在林则徐的率领下来到虎门海滩销烟。虎门搭建了一座礼台，前面挂着一面黄绫长幡，上面写着"钦差大臣奉旨查办广东海口事务大臣节制水陆各营总督部堂林"，广东各高级官员全部出席。由于销烟是公开性的，可以随便参观，因此人们纷纷前往虎门浅滩。此外，还有外商、领事、外国记者、传教士等，都专程由澳门或其他地方前来参观。当中有人不相信林则徐有办法把所有鸦片完整销毁，林则徐让外国观察员进入池边，直接详看销烟的方法，沿途讲解，外国观察员看了全部的过程，反复考察之后，都心悦诚服。

虎门销烟后，林则徐对外国（主要是英国）商人提出要求：缴出鸦片，出具永不再带鸦片的具结。禁烟运动堵住了英国榨取中国巨额白银的渠道，英国资产阶级不甘心放弃这笔不义之财，他们极力阻挠破坏禁烟运动，甚至不惜动武。

为了迎击侵略者，林则徐积极筹备广东沿海的防务。他从禁烟的实践中，看到民众的力量，有了"民心可用"的认识。主张一定限度内利用民众力量来抵抗外来侵略。在民众的支持下，林则徐多次粉碎了英国的武装挑衅。

然而，就在此时，在北京的道光皇帝却变了卦。道光皇帝原以为林则徐一到广州，收缴了鸦片，便可大功告成，一劳永逸，并未想到能与英国开战。对于林则徐对英作战捷报的批复，道光皇帝虽然也有赞许之词，但更多的是责备。他多次命林则徐尽快断绝与英国的联系，永远不准进行贸易往来。这让林则徐左右为难。林则徐不愿放弃禁烟，同时又认为应该发展正当的中英贸易，但他又不能不服从道光皇帝的谕旨。道光皇帝的意思是，取消中英贸易，闭关自守，但在世界已经进入资本主义的时代，想以此一劳永逸地排除外国侵略的威胁，实在是一个愚蠢的幻想。

无奈之下，林则徐于道光十九年（1839）十一月一日，执行道光皇帝停止与英国贸易的命令。与此同时，严堵其他国家代运和私销鸦片之路。林则徐的策略是正确的，但却不能继续执行。同年十一月二十七日，林则徐接到道光皇帝的谕旨，明令他废止具结、惩凶的正确措施。

林则徐几个月的努力，被无情地否定。更让他心酸的是，道光皇帝在谕旨中恶狠狠地斥责他。对皇上的翻脸，林则徐没敢再顶撞。他只能在有限的范围内加强海防，密切注视着英军的行动。

此时，在北京的主和派也加紧了破坏禁烟抗英斗争的活动。首席军机大臣穆彰阿，利用道光皇帝急于收场的心理，奏请调离主张禁烟的邓廷桢为两江总督。这样一来，等于去掉了林则徐的臂膀。道光皇帝准奏。而此时，战争的阴云早已密布，正式开战只是时间问题，而道光皇帝还在做着天朝大国的美梦。

道光二十年（1840）正月，英国政府任命乔治·懿律和查理·义律为正副全权代表，并任命懿律为英军总司令。同年三月，英国政府组成了一支有48艘战舰，4000名士兵的东方远征军。五月，英军到达广东海面，鸦片战争正式爆发。

英军本来打算封锁珠江口后，进犯虎门要塞，但由于林则徐严密布防，戒备森严，英军未能得逞。于是英军以大部分兵力北犯。六月六日，英军到达定海（即舟山岛），七日下午，开始攻城，清军一触即溃。八日凌晨，定海失陷。二十日，消息传到北京。从全局看，定海一地的得失，离战败还很远，但清政府立刻惊慌失措。

英军沿途散布林则徐、邓廷桢"行为无道，令辱大英国主"的言论。主和派也趁机攻击林则徐禁烟过激，惹来了兵祸。英军的火炮威胁，主和派的谣言煽动，使道光皇帝的态度发生了根本性的转变。

道光皇帝十分惶恐，他害怕英军北上天津，又派直隶总督琦善奔赴天津海口，准备对英军进行羁縻。

八月，英国舰队到达了天津大沽口。天津是京师的门户，但防务极差。英军未费力气就进入了白河，向中国官员投递了英国外相巴麦尊致中国宰相书。

道光皇帝慑于兵威，罢免了林则徐，改派直隶总督琦善为钦差大臣。英军已达到了压迫清朝屈服，打击主战派的目的，加之天气渐渐转寒，英军中瘟疫流行，于是同意南返广州谈判。于是，在八月二十日，英军离开天津南下。

道光皇帝听说英军南返的消息后，如释重负，对琦善的退敌之功大加赞赏。认为琦善"只言片语远胜十万雄师"。当即下旨，命琦善奔赴广州查办对英事宜。

琦善九月八日离京赶赴广州。就在同一天，道光皇帝以"误国病民、办理不善"的罪名，下旨将林则徐和邓廷桢革职。一年前还坚持禁烟的道光皇帝，现在来了一个一百八十度的大转弯，由主剿变为主抚，并将他亲自派去禁烟的林则徐革职查办，为什么会有这样大的变化？

首先，道光皇帝从琦善的奏折中，了解到英军船坚炮利，清军水师非其对手，因而清军只能在陆地上与英军对阵。这种坐待敌人进攻的战略，显然不能及时全歼来敌，战争将会长时间地拖下去。这是道光皇帝不愿看到的。他打的主意是，用"小恩小惠"打发英军回去了事。

其次，国家财富经不起消耗。道光皇帝即位时，国库已不充盈，国家陷入经济困境。因此不得不大开捐例，以应付日益增长的开支。前文说过，在中国历代皇帝中，道光的节俭是出了名的，花钱如同割肉。他舍不得将本来就不充盈的国库，投入战争这一无底洞里。

最后，英军的要求在于"贸易"和"申冤"。道光皇帝认为，只要惩办了林则徐，恢复贸易，取消了对英国不利的措施，朝廷就应该自然而然恢复到以往的局面。

然而，事情并未如道光皇帝所希望的那样发展。他所派出的钦差大臣琦善，打着退敌建功的如意算盘的，他认为，只要将林则徐查办，再从广东海关拨出一点款项作为赔偿，就可以基本满足英国的要求。他所争的，只是割地一事，希望英方不要使他为难，他尽量讨好，以换取英方的让步。于是，到达广州后，琦善在军事上实行撤防、裁减兵船，撤去海口内木排铁链，任凭英军小船探测内河水道，陆续起出水底的暗桩以及载石沉船。

英方代表义律初期曾一度表示不要求割地，但在掌握了琦善的求和心理，以及广州防务松弛的现状后，立刻出尔反尔，提出割地的要求，并且态度十分强硬。琦善进退两难，只好采取敷衍拖延的办法。可是义律等不及了，道光二十年（1840）十二月十三日，义律突然递送战书。十五日，英军进攻大角、沙角炮台。由于琦善毫无准备，守军仓促应战，伤亡严重，炮台失陷。消息传到广州，一些官兵纷纷请战。琦善唯恐议和破裂，只准暗中增兵五百。

十二月十八日，英军围困虎门镇远、威远、靖远等炮台，战争一触即发。

此时，琦善仍抱幻想，继续暗中与义律议和。义律单方面公布了一份所谓的《穿鼻草约》，这份草约包括了割让香港、赔款、恢复贸易等内容。然而，琦善却向道光皇帝报告说，议和一事大功告成了，说英国答应交还大角、沙角和定海，因此，允许英国来广州通商，并仿照澳门之例准其在香港泊舟定居。

正当琦善庆幸自己议和"成功"的时候，却挨了当头一棒。二十九日，琦善接到道光皇帝严厉斥责的谕旨。道光皇帝本想通过惩办林则徐，使英国退兵，但英军提出割地、赔款等更加苛刻的条件。这些要求对一向妄自尊大的天朝皇帝来说，是无法想象的。道光皇帝一向视英国为"蛮夷小邦"，把允许和外国进行一些有限的贸易视为"恩赐"。现在，英国居然提出这些苛刻的条件，道光皇帝被激怒了，他认为英国蛮夷欺人太甚，完全不把堂堂大清放在眼里，于是决心还以颜色。道光二十一年（1841）一月，道光皇帝下令对英宣战，派遣侍卫内大臣奕山为靖逆将军，并从各地调兵万余人奔赴广州。同年二月，英军出动海陆军，攻破虎门横档一线各炮台和大虎山炮，顺珠江直逼广州。广东水师提督关天培力战殉国。三月，英军对广州发起进攻，一路占据城西南的商馆，一路由城西北登岸，包抄城北高地，落点城东北各炮台，并炮击广州城。数日后，清军全线崩溃。在此形势下，奕山等接受英方条件，纳银600万元，换取英军撤出广州地区。

道光二十一年（1841）八月，英国政府对义律在广州所获侵略权益尚嫌太少，于是改派璞鼎查为全权代表来华，扩大侵略。璞鼎查率舰船37艘、陆军2000多人从香港北上，攻破厦门，占据鼓浪屿。旋北进浙江。十月再次攻陷定海、镇海（今属宁波）和宁波。时英军兵力不足，遂停止进攻，等待援军。

厦门、浙东兵败后，道光帝又派吏部尚书奕经为扬威将军赴浙，并陆续调集兵勇以备反击。

道光二十二年（1842）三月，奕经率清军对宁波、镇海的英军分别发起反击，接战均不利，纷纷撤回原驻地。进攻定海因风潮不顺而延期。驻宁波英军乘势反攻慈溪（今慈城镇）和大宝山等地，清军大败。道光帝见久经准备的浙东反攻又告失败，遂调盛京将军耆英赶赴江南，准备与英军讲和。

同年五月，英国放弃宁波，集中兵力北犯。攻陷浙江平湖。六月发起吴淞之战，江南提督陈化成战死。此后，英援军相继到达长江口外，璞鼎查不理耆英的乞和照会，以舰船73艘、陆军1万人，溯长江上犯，准备切断中国内陆交通大动脉。七月，英陆军攻陷镇江。英舰队驶抵南京江面，清军已无力再战，全部接受英国侵略要求。八月，清廷被迫签订了中国近代史上第一个不平等的中英《南京条约》。

《南京条约》共13款，主要内容有5项：

1. 五口通商。根据《南京条约》第二条规定，将中国沿海城市广州、福州、厦门、宁波、上海开辟为通商口岸，满足了英国侵略者蓄谋已久的欲望。

2. 强占香港。根据《南京条约》第三条规定，把中国香港割让给英国，使得香港成为英国侵略中国的桥头堡。

3. 勒索赔款。根据《南京条约》第七条规定，中国赔偿英国款项总计2100万元，分4年付清，包括赔偿鸦片费600万元，商欠费300万元，水陆军费1200万元。这笔巨款严重地削弱了清政府的财政收入，而这一费用必然转嫁到广大劳动人民身上，从而进一步加重了人民的灾难。

4. 协定关税。根据《南京条约》第十条规定，中国向英国商人征收进出口货物税，必须同英国政府商议。

5. 其他问题。英国可以在通商口岸派设领事、管事等官；废除广东公行制度；释放卖国汉奸；英国官员与中国官员平等往来；英军占据中国的地区，直至清政府付清赔偿款项后才撤离。

　　《南京条约》是中国近代史上第一个丧权辱国的不平等条约，它严重地破坏了中国的主权和领土完整。从此，中国开始一步步地沦为半殖民地半封建社会。

二八 / 咸丰即位内幕

　　道光皇帝晚年的时候，大清王朝处于风雨飘摇之中，他的身体也一天比一天差。在皇太后死的时候，道光皇帝也已病入膏肓，甚至已经无力主持丧仪，要靠御前的大臣和侍卫大臣搀扶着，才能举行丧仪。

　　丧仪后的第二天，道光皇帝急召郑亲王端华、军机大臣穆彰阿、户部尚书赛尚阿等人入见。诸王公大臣进去后，发现道光皇帝快不行了。道光皇帝躺在床上，有气无力地吩咐道："朕积病衰惫，不能再亲政了。国事紧要，今天册立太子，让他打理政务，你们要好好辅佐他。"

　　说完这句，道光皇帝便让太监召四阿哥奕詝进来。奕詝进来以后，道光皇帝让诸王公大臣先出去，然后把奕詝叫到身边，说了几句话，声音很轻，秘不可闻。随后，道光皇帝又把诸王公大臣召入，让奕詝跪在正中，诸王和御前大臣跪在左边，大学士和诸军机大臣跪在右边，总管内务大臣跪在后边。

　　紧接着，道光皇帝颤颤巍巍地拿出一个黄匣子打开，取出一个密封的折子。这个折子用棉纸封住，非常牢固，上面还有三个朱印，印有"御书之宝"的字样。

　　道光皇帝撕开外封后，拿出一道朱谕，念道："皇四子奕詝着立为皇太子。尔王大臣等何待朕言，其同心赞辅，总以国计民生为重，无恤其他，特谕。"

　　随即，道光皇帝便把朱谕交给刚立的皇太子奕詝，又从御座旁拿出一件龙褂交到奕詝手中，说："这是朕的御衣，你现在穿上它，前去料理政事。"

　　皇太子奕詝拿着衣服，只知道低声啜泣。道光皇帝说："这是喜庆之事，你别哭。"

　　此时，诸王爷和大臣赶紧过来帮奕詝把御衣穿上。奕詝穿好后，道光皇帝让人把红绒结顶冠和朝珠取来，交给奕詝说："这是朕的常御之冠和朝珠，你也戴上吧。"奕詝拿到后一边哭，一边戴上。

等到奕詝穿戴整齐了，道光皇帝又说："皇太子既然已经受命，在宫里就要有个常居之所，暂时住在九州清晏吧。既然要理事，也要有个经常办公的地方，就在东书房里别置一座，以后就在那里处理公事。"紧接着，道光皇帝又说："皇太子既居大内，六阿哥、七阿哥和八阿哥，都要搬到王府里去住，九阿哥年纪小而且刚出痘，就让他在宫里再住一阵子吧。"

忙完了这事，道光皇帝已是气喘吁吁，最后说："皇太子，朕的病越来越重，这三日不能看奏章，你带领各军机大臣去东书房处理吧。"

奕詝和王公大臣都奏道："若遇军国大事，还请皇上处理。"

道光皇帝说："朕要静心养病，有大事再来汇报吧。以后皇太子理事，要大公无私，天无私覆，地无私载，日月无私照，奉三无私，以化天下。天子之德，要如水之清，如鉴之明，如衡之平，关键在于无私。你去吧，钦哉！"

而后，奕詝和王公大臣们便都退下，转到东书房办事。刚到中午，军机述旨还没有下，便又闻道光皇帝宣召。奕詝带着诸王公大臣急匆匆赶到后，道光皇帝已龙御归天。奕詝伏地哀号，久不能止。诸王公大臣见他这么哭下去不行，便让内务府的人赶紧去准备丧事。紧接着，大臣们又劝告奕詝，抓紧时间到太和殿行登基礼，是为咸丰皇帝，随后又大赦天下。

这就是咸丰登基的全过程。这篇实录来自清人郭沛霖所作的《日知堂集》。郭沛霖是曾国藩的儿女亲家，道光时期在京做官，他的记录有一定的可信度。

但是，奕詝能当上皇帝，并不是郭沛霖所记录的那么简单。因为奕詝继承皇位并不是一帆风顺的。他是道光皇帝的第四子，道光皇帝本来有9个儿子，10个女儿。不幸的是，前面三个儿子都早逝了。幸亏在1831年的时候，道光皇帝连得两子，即皇四子奕詝和皇五子奕誴；而两年后，也就是1833年皇六子奕䜣又出世了，他的出世让道光皇帝既欢喜又头疼。欢喜的是，3年里得了3个儿子，头疼的是，到底该立谁为皇太子，让谁来继承皇位呢？

晚年的道光皇帝为立太子的事情很犯愁。当时，道光皇帝的6个儿子中，后面的3个年龄太小，基本可以被排除在外，而和皇四子奕詝同年出生的皇五子奕誴，相貌粗陋、举止浮躁，道光皇帝一向不喜欢他。后来，道光皇帝干脆将奕誴过继给了已去世八年且无后的三弟惇亲王绵恺。由此，皇五子奕谅也被排除在皇位继承人的范围之外。

皇五子奕誴确实不是当皇帝的料。他酒量极大，又喜欢搞恶作剧。有一次，奕誴请人来家里吃饭，却不许客人夹菜吃，只准饮酒，谁要是受不了，他就给谁吃自己特别准备的韭菜馅包子，这包子极为辛辣，难以下咽，目的就是要捉弄别人，以此为乐。

这样，道光皇帝可选的皇位继承人，就只剩下皇四子奕詝和皇六子奕䜣了。但是，这两兄弟让道光皇帝十分为难，一时难以取舍。

按照传统，长子如无大过，应该立皇四子奕詝；可要论及相貌和聪明程度，皇六子奕䜣要远远胜过皇四子奕詝。奕詝因为一次骑马摔成骨折，脚有点跛。可在老成稳重方面，又胜过奕䜣。这实在让道光皇帝难以抉择。

据野史记载，相比而言，道光皇帝还是比较喜欢皇六子奕䜣的，甚至，他几次把奕䜣的名字写进了立储的密匣中。但是，道光皇帝又考虑到奕詝是长子，且无大过，所以一直下不了决心。

皇四子奕詝的师傅杜受田，对道光皇帝的心思非常了解。有一次，道光皇帝带领宗室子弟到南苑打猎。出发前，杜受田悄悄地跟奕詝说："阿哥等到了围场，只管坐观他人骑射，自己千万别发一箭一矢，你手下的人也不准捕一猎物。要是皇上问起了，你就说时方春和，鸟兽孕育，不忍伤害生命，以干天和，且不想以弓马之长与诸弟竞争。这样说的话，一定能契合皇上心意。"

奕詝言听计从，到了打猎复命的时候，皇六子奕䜣所献的猎物最多。而奕詝这边却一只猎物都没有。大家表面上不说什么，其实心里都嘲笑奕詝无能。道光皇帝也觉得奇怪，就问奕詝是怎么回事。于是，奕詝把杜受田交给自己的话说了一遍。道光皇帝听后大喜，说："是真有人君之度矣。"

道光皇帝晚年的时候，由于经常生病，身体日渐衰弱。有一天，道光皇帝召奕詝、奕䜣两兄弟来见，颇有考查谁做皇位继承人的意思。奕詝和奕䜣两兄弟都觉得事情重大，便分别向自己的师傅讨主意。当时，奕䜣的师傅是卓秉恬，此人担任过很多官职，如大理寺少卿、太仆寺卿、宗人府丞、内阁学士、礼部侍郎等，算得上是个有才的人。他告诉奕䜣说，到时候皇上问话，当知无不言，言无不尽，充分展示自己的才能。

奕詝的师傅杜受田，很了解奕詝，知道奕詝言谈笨拙，应变能力远不如奕䜣。如果要论口才，奕詝是肯定会输给奕䜣的。于是，他教导奕詝说："要是皇上说自己老病，将不久于人世，问今后国策的话，你什么都不要说，只管伏地流涕，以表孺慕之诚就可以了。"

等到奕詝和奕䜣两兄弟去见道光皇帝，道光皇帝果然问起了自己百年之后，国事该怎么办的问题。奕詝便上前，抱住道光皇帝的双腿痛哭。道光皇帝大悦，心想奕詝果然仁孝，可做人君也。

当然，这些外史或野史记载的事情未必真实，但在老成稳重或者说保守呆板方面，皇四子即后来的咸丰皇帝奕詝确实有几分道光皇帝的风采。道光皇帝一朝，最为保守平庸。道光皇帝最宠信的大臣曹振镛就是明证。有一次，曹振镛的门生问他的做官之道，曹振镛说："无他，但多磕头，少说话耳。"以这一标准来看，皇六子奕䜣就过于聪明活跃，不够稳重了。

道光皇帝最终选择奕詝作为皇位继承人，看来并不是偶然的。现在有一些人认为，假如当时道光皇帝选择皇六子奕䜣做继承人的话，或许晚清的历史，中国的近代史就要改写了。然而，历史又怎能假设呢？

二九 / 内忧：太平天国运动

咸丰皇帝登上皇位时，年方二十，是个风华正茂的青年，在他即位之初，也很想有所作为。但是，咸丰皇帝很不走运。从他当上皇帝开始，大清王朝就没有一天安宁过。由于多年的弊政积重难返。到了咸丰朝便来了个总爆发。咸丰皇帝面临内忧与外患两大难题。内忧：太平天国起义，道光三十年（1850）正月，咸丰皇帝奕詝即位，当年的十二月，便爆发了太平天国起义。外患：英法联军入侵北京。

先说咸丰皇帝对内碰到的最大难题：太平天国的兴起。提到太平天国，首先要说到的人物便是洪秀全。

洪秀全，公元1814年生于广东花县。他原本是个读书人，多次参加清朝的科举考试都以失败告终。因此，洪秀全把自己对当时社会制度的不满，和广大人民的苦难联系起来，开始探索救国救民之路。

公元1836年，洪秀全认识了名叫梁发的基督徒。梁发送给洪秀全一本《劝世良言》的书，这本书促使洪秀全走上了起义的道路。洪秀全细细阅读了这本书，以此为基础，创立了"拜上帝会"。之后，洪秀全又花了两年的心血写成了《原道救世歌》《原道醒世训》《原道觉世训》，开始对广大下层人民宣传教义。洪秀全说：人人都是上帝的儿女，应该平等相爱。上帝派我到人间解救你们的苦难，我们要团结起来，夺回自己的权利。

"拜上帝会"到处捣毁庙堂，同地主恶霸和官府做斗争，宗教活动发展成了政治斗争，经过多年的传道和准备，越来越多的人加入了洪秀全的"拜上帝会"。

就在咸丰帝继位的第二年，即公元1851年1月11日，在洪秀全领导下，"拜上帝会"在广西桂平县金田村举行了武装起义，他们留起头发，头戴红巾，从金田村出发，转战附近州县，连战连捷，并且一举攻占了永安州城。

在永安州城，洪秀全自称天王，晋封"拜上帝会"中的骨干杨秀清为东王，萧朝贵为西王，冯云山为南王，韦昌辉为北王，石达开为翼王。随着教会的发展壮大，洪秀全的个人威望也在不断攀升。当然，他用的还是中国历代农民起义的老一套办法：鱼腹藏帛、篝火狐鸣之术。

秦朝末年，陈胜、吴广在大泽乡筹划起义，为了使九百名戍卒能够齐心协力，两人联袂表演了一个戏法，道具是一条鱼。事先，吴广用朱砂在帛上写了"陈胜王"三字，再将帛塞入鱼腹中。

这条鱼被吴广带到市场，又派士卒买回，中午会餐，做菜时有人发现鱼腹中的字条。晚上，吴广蹲在草丛里怪叫："大楚兴，陈胜王。"有人说那是狐狸的叫声。可狐狸怎会讲人话？硬要和狐狸扯上关系，那也是狐狸精的叫声。

这套戏法蒙骗了军中的士卒和农夫。大伙儿看陈胜的眼光明显异于往常。在士卒和农夫眼中，陈胜已然不是一个出身农家的穷小子，而是真龙转世。

洪秀全沿用了陈胜、吴广的这一招，只不过换汤不换药，利用了拜上帝教的新形式。有一次，洪秀全生了点小病，躲在屋子里七天没见任何人，七天后重见天日，就说这段时间里自己死而复生，去接受了上帝的教导，能预知未来事；以后他每隔一段时间就闭门不出，出来后就称去和上帝进行交流，接受其旨意；后来他干脆自称是上帝耶和华的次子，耶稣是自己的长兄。

第二年，以洪秀全为首的众王，率领起义军出广西，转战湖南、湖北、江西、安徽等地。这一系列的战争，给清廷以沉重的打击。这时候，长江千里，西自武汉、东到镇江，都成了太平天国的地盘。

咸丰三年正月（1853年2月），太平天国大军分水陆两路，沿长江两岸东下。陆路军由胡以晃、李开芳、林凤祥指挥；水路军由杨秀清、韦昌辉、石达开率领。

洪秀全则乘坐龙船，行驶在水军中央。水军船只有一万多艘，从头到尾排了几十里长。陆路军遍布大江南北两岸，浩浩荡荡，急速前进。

太平军进军到湖北东部广济县老鼠峡的时候，两江总督陆建瀛率领3000多清兵进行堵截。刚一交战，清军就败退，陆建瀛率领残兵败将，逃到了南京。太平军则势如破竹，很快就占领了九江、安庆、芜湖等地，兵临南京城下。

南京有外城和内城两道关口。陆建瀛逃回南京以后，想凭借坚固高厚的城墙固守，抵抗太平军。太平军水路军停泊在南京城背面的长江上，从上游新洲戴胜关到下游的七里洲，布满了战船；陆路军则在长江岸边建立了24座军营。

为了减少攻城的阻力，洪秀全下令，在南京城外空旷处搭建很多高台，让人到高台上向城外的群众宣讲反清的道理，以及太平军的纪律。守在南京城头的清军官兵抬眼望去，见从南京城外到江东门，纵横几十里，遍地都是头戴红巾、身穿短衣、手拿刀矛的太平军，无不心惊胆战。又见太平军蛊惑人心，便更加心慌意乱了。

做了充分准备后，太平军决定攻城了。从广西来的挖煤工爬到南京城边，在北门仪凤门的城墙下埋下火药、地雷。将城墙炸塌。太平军冲进北门，与清军短兵相接，很快占领了外城。紧接着，太平军顶着内城守军的炮火，攻开南城的聚宝门和水西门、旱西门，如潮水般涌进内城，一举攻克了南京城。

天王洪秀全等太平天国首领，在十多万太平军将士的簇拥下，进入南京城内。将南京改名为天京，定为都城，建立了"太平天国"政权。

此后，太平军又相继占领了天京周围的镇江、扬州等地，在江南广大的土地上，形成了一片太平天国占领区。

太平天国把天京城内的百姓，分成男行女行，设立了男馆和女馆。男人除了参军之外，有手艺者，被编入诸匠营和百工衙，从事集体的手工业生产。女人则被编入女营和绣锦营。

太平天国还贴出"招贤榜"，欢迎知识分子为天国办事，又通过科举考试，招揽文武人才。凡是有一技之长的，不论门第出身，都量才录用，还特别开设了女科。但是，太平天国坚决反对孔孟之道，不许人们读孔孟之书。

太平天国还发布了《天朝田亩制度》。按照该制度的规定，把土地平均分给农民耕种，不论男女，不分老少。他们主张："有田同耕，有饭同吃，有衣同穿，有钱同使，无处不均匀，无人不饱暖。"

《天朝田亩制度》还提出要建立基层政权组织——乡官制度的方案。方案拟定每五家为一"伍"，设立一个"伍长"，五"伍"组成一个"两"，由"两司马"负责管理，农民收获的粮食，留够吃用外，一律上缴国库。如遇有婚事、丧事、生育小孩等，由国库按统一标准发给银钱和粮食。鳏寡孤独和残疾人、病人，也由国库出钱出粮养活。不过，这些规定，由于后来的战争等原因并未实行，只不过是一种美好的理想而已。

在定都天京后，咸丰三年四月（1853年5月），太平军两万多将士，在林凤祥、李开芳和吉文元等头目的率领下，从扬州出发，进入河南，准备经山东北上。但黄河挡住了他们前行的路。于是，北伐军沿河向西挺进。不久后，到达巩县。巩县的运煤工人用煤船送太平军过了河。

北伐军避实就虚，进入了山西太行山区，然后打着直隶总督讷尔经额的旗帜，一路向前。沿途州县官吏以为这是自己上司征剿太平军的队伍，都争相供应物资。北伐军得到物资后，继续向北挺进。等到讷尔经额发现上当的时候，北伐军已经攻下了十几个州县，到了离保定只有60里的张登镇。

此时，北京城里一片骚乱。太平军要攻打北京的消息不胫而走，传遍了京城。京城的大小官员，以及富豪士绅们惶恐不安，很多人都携带家眷、财产逃出京城。咸丰皇帝命惠亲王绵愉、科尔沁王僧格林沁和钦差大臣胜保合力抵抗太平军。然而，太平北伐军没有继续北上，而是乘虚东进，打算先夺取天津。

驻扎在天津的清军不多，天津知县谢子澄焦急万分，当他听说太平军已经占领了静海和独流镇，前锋部队已经到了城西的杨柳青时，更是急得不知所措。不料，一连下了几天大雨，河水猛涨，天津城外成了一片汪洋。北伐军无法前进，只好放弃杨柳青，把兵力集中到静海和独流镇。

此时，天气日渐寒冷，从南方一路奔袭而来的太平军将士还穿着薄衣单衫。他们吃惯了大米，吃不惯面食，而当时连面食也不能保证供应。加上孤军深入，和天京失去了联系。因此，北伐军的处境越来越艰难。而清军的人力物力却十分充足。

北伐军一面派人和天京方面联系，一面利用周围的村庄、高台和小河筑起工事，严守阵地，还让太平军战士化装成商贩，到清军占领区和北京郊区侦察敌情，为援军到来后攻取北京做准备。

此时，钦差大臣胜保指挥的清军和天津知县谢子澄招募的地主团练军，向静海和独流镇扑来。

太平军见清军来势凶猛，就在交通要道两侧设下伏兵，然后佯装撤退。清军见北伐军撤退了，紧紧追击，没追多远，太平军伏兵四起，冲杀了过来。清军大乱，丢下武器四散奔逃。

胜保不敢再贸然强攻静海和独流镇。此时，僧格林沁则以防止北伐军进攻北京为名，躲在王庆坨（天津西面）不与北伐军交战，下令将运河堤埂挖开，放出河水，冲断了静海和独流镇之间的交通要道。

北伐军只好在静海和独流镇之间的五里庄建立堡垒，分兵驻守，保持静海和独流镇之间的联络。但是，由于处在清军的包围之中，伤亡人员无法补充，粮食征集也越来越困难，援兵又迟迟不到，北伐军实在难以坚守下去。

咸丰皇帝得知这一情况，下旨命僧格林沁南下，与胜保会合，赶快与北伐军决战。于是，僧格林沁与胜保合兵一处，向北伐军发动了大规模的进攻。北伐军坚持了三个月后，撤退到了阜城。胜保和僧格林沁分头率军来追，北伐军首领林凤祥与李开芳率军又退到了山东东光县连镇。他们听说援军已来到山东，就决定由李开芳率领一部分人马突围，去迎接援军。林凤祥则率军在连镇，挖掘深壕固守。坚持了将近一年，粮食吃光了。最后，清军用大炮攻陷连镇，林凤祥被俘。

李开芳率军抵达了高唐州后，才知道援军已经被清军打败了，便在高唐州筑起营垒，挖了几十里的地道，和前来"追剿"的清军反复较量。僧格林沁强攻不下，只好掘开运河河堤，把河水引入冯官屯。只剩800余人的太平军几次突围，都没有成功。

李开芳急中生智，带领心腹部将黄懿端和一百多人诈降，准备里应外合击败清军，再突围南下。不料僧格林沁识破了这一计谋，把李开芳等人扣押起来，送到北京杀害了。

至此，太平军坚持了两年之久的北伐失败了。

太平军北伐的失败是非常可惜的。如果当时洪秀全和杨秀清能亲自率领大军北上，并全力以赴，不断增援，太平军攻下北京是完全有可能的。可是他们没有这样做。林凤祥、李开芳率领的北伐军，虽然失败了，但他们把大量的清军拖在北方战场，为太平军在南方的胜利提供了条件。

太平军出师北伐的同时，还派出了西征军。西征军一路杀敌，很快就占领了安庆、彭泽、湖口等沿江城市，又攻下了重镇九江。然后兵分两路，占领了庐州（今合肥）、汉口、汉阳、武昌。他们进军湖南的时候，和曾国藩的湘军交上了手。曾国藩带领水陆两军攻打驻扎在长沙北面的太平军，却被太平军打得大败。

曾国藩转而在湘潭与太平军作战，在湘潭打了一个大胜仗，接着，又带兵攻打武昌。洪秀全和杨秀清得到消息后，立即派翼王石达开去主持西线战事。

石达开扼守据点，坚壁高垒，不和湘军决战，只让士兵们在每天晚上用火箭、火球惊扰湘军，使湘军日夜不得安宁。经过一个多月的时间，湘军被搞得筋疲力尽。石达开故意撤开鄱阳湖湖口的守兵，引诱湘军水师进入湖内。湘军正在进湖之时，太平军突然堵塞湖口水卡，把湘军水师割成两半，然后发动猛攻。石达开率军直取曾国藩的座船，曾国藩逃到另一条船上溜走。太平军乘势发起火攻，打得湘军溃不成军。

太平军乘胜西进，石达开打败了曾国藩的这支在当时看来生气勃勃的湘军，又一次占领了武汉三镇。保住了西征的成果，而且使太平天国在江西、安徽和湖北的地盘扩大了。

公元1856年，太平天国在军事和政治上，达到了极盛。可是，太平天国达到鼎盛期后，其头头脑脑们显然被胜利冲昏了头脑。这一场农民革命难逃一个宿命，那就是以封建君主思想为最高理想。即使他们的革命成功了，也不过是以新的不平等取代旧的不平等。当初造反是活不去了，有饭吃有衣穿谁没事造反。那时他们的欲望很简单，只想吃饱饭穿暖衣，有妻儿有个家。造反取得一点成绩以后，欲望就不再简单了。他们开始享乐。太平军占领武昌后，天王洪秀全就吩咐手下，为他挑选美女60余名，供自己娱乐。在占领南京，建立国都后，这位天王马不停蹄地修筑王宫，大兴土木。

天王洪秀全临朝，除了杨秀清、韦昌辉、石达开几位外，其他文武官员都排列在大门外，按礼仪跪拜，山呼"万岁"。实际上，这时候的洪秀全和其他诸王已经不是结义兄弟的关系，而是君臣关系了。天王发布了一条诏令，规定他的臣下对他的子女，以及其余诸王的子女要用不同的称呼。

东王杨秀清出府，"开路要用龙灯一条，计三十六节，以钲鼓随之；其次则绿边黄心金字衔牌二十对"。太平天国的官员出行都要坐轿。天王的轿夫多达64人；东王轿夫少点儿，48人。依次递减，北王轿夫32人，翼王轿夫16人，级别最低的两司马也有4名轿夫。

在这种情况下，太平天国领导集团内部出现了分裂，"天京事变"由此发生。

三十 / 内讧：天京血腥惨案

石达开西进，打破了清军的江南大营和江北大营，军事上威震全国，大有夺取全国之势。可就在此时，太平天国内部发生了严重的分裂，为争权夺利相互残杀。1856年9月2日凌晨时分，太平天国东王杨秀清府内，忽然闯进一伙兵将，见人就砍，逢人便杀，无论男女老幼，凡是活物，无一幸免。这是完全意义上的血洗和屠杀。对于东王杨秀清和他的家眷来说，这无疑是一场在劫难逃的灭顶之灾。

当时，喊杀声将熟睡的东王杨秀清惊醒，他还没明白怎么回事儿，就被闯入府邸的兵将乱刀砍死。这位太平天国的杰出领袖，就这样猝不及防地死去了。

兵将们从凌晨杀到天明。天亮后，整个东王府弥漫着浓重的血腥气味，到处是尸首、残肢和鲜血。东王杨秀清全家老小，以及部署官员，凡在府中者都未能幸免。

不用说，这是一起有预谋、有计划、安排周密的残忍杀戮，整个行动过程既冷静，又疯狂。显然，兵将只是行动的执行者，那么，这次行动的总指挥无疑就是血洗东王府的元凶。

这个元凶是谁呢？为什么会有如此大的仇恨？先来说一说杨秀清的背景。

此人出生在广西桂平县，家里很穷。最早，他和西王萧朝贵，跟着南王冯云山加入了拜上帝会。

1848年的时候，冯云山走霉运，被捕后关在桂平县监牢里。当时洪秀全又在广州，拜上帝会这个组织处于群龙无首的状态。这状态很要命，人乱心也乱。

乱世的特点就是总能给一些人创造机会。杨秀清脑子活，假托"天父"下凡，站出来稳定大局。"天父"当然是臆想出来的神，雷同于上帝。杨秀清把自个儿塑造成"天父"附体,是需要一些勇气的,得先忽悠自己,才能忽悠别人。

于是,有"天父"还有"天兄"。萧朝贵和洪秀全配合,假托"天兄"附体。自此,杨秀清、萧朝贵一跃成为太平天国的首脑人物,洪秀全以"天父之子"的身份,被称为天王。冯云山为南王,韦昌辉为北王,石达开为翼王。领导班子就这么建立了。

杨秀清在领导班子的成员中,可以说是出类拔萃。这个贫苦农家的孩子,虽然没什么文化,但天生具有领导才能,英明过人,行事雷厉风行、赏罚分明,从而独领军权。这可是实权,全军上下无不敬畏。

这样一个相当了得的人物,谁敢对他下毒手呢?

清廷方面当然做梦都想除掉这样厉害的角色,准确地说,不仅想除掉他,还想除掉整个太平天国,杀光他们所有人。可是,清廷方面没能做到,却有人帮了他们的忙。

这得从咸丰三年(1853)三月说起。洪秀全进入了南京,改南京为"天京",以此地作为太平天国的国都。

杨秀清则指挥太平军进行北伐和西征。北伐军在林凤祥、李开芳的统率下,兵锋直指北京城。西征军在翼王石达开的指挥下,大败湘军水师,江西十三府的七府一州五十余县全部被太平天国军占领。

1856年,太平天国又击溃了包围天京的清军江北大营和江南大营。这一系列的战争,给清廷以沉重的打击。

这时候,长江千里,西自武汉、东到镇江,都成了太平天国的地盘。这一时期,也是太平天国的鼎盛时期。可是,也就在这一时期,祸乱就像地雷一样悄悄埋下,这个祸乱用一个词可以很清晰地说明,就是内讧。

内讧有一个显著的特点:开端具有隐蔽性,从面和心不和到大张旗鼓争斗,有一个矛盾积累的过程。

正如前文所述,共同打下来的地盘,地位和待遇却不一样,作为结义兄弟,心里自然开始不平衡。可以这么说,在诸王心里,顶多把洪秀全当大哥,没当成"圣上"。怎么呢?都是哥们儿,一起并肩杀敌浴血奋战不分彼此,你能当皇帝，为什么我就不能？

尤其是东王杨秀清，早不满足只掌握军政而已，他要与天王洪秀全平起平坐。于是，咸丰六年（1856），清廷的江南大营被击溃以后，杨秀清自编自导自演了一幕话剧。

剧名：《逼封万岁》

主角：男一号东王杨秀清，男二号天王洪秀全。

剧情：杨秀清在东王府里假托"天父"下凡，召天王洪秀全赶赴东王府，洪秀全一到，二人见面立刻开始一段精彩对白——

佯装"天父"的杨秀清问洪秀全："你打江山数年，多亏了何人，才有你的今天？"

洪秀全答："多亏东王。"

杨秀清问："你既然知道东王功劳如此大，为何他只做了九千岁？"

洪秀全硬着头皮回答："东王打天下，大功盖世，当称万岁。"

杨秀清又问："东王称万岁，那他的世子呢？"

洪秀全答："东王是万岁，东王的世子也该是万岁，东王子子孙孙世世代代都是万岁。"

杨秀清很满意，一出逼封万岁的戏圆满落幕。

我们知道，这太平天国一开始，就以"拜上帝教"为信仰。杨秀清有"天父"附身的特殊身份，而天王洪秀全是"天父"之子。因此，杨秀清以"天父"身份讲话时，太平天国最高领袖总指挥洪秀全就成了他的儿子，儿子听爹训话得下跪，洪秀全还真就跪了。

更过分的是，有一回，杨秀清假托"天父"下凡要杖打洪秀全，北王韦昌辉等官员跪地哭求，要替洪秀全受责罚。杨秀清不准，洪秀全只能连连说"小子遵旨，小子遵旨"，随即接受杖打。

杨秀清这一招无疑是杀鸡儆猴，让诸王和官员们看看，总指挥都是我儿子，所以你们这些鼠辈全得听我指挥。

演绎了《逼封万岁》话剧后，天王洪秀全不得不向群臣宣布：今后遵天父圣旨，东王称万岁，东王世子也称万岁。并预定在杨秀清生日这天，举行东王称万岁典礼。

从"九千岁"到"万岁",增加了一千岁,这不是一个简单的算术问题,这是一个头衔和权力的问题。

那么,洪秀全真的心甘情愿与杨秀清平起平坐吗?他就如此妥协了吗?当然不。

洪秀全很沉得住气,他答应杨秀清称万岁,并为他举行典礼,只不过是缓兵之计。他很清楚当前的处境,自己这个天王基本上是形同虚设,并无实权,在无力还击的情况下,只能是秘密谋划,瞅准时机干掉对手。

谋划的第一步就是与翼王石达开和北王韦昌辉联手。石达开对杨秀清称万岁不服,韦昌辉更是对杨秀清恨之入骨。对韦昌辉来说,诛杀杨秀清不仅是辅助天王,而且是报仇。

这韦昌辉为何对杨秀清如此仇恨呢?

来看看韦昌辉的背景,他和杨秀清不一样,他不是出生在贫农家庭,他的父亲韦元玠是个小地主,在金田村有二百多亩田。韦家也算暴发户。有钱却没势力,常常受当地豪绅强宗的欺负。

韦元玠一心想让儿子韦昌辉考取个功名,光有钱不行,还得有文化,才能光宗耀祖,抬高韦家的地位,不再受气受欺负。可韦昌辉这小子哪是做学问的料啊,打小就华而不实,嘴巴油滑,好抖机灵,好在村里人面前出风头,村里人就送了他一个外号,叫"花头鸭"。韦昌辉还喜欢赌博,有一次他去桂平县应试,考试前把长衫输掉,光着膀子进考场。至此,屡试屡败,连个秀才也没考取,韦元玠只得咬牙掏钱,给儿子捐了一个监生。

这个"花头鸭"本不会有什么出息,可被萧朝贵和冯云山瞧上了,他们知道韦家是富户,又常受强族欺压,要起义要打天下就要经费。于是萧、冯二人动员韦昌辉加入了拜上帝会,韦昌辉是个不甘寂寞的人,当即入了会。儿子前脚加入,父亲韦元玠也跟着加入了。

金田起义时,韦家父子捐钱捐粮又提供掩护,立下大功。太平天国起义后,在永州天王封五王。韦昌辉被封为北王。后来,南王冯云山和西王萧超贵相继战死,这么着韦昌辉成为仅次于东王杨秀清的太平天国领袖。

公正地说,攻克南京建都初期,韦昌辉是有功的。那时他主管军事,在北王府搭建高高的瞭望楼,一旦敌军攻城,韦昌辉就亲自登上高楼指挥,白天以吹角摇旗为号，夜里则以悬灯为令，将士们就以号令出击，力战清军。

可是，一见韦昌辉能干有功，东王杨秀清便处处压制、羞辱他，接着就发生了几件事。

第一件事：剥夺兵权。

杨秀清先是在北王府发号施令调兵遣将。而后，下令将韦昌辉的军权转交给翼王石达开。将保卫国都天京的指挥部由北王府改设于翼王府。

不久，杨秀清又将他调离天京，派到湖北去任督师，刚出京城，又被调回，改派石达开前去。

第二件事：追查失职。

太平天国甲寅四年二月发生了"激变水营"事件——"韦昌辉派部下张子朋乘船上犯湖北，张子朋性情凶狠，因为争船只，责打水营多贼，众心齐叛。"

杨秀清以此追究韦昌辉的失职责任，将韦昌辉施以杖刑，致使韦昌辉几天都不能起床。

第三件事：杀其兄长。

韦昌辉的哥哥与杨秀清的妻兄为争夺房屋发生争执，大舅子杨秀清很生气，要杀了韦昌辉的哥哥，而且还不亲自动手，要求韦昌辉亲自治罪。韦昌辉被逼无奈，给自己哥哥定了个五马分尸的死罪。

从这几件事可以知道，韦昌辉对杨秀清充满刻骨的怨恨。那么，表面上韦昌辉是什么反应呢？一般情况下，哪里有压迫，哪里就有反抗。韦昌辉却大不一样，他越是受到东王的压制和羞辱，越是对东王毕恭毕敬百依百顺。他能忍。

忍能成大事。无数历史经验告诉我们，逞匹夫之勇的无一不是惨败收场。韦昌辉就忍了下来，他越恨东王，面上儿就越做出一副畏惧的样子。让杨秀清以为，自己的权威完全把韦昌辉震慑住了、压服了。

相形之下，韦昌辉就奸猾多了。他有两副嘴脸，一副迷惑杨秀清，另一副迷惑天王洪秀全。在天王跟前，韦昌辉时刻表现出对领袖的忠诚和爱戴，以博取信任。尤其是杨秀清假托"天父"附身要杖打洪秀全时，韦昌辉舍身要代替受罚。这一点让洪秀全很感动，就越发信任这个北王了。

因此，天王决定除掉杨秀清，给韦昌辉一个千载难逢的机会。他与石达开密议，要斩草除根，不但要诛杀杨秀清，还要诛杀杨秀清的三位兄弟杨元清、杨润清和杨辅清。

可是，韦昌辉和石达开还没商议妥当，杨秀清就已经敏锐地嗅到了杀气。

我们知道，但凡生死关头，先下手为强，后下手遭殃。当你确定危险步步逼近时，不应该是退缩，退缩只会让自己像狗一样逃窜，结局是像狗一样被杀死。因此，最聪明的方式就是：迎上去打，让对方措手不及！

杨秀清的方式则比迎上去打更胜一筹，他来了个釜底抽薪。怎么干的呢？他命令韦昌辉赶赴江西任督师，命令翼王石达开赶赴武昌任督师。这样，既瓦解了对方联盟的力量，又让危险远离自己身边。更关键的是，北王和翼王一离开，他就可以加害洪秀全，除掉天王，再回头收拾韦、石二人，而后一统大权。

主意很不错。接到诏令的韦昌辉和石达开不得不上了路。但杨秀清万万没想到，就在他策划伺机夺位、谋害洪秀全的时候，却被他自己的心腹给出卖了。

这个心腹是谁呢？

他就是陈承容。这个人加入太平天国很早，可他放弃高官的位置，甘愿在东王府里做下人，干什么呢？专职侍候东王的两个儿子。他这么做自然是有原因的，因为东王曾经杖责过他，由此他怀恨在心，表面上假装对东王恭敬奉迎，久而久之，被东王视为心腹。

这说明当对方妥协的时候，千万别认为对方软弱，那是对方在静待时机给你致命一击。陈承容就是如此，他暗中向天王告密，说东王杨秀清称了万岁还不满足，还要杀王篡位。不但告了密，陈承容还自告奋勇，说自己愿意替天王杀贼。

得到通报的洪秀全，终于下了决心，他下密诏命令韦昌辉、石达开，以及丹阳督师燕王秦日纲速回天京，共同诛杀东王杨秀清。

韦昌辉接到诏令，率领三千精兵，火速从江西赶回天京。与此同时，秦日纲也从江西赶回，和韦昌辉会合，密谋行动。

公元1856年9月1日夜，韦昌辉、秦日纲等人马进京。这时候，陈承容奉天王密诏已经带来一批人马在城内接应。虽然守卫天京的是东王的直属军队，但陈承容是东王的心腹，韦、秦二人又有天王的诏旨，因此没人起疑，也无人阻拦。韦、秦的人马很快控制了城内的重要地带，并领重兵将东王府四周的街道包围。这时已是凌晨，可怜的东王杨秀清太大意了，此时他还在梦中，即使不在梦中，杀局已定，他也无法幸免。

韦昌辉一声令下，兵士杀入东王府。将东王府变成一片血海，然而，这场残酷的杀戮才仅仅是个开头。

杀戮行动一开始，韦昌辉就有了自己的想法，他对东王仇怨太深，非要对其斩草除根才后快；还有一点很重要，他要获得更大的权力，势必就得将天京城内东王部属和将士全部消灭。于是，他假传了一条天王诏令——由于他和秦日纲滥杀东王亲属，天王杖责他们四百，并要东王部下前来监督。

东王的部下来了5000多人，亲眼看着韦昌辉被杖打。这些前来观看的将士都是交了武器看现场直播的。眼见杖打是真，韦昌辉和秦日纲又极为顺从，将士也就没有任何警惕。此时，早已武装到牙齿的韦昌辉部军队突然开始了围攻和屠杀，把5000多将士全部屠杀。紧接着，韦昌辉下令，对天京城内与东王有关的其他人员进行屠杀，不分文武、男女、老幼，连婴儿也不放过。

这场大屠杀持续了两个月，从天京城门推出来的太平天国文武官员、将士的尸骸有两万多具，顺江而下，把长江染得赤红。

整座天京城变成一个恐怖的死亡世界。

就在这场屠杀开始的时候，石达开回到天京，他要求洪秀全立即制止韦昌辉的行为。意想不到的是，洪秀全竟然拒绝了他。为什么呢？因为洪秀全是在利用韦昌辉。

《石达开自述》中说："故意加封杨秀清为万岁，激韦昌辉动手。总之利用杨秀清和韦昌辉的矛盾借刀杀人，杀死杨秀清和东王阖府，甚至使用圣旨诱杀杨秀清余部。"

如果是这样，韦昌辉设苦肉计诱杀5000多将士的行动，是得到洪秀全认可的，那条杖责他和秦日纲的诏令，并非是假传，而是出自洪秀全手谕。

石达开显然没有料到这一点，他以为洪秀全会支持自己，所以没带兵就进城了。可是当他和韦昌辉见面后，才发现自己的处境危险，连忙跳城逃走。

石达开出城后，要求洪秀全诛杀韦昌辉以谢国人，可洪秀全拒绝了他的要求。与此同时，以"反顾偏心罪"悬赏捉拿石达开的天王诏旨却传遍天国各地。

现在我们知道了，韦昌辉在这场血腥屠杀中，只是个报私仇兼夺权的执行者，洪秀全才是真正的元凶。他对付石达开与诛灭杨秀清的手段如出一辙——他想利用自己的圣旨加上韦昌辉的势力，一举除去石达开。

可以想象，假如石达开真的被谁取了首级去领赏，洪秀全一定会把杀石达开的责任和杀杨秀清的责任一样推给韦昌辉，说自己是在韦昌辉的胁迫下下旨杀石达开的。于是石达开的"英灵"将为他顺理成章地诛杀韦昌辉做最后一次贡献。之后，洪秀全为了表示自己不忘功臣功绩，大约也会照杨秀清之例办理，把自己的某个儿子过继给石达开，再弄个"翼升节"什么的。于是乎，大家都会说天王英明，翼王可惜。

然而，石达开在天国军民中的极高威望，是洪秀全没料到的。举国军民拿着捉拿悬赏的圣旨当草纸，各地军队纷纷支持石达开举靖难之旗。当宁国告急，石达开暂缓讨伐韦昌辉，先退清兵之时，他的威望已经达到最高点。而也就在石达开开赴宁国援助陈玉成的前后，向天京方面发出通牒，再次公开要求杀韦昌辉以顺民心，并声称如若不然，将提靖难之师打回天京以清君侧。

眼见借韦昌辉杀石达开的计策落空，洪秀全只得清理门户，表现一下自己"正义的姿态"。

夏历十月初五，洪秀全亲自带兵，借城外翼王大军的声势，向乱党韦昌辉发起进攻，韦昌辉根本无力抵抗，到了最后，死命追随他的人员只有200余人。这些也被全部杀死，韦昌辉被活捉。他的父亲韦元玠及全家老小全部被杀，只有他的弟弟韦俊此时在武昌与清军作战得以幸免，随后，韦俊投降了清军。

韦昌辉被活捉后，洪秀全下令将他五马分尸，并割下他的首级送到翼王石达开的军中，以接石达开回京。为了一泄天国军民的愤怒，天王再次下令：将韦昌辉的尸体剁成肉块，每块两寸见方。悬挂在天京城内格栅示众，上面标明:"北奸肉,只准看,不准取。"

可谁是真正的幕后黑手呢?答案我们已经知道了。

虽然这场史称"天京事变"的太平天国叛乱平息了,但巨大的损失却已无法弥补,这成为太平天国迅速衰落的转折点。太平天国败于内讧,死于天王洪秀全之手。

三一 / 曾国藩：最具争议的晚清权臣

在轰轰烈烈的太平天国运动中，出现了一个历史人物，他以镇压太平天国起家，这个人就是曾国藩。

曾国藩这个人，平生最为看重的就是清誉。可惜事与愿违。民国时，章太炎称他为"民贼"，待到中华人民共和国成立后，范文澜又称他为"汉奸、刽子手、卖国贼"。然而，中国自古有立功、立言、立德的"三不朽"之说，还有"内圣外王"的儒家标杆，历史上真正实现这些的人，寥寥无几，曾国藩却是其中之一。

由此可见，曾国藩是一个极具争议而又复杂的人物。如作家冷成金所言："在曾国藩身上，集中了中国传统官僚的所有特点，也掺杂了一些文人的品格。"

我们不妨从曾国藩少年得志说起。

曾国藩出生在湖南湘乡一个地主兼知识分子家庭，祖父和父亲都很有文化。祖父曾玉屏是个博学之人，父亲曾麟书是一名秀才，当过私塾教师。

可以想象，曾家的家教是非常严格的。正因为严格，曾国藩才饱读诗书，有扎实的文化基础。在读书方面，曾国藩颇有天赋，非一般人可比。他8岁便能读八股、诵五经，14岁便熟读《周礼》《史记》。

他没费多大力气，就在道光十二年（1832）考取了秀才。6年以后，他又考取了进士。这一年，曾国藩才28岁，从此踏上仕途。

踏入仕途之初，曾国藩在京城供职，先后任职翰林院、内阁、礼部、兵部，可谓平步青云，一路扶摇直上，升到朝廷二品大员。

不过，如果曾国藩不遇到一个特殊的契机，也只会像无数个封建官僚一样，默默无闻地度过他的一生，而不会成为一个叱咤风云，并备受争议的历史人物。太平天国农民起义的爆发，给他提供了一个广阔的历史舞台。

咸丰元年（1851），洪秀全在金田起义，不到一年，太平天国运动席卷半个中国。清政府下令，让各地在籍官员组织团练。清政府打的主意是，利用地方武装来打击农民起义的势头。

当时，曾国藩的母亲去世，曾国藩丁忧在家。清政府的一道指令，给曾国藩提供了机会。他开始着手练兵。在家乡，曾国藩声誉良好，靠着亲戚、好友、师徒的关系，他建立起一支数千人的地方团练队伍。这支团练，就是后来大名鼎鼎的"湘军"。

咸丰四年（1854），清政府下令，派遣初具规模的湘军去镇压太平天国。出发之前，曾国藩还特意颁布了一道《讨粤匪檄》，檄文写得热烈激昂，意在鼓舞湘军子弟奋勇杀敌。果然，湘军勇猛，竟然抵挡住了当时风头正劲的太平军西征军，抵挡可不光是防守，还一举将西征军赶出了湖南和湖北。

当时，全国各地都有团练武装，为何曾国藩手下的这支团练如此犀利勇猛呢？因为这支"湘军"在初期组建时，曾国藩就花了一番心思。首先，招收来的人，一律都是当时的乡民，吃苦耐劳，人又彪悍。而老兵油子和懒惰的市民，一律拒收，这些人会带坏队伍。而军官则与普通士兵不同，他们大多来自曾国藩亲友中的读书人，他们忠君，有献身精神，不会像清廷八旗贵族军官那样争权夺利。

军官士兵都招进来了，接着编组。曾国藩把父子、兄弟，以及与他有血缘关系的士兵编在同一组织内。真应了那句老话：上阵父子兵、打虎亲兄弟。你想这战斗力能不强吗？能不团结一心，同仇敌忾吗？你可别小看这种编组的招数，在当时是个创举，开了中国近代军队的先河。

然而，让人意想不到的是，在接下来的江西战场上，曾国藩的湘军却被石达开率领的西征军打得落花流水，一败涂地。两军在九江、湖口一带相遇，石达开连破湘军，甚至还擒获了曾国藩的战船。

一时间，曾国藩怒火攻心，他从未遭受过这样的失败，精神大受打击，险些投水自杀。据说，当时曾国藩满脸泥沙，披头散发，模样狼狈之极。

此战过后，太平军再度占领了武昌，湘军第一次东征失败。

到了咸丰六年（1856），江西太平军已经控制了江西的八府五十四州，而曾国藩率领的湘军，只能困守在南昌和南康两府之间，进退失据。

恰在这个时期，太平天国的天京内部发生内讧，其领导人相互残杀。前文说过，石达开打败了曾国藩的湘军后，太平军内部分裂，为争权夺利而相互残杀，杨秀清、韦昌辉、秦日纲等著名将领先后被杀，2万多精锐死于内讧，石达开带了10万精兵出走。太平天国从军事上的全盛时期走向了下坡路。

此时，曾国藩指挥湘军，重新占领了武昌，随后连续攻克了湖口、九江。至此，湘军掌握了江西战场的主动权。

咸丰十一年（1861）八月，曾国藩受命为两江总督，督办江南军务。之后，清军对太平天国的作战，逐渐形成了三个主战场。西线战场，由曾国藩直接指挥；苏南战场，由李鸿章率领的淮军开辟；浙江战场，由左宗棠率领的楚军开辟。这样一来，从战略上对天京形成了包围之势。

同治三年（1864），曾国藩率军向天京发起了最后的进攻。曾国藩一贯秉持"乱世须用重典"的原则。所以，在攻克天京城后，他纵容部下制造了骇人听闻的大屠杀事件。

据记载，湘军见人即杀，见屋即烧，见物即抢，一时间，血流成河，成堆的尸体涌入长江，几乎堵塞了江水，在曾国藩的日记里，留下了这样的记载："分段搜杀，三日之间毙贼共十余万。秦淮河尸首如麻。""万室焚烧，百物荡尽，而贡院幸存。""自五代以来，生灵涂炭，殆无逾于今日。"

有人说，曾国藩是"剿灭"太平天国的"元凶"，而这个"元凶"，后来却又一步步登上了"圣相"的高位。其实，曾国藩升官一直很快，37岁时，便已官至二品，且声誉良好，被近代不少政界人物奉为"官场楷模"。而他在险象环生的仕途之路上，却始终能够安然无恙，这在中国历史上是非常罕见的。

原因是什么呢？首先，曾国藩是一个笼络人才、使用人才的极品高手。他的幕僚个个都是能独当一面的人才，或下笔有神，或擅长理财，或熟悉法令，或精通政务。曾国藩对人才求贤若渴，使投奔他的人络绎不绝。每次有投靠者登门，曾国藩都要发给薪水，让投靠者先安顿下来，吃好喝好住好，然后才会面。

在面试投靠者的时候，曾国藩察言观色，细致分析，以求人尽其才。文采好的，就去做文案工作；有胆识、有谋略的，就派去打仗；学问好的，就派去校勘书籍；谨慎的就派去筹办粮饷。曾国藩仿佛有一双"火眼金睛"，他总是能准确地抓住人才，让其发挥自己最大的才能。识人、辨人、用人，这套功夫，绝非一般官员可以企及。

曾国藩还是一个号称"一宗宋儒，不废汉学"的文人，所以他非常尊重大儒和学者。因此，他身边还笼络了一批如钱泰吉、刘毓崧、罗汝怀这样的大儒。曾国藩的幕府，就如同一个小朝廷一般。

曾国藩在学术上的造诣和他的权位结合起来，在当时产生了很大的影响，再加上他亲手培养了许多学生，提拔了很多士子，所以，他在学术界产生了相当的影响，当时就有许多人把他吹捧成"圣相"。

从这里可以看出，曾国藩其实是一个典型的有着中国传统文化人格精神的人。他的人格精神力量十分强大，从年少时便养成了记日记的习惯，用以自我反省。曾国藩还特意留下了一本《曾国藩家书》给自己的子孙。曾国藩在这本家书中，阐述了自己对人生的感悟。

曾国藩还是后来洋务运动的重要人物之一。其实，由于深受程朱理学的熏陶，曾国藩内心是鄙夷，甚至是厌恶维新派的。因为维新派"奉洋若神"。

然而，"洋船上下长江，几如无日无之"的景象，让曾国藩渐渐接受了一个词，叫"师夷自强"。

咸丰十年（1860）的时候，曾国藩曾在奏折中谈道："将来师夷以造船制炮，尤可期永远之利。"第二年，他支持向洋人购买船炮，以"围剿"太平天国军。

湘军攻克安庆后，曾国藩开办了中国近代第一家军工厂——安庆军械所，专门制造洋枪洋炮。

太平天国起义被镇压后，大清王朝进入了一个短暂的平稳期，后世称这一时期为"同治中兴"。在这个时期，曾国藩加入了推行洋务的行列。

对此，曾国藩有清醒的认识，他认为，中国经济以农业为主，西方经济则以商业为主。而且，曾国藩还从经济体制的角度分析了西方近代的政治制度和社会制度。曾国藩认为，西方国家的社会财富，主要集中在资本家手中。掌握了经济权，也就掌握了政权，这就是资产阶级专政。

由于这样的深刻认识，在"剿灭"太平天国之后，曾国藩在江南机器制造总局倾注了很多的心血。

同治四年（1865），曾国藩在上海购买机器，制造枪炮，可惜由于经费不足，制造局周转困难。次年，曾国藩据理力争，请朝廷特批一项专款，作为购买和制造轮船的费用。江南机器制造总局这才正常运转。

3年后，也就是同治七年（1868），中国第一艘现代化火轮出炉，船体长18.5丈，顺水时速达120华里。曾国藩将这艘火轮命名为"恬吉"。

"恬吉"号在吴淞口试航，到达南京后，曾国藩亲自登船感受。后来，他在给朝廷的奏折中说："中国自强之道基于此。"

曾国藩认为，制造兵器、炮船，应该以培养中国人自己的能力为主，国人只有学会制造的原理和技术，才能真正认识到西方科学的重要性。可以说，曾国藩是把"师夷自强"的思想转化为了实践。

同治九年（1870），天津教案爆发。

关于"天津教案"，要从法国传教士谢福音在天津望海楼旧址上盖的一座天主教堂说起。这座教堂，被当地人称为"望海楼教堂"。在教堂附近，还有一个"仁慈堂"，也是法国传教士修建的，用来收养中国孤儿。

同治九年，仁慈堂里发生瘟疫，几十名中国孤儿死亡，尸体被埋在郊外。后来，尸体被野狗刨出，啃噬得惨不忍睹。这引起了中国民众的愤怒。与此同时，天津发生了多起拐骗儿童案。嫌疑人被官府擒获后，招认说，是受望海楼教民的指使。这在天津引起轩然大波。一时间，士绅在孔庙集会，学生罢课，要求官府惩办洋教，拆除望海楼教堂。

这一年的五月二十三日，天津知县刘杰将嫌犯押往教堂对质。群众闻讯，都聚集在教堂周围。传教士谢福音一看这个阵势，惊慌失措，放出教堂内豢养的恶犬，还指挥教民驱赶群众。群众奋起反击，将教堂门窗砸毁。事态升级。

法国驻天津总领事丰大业得到报告，当即去找三口通商大臣崇厚，要求崇厚出兵镇压。崇厚不答应，丰大业一怒之下，对崇厚连开两枪，但没击中。丰大业便和自己的秘书一起，把通商衙门里的家具器物全部砸毁后离去。

在回领事馆的途中，丰大业又与天津知县刘杰相遇，一言不合，丰大业又举枪向刘杰射击，没打中刘杰，打中了刘杰的一个随从。这一举动，彻底激怒了围观民众，于是一拥而上，将丰大业活活打死。

此后，民众袭击教堂，打死了传教士谢福音，还有一些修女、洋商和洋职员，共计20余人，又一把火烧毁了望海楼教堂、仁慈堂和法国领事署。

这一举动给了列强以口实，英、法、俄、德、比利时、西班牙等七国舰队在天津、烟台集结，要求清廷严惩闹事民众。

清政府立刻派直隶总督曾国藩到天津处理这一事件。曾国藩到达天津后，经过调查，认定双方都有过错——教民欺负百姓，教士庇护教民，领事庇护教士，而拐骗儿童，继而挖眼刨心的事情属谣传，毫无实据。

可是，民众却不以为然，谣言越传越广，以至于曾国藩贴出的说明情况的告示，一到晚上就被人撕毁。甚至在告示所署"曾国藩"名字上挂了一绺白麻，表示曾国藩为洋人披麻戴孝，卖国求荣。

实际上，当时曾国藩抱病在身，心力交瘁，他以"中庸"的方式，最终把天津教案办成了典型的屈辱外交，引得全国上下一片骂声。连慈禧太后都公开声称"曾国藩文武全才，可惜不能办教案"。

此后，清政府将李鸿章调到天津，继续调查，将天津教案办理失误的责任全推到曾国藩身上。

别人不知道，但曾国藩心里很清楚"弱国无外交"的道理，对于来自各方的责难，他只以"内疚神明，外惭清议"应付，并不多做辩解和解释。

天津教案事发两年后，也就是同治十一年（1872），曾国藩病逝，终年62岁。清朝政府给予他"公忠体国"的论定，谥号"文正"。

作为大清王朝的一名权臣、重臣，曾国藩在功高震主的情况下，仍能保住晚节，关键在于他熟读史书，知得失，即使在危难之际也不树敌，懂得以退让换得平安。一句话，恪守臣道，不违友道。做到这一点当然和曾国藩一直注重修身养性有关。曾国藩的修身，强调立志、求知、敬恕、忠信、反省、慎独、谨言、有恒、勤俭和谦虚等。他的生活起居也极有规律：早起、静坐、养气、保身、读书、写字等，每日坚持记日记。

慈禧太后曾感慨道：曾国藩是"天下第一正人"。

三二 / 叶名琛的悲剧

前文说过，咸丰皇帝即位后，面临内忧与外患两大难题。内忧：太平天国起义；外患：英法联军入侵北京。

在第一次鸦片战争中，清朝上下并没有从中悟出与洋人打交道的方法。因此，挨打是必然的结果。在第一次鸦片战争后，西方列强相继侵入中国。

咸丰四年（1854），《南京条约》届满13年。英国向清政府提出全面修改《南京条约》的要求。主要内容为：中国全境开放通商，鸦片贸易合法化，进出口货物免交税，外国公使驻北京等。法、美两国也分别要求修改条约。清政府拒绝了这个要求，虽经交涉但没有结果。

1856年10月，英国利用"亚罗号事件"制造战争的借口。事实上，"亚罗号"是一艘中国船，曾在香港英国当局注册，但是早已过期了。广东水师于10月8日在"亚罗号"上，逮捕了几名海盗和涉嫌水手。这完全是中国的内政，跟英国没有丝毫关系。

英国驻广州代理领事巴夏礼，在英国驻华公使、香港总督包令的指使下，致函清朝两广总督叶名琛，宣称"亚罗号"乃英国船只，并且捏造中国士兵侮辱船上的英国国旗，要求把被捕的人释放，并赔礼道歉。叶名琛的态度非常强硬，他据理力争，坚持不赔礼道歉，只答应把逮捕的人放掉。

说到叶名琛，熟知历史的人会想到他提出的"六不政策"，即"不战不和不守，不死不降不走"的政策。因为这个政策，叶名琛被英军俘虏，死后又被咸丰帝剥去爵位，从而遭到后世的嘲笑。但是，叶名琛的笑话，并非完全出于他个人的原因，而是清政府的错误，叶名琛只不过是错误政策的牺牲品罢了。

第一次鸦片战争以来，清朝的对外方针一直"上不可以失国体，下不可以开边衅"。这条方针无论是从理论上，还是从实践上都是一个让人难以两全，不可能实行的死方针。然而，尽管英国已进攻广州，"边衅"已开，蒙昧自大的清政府仍然死抱着这一方针不变。多次谕令叶名琛"既不可意存迁就只顾目前，又不可一发难收复开边患"。

叶名琛只得在这"宽猛两难"中，按照朝廷旨意行事，"常以雪大耻，尊国体为言"。

当然，有一点要说明，叶名琛愿意严格执行清政府这一条前后矛盾的死方针，与他本人的出身、经历和知识有密切的关系。

介绍一下叶名琛。他是湖北汉阳人，其祖上从他的曾祖起，世代为官。道光十五（1835），叶名琛中进士，选庶吉士，授编修，从此踏上仕途，一路顺畅，到了道光二十八年，即公元1848年，他已当上了广东巡抚。从初入仕途到一方大员，叶名琛只用了短短13年。到了咸丰二年（1852），叶名琛任两广总督兼通商大臣，可谓青云直上。这造成了他对清朝皇帝的感恩心理和愚忠。因此，在处理政务中，他坚决依照皇帝的旨意，不敢稍作半点更改。

从知识结构上看，叶名琛是在传统教育方式下培养出来的，特点是：迂腐、喜欢说大话、缺乏世界性的知识。然而，就是这样一个迂腐的官员，却通过两件事的偶然成功，获得了擅办外交的美誉。

第一件事是道光二十九年，即公元1849年3月，英国人欲入城，巡抚叶名琛与总督徐广缙采用的办法是一方面向英国人宣示不准进城的"假圣旨"，以不失天朝国体；另一方面又加强海陆边游，并利用当时民众反对洋人进城的声势，企图以兵威吓退侵略者，以达到"不启边衅"。这个办法本来是行不通的，但由于当时的侵略者准备不足，不想在这时候打仗而搁置了入城的要求。因此，叶名琛等人这一次获得了意外的成功。

第二件事是叶名琛处理的一桩洋教士潜入内地的案件。这一次，他采用了办法强硬的"申列条约，奏交各国领事，严加约束，勿任复至内地"。由于第一次鸦片战争签订的中英《南京条约》中，没有洋教士可到内地传教的条文，所以叶名琛这次又获得了"不失国体""不启边衅"的成功。

这两件事的侥幸成功，增加了叶名琛对清政府前后矛盾方针的坚定性。然而，面对第一次鸦片战争中准备并不充分的英国侵略者，清政府的对外方针已经不能实行，如今面对蓄谋已久的英法联军，清朝政府的这条方针就更加行不通了，死抱着这条方针的叶名琛，只得采取"不战不和不守，不死不降不走"的"六不"政策，以任凭侵略者宰割的态度，来表现自己对清政府的忠心和对清政府所定政策坚决执行的态度。

由于清政府明文规定"不开边衅"，叶名琛提出相应的"不战"对策，既不能战，自然也"不守"，因此，"不战""不守"四字是清政府外交方针的具体表现。而所谓的"不和"政策，主要来自叶名琛自己反侵略的思想。叶名琛反对外国对中国的侵略，对外国侵略行为一直持强硬的不妥协态度。因此，在"亚罗号"事件发生后，叶名琛拒不向英国赔礼道歉。

1856年10月23日，英军行动了，3天内连占虎门口内各炮台。27日，英军炮轰广州城。在英军的步步紧逼下，广州城岌岌可危，叶名琛深知备兵抵抗，必遭"启边衅"之咎，于是他想依靠民力来反击侵略者，他发出告示：准许人民对"滋事英匪，痛加剿扑，准其格杀勿论"，又"悬赏格，斩英人头一颗及生擒一名，俱赏银一百两"。在朝廷束缚其手脚的情况下，他能用民力抵抗，绝不是屈服投降的表现。

由于叶名琛态度强硬，遭到英国侵略者忌恨，因此，在攻城时，他们的炮火"专击督署"。英军头目巴夏礼、威妥玛及汉奸张同云、李小春等都"大责叶相，恨恨不已"。最后英军将叶名琛俘虏，目的是侮辱他，以泄切齿之恨。

叶名琛的"不降""不走"策略，来自清政府的"维护国体"的方针，无论投降还是逃跑，在叶名琛看来，都是失民族气节，失国体的。那么，叶名琛为什么又提出"不死"的主张呢？是叶名琛怕死吗？不，他还真不怕死，当英军炮轰广州城时，巡抚柏贵的表现是"口噤手颤"，而叶名琛在炮火"专击督署"的情况下，还整理紧要文件，坚决不肯躲避。

1857年，英增派远征军2900余人抵达香港。法国以天主教神父马赖被判死刑为借口，也派远征军1000人与英组成联军，舰船共61艘，总兵力1.1万余人。联军分三路进攻广州，守军大多一触即溃，广东巡抚柏贵和广州将军穆克德举白旗降，叶名琛被俘。他被俘上船时，随从人员曾示意他投水自尽，以保全名节，他却没有那样做。他说："我之所以不死而来者，当时闻夷人欲送我到英国，闻其国王素称明理，意欲得见该国王当面理论，既经和好，何以无端起衅，究竟孰是孰非以冀折服其心，而存国家体制。彼时此身已置之度外，原期始终其事。不意日望一日，总不能到他国，淹留此处，要生何为？我所带的粮食既完，何颜食外国之食物。"

叶名琛这段话的意思就是，他想去和英国国王辩论，并且当着英国国王的面谴责他们的行径。叶名琛很傻很天真，他企图通过自己个人的努力和力量来说服英国保持同中国的友好关系。他的良苦用心值得同情，可他书生式的迂腐之举，又实在可笑。

总之，叶名琛是可悲的人物。他在印度的时候，尚且保持着民族气节，他拒绝乘坐外国马车游玩，拒绝食用外国食物，而且还时时惦记着国内的战事："闻战稍有喜色，闻和则太息耳。"当自己所带粮食用完，遂绝食而死。

叶名琛的悲剧，是清政府无法实行的对外方针造成的。第二次鸦片战争时期是中国半殖民地半封建社会初期，在这个变化的时代，上层社会必然出现形形色色的人物，这些人物又会有各种不同的表演，对外国侵略者，有抵抗的，有投降的，还有的则如叶名琛，令人奇怪不解，其实细细分析则并不奇怪，各种人物的出现，都有其深刻的社会背景。叶名琛想抵抗外国侵略者，然而大环境和清廷的对外政策制约了他，而他的出身和经历又导致了他的愚昧、固执和自负，从而导致了一个悲剧的结局。

或许，在百姓心目中，叶名琛是个怪人。但从当时的整个大局势来看，清政府的官员们不得不成为怪人。

在印度，叶名琛绝食而死，这让人想起不食周粟的伯夷和叔齐。叶名琛不食"洋"粟而死掉了，他自比为苏武，这个恐怕不太准确，因为苏武是汉朝的使节，被扣押在匈奴，放了19年的羊。但叶名琛不是这样，他是被人从中国活捉到异国的。一个是自愿出国被人扣押，一个是被人逼着出国被人扣押。

但这位中国传统知识分子，却认为自己就是苏武，因为他永远认为自己所效忠的大清王朝是天朝上国。况且，按照清朝的制度，虽然总督是封疆大吏，但名义上却是上面派下来的中央官员，而两广总督，一向是负有跟洋人打交道的使命，在鸦片战争之后，这种职责更是明确。所以，也可以说叶名琛具有使臣的身份。作为使臣，办交涉而交涉不明白，进而被野蛮的洋鬼子扣押，叶名琛当然认为自己是苏武。

为了不辱使命，叶名琛要保持中国人的名节，所以，他只好饿死。

有人说叶名琛"怪"，事实上这是两个文化差异巨大的世界，碰撞之初很容易产生的现象。当时的中国人，实在不知道该怎样跟洋人打交道，"刚亦不吐，柔亦不茹"，人家软硬不吃。打又打不过，谈吧，又不是一种话语体系，自己很是放不下天朝上国的架子，心里总是拿洋人当本该给自己进贡的蛮夷。

叶名琛之所以看起来怪，仅仅是因为他的处境难。他不幸地是一个特别有抱负的旧式士大夫，却撞上了新时代的门槛。他到死也没有明白对手是些什么人，只有按照古书上的古人模样行事，学伯夷和叔齐，自命为苏武。

叶名琛的悲剧实际上是很多晚清官员的悲剧。

三三 / 最后一位出生在紫禁城的皇帝

咸丰皇帝在他生命中的最后几年，很不好过。长久以来，他一直处在内忧外患的煎熬中。只有一件喜事，就是儿子载淳的出生。载淳即是后来的同治皇帝。

咸丰六年（1856），新年伊始，大清紫禁城储秀宫内一片繁忙。太监、宫女在总管太监韩玉来的指挥下，不停地来回奔走着。原来，甚得咸丰宠爱的懿嫔，也就是后来赫赫有名的慈禧太后，已经怀孕7个月了，接近预产期。早在年前腊月二十四，咸丰皇帝就命总管太监韩玉来传旨，把懿嫔的母亲接到宫中照看女儿。

按照清宫的规定，妃嫔怀孕，一般要到8个月时才开始进行各项准备工作。但咸丰皇帝登基已有6年，只有丽妃生过一个女孩。皇位无人继承，咸丰焦虑万分。因此，大年一过，整个皇宫就忙碌起来了。随着预产期的临近，新生儿用的衣物也都准备齐全。由于是皇室所用，自然不同寻常，不仅种类齐全，而且用料讲究。三月初九，御医为懿嫔把脉，根据脉象，懿嫔妊娠已近9个月。第二天，又由两位经验丰富的接生婆把脉，估计将在三月底或四月初分娩。于是各项准备进入最后阶段，各种接生工具陆续被送到储秀宫。

咸丰六年（1856）三月二十三日未时，一声婴儿的长啼从储秀宫中传出，划破紫禁城的上空。咸丰皇帝盼望已久的喜讯终于传来。总管太监韩玉来前来奏报："三月二十三日未时，懿嫔分娩阿哥，已经收拾利落，母子均安，万岁爷大喜！"

咸丰皇帝欣喜万分，当即下旨，晋封懿嫔为懿妃，储秀宫的太监也都提职的提职，升官的升官。对宫女、接生婆也各有封赏。一时间，整个紫禁城一派喜气洋洋的景象。

然而，这种景象在紫禁城很快便一去不复返了。历史进入19世纪中叶，大清王朝江河日下，中国封建王朝即将走到尽头，同治皇帝成了在皇宫中诞生的最后一位皇帝。尽管咸丰皇帝的玫贵人曾在咸丰八年二月生有一子，但旋即夭折，从此载淳（即后来的同治皇帝）成了咸丰皇帝的独苗。

就在载淳出生的第二年，也就是咸丰七年（1857），英国军队攻占了广州。次年，英法联军北上，到了天津大沽口，攻陷了大沽，同清朝签订了《天津条约》。咸丰十年（1860），第二次鸦片战争的烽火，眼看就要燃到北京。咸丰皇帝坐不住了，带着后妃和一批官员逃到热河行宫（今河北承德），留下皇六弟恭亲王奕䜣在北京，负责与英法联军议和。

这一年的八月，英法联军进入北京，并闯入大清帝国的皇家园林——圆明园。英法军队在圆明园疯狂抢劫，当他们发现实在无法带走全部珍宝时，就放了一把大火，将圆明园付之一炬。

此时的咸丰皇帝，回天乏力，不仅是因为大清帝国在军事上的软弱，还因为他自己的病越来越重。

咸丰十一年（1861）8月21日，热河行宫气氛低沉，咸丰皇帝病危了，在最后时刻，他紧急召见了端华、载垣、肃顺、景寿、穆荫、匡源、杜翰、焦佑瀛八位大臣，在床榻前，宣布立载淳为太子，并让八位大臣辅佐年幼的载淳。

次日，咸丰皇帝病逝了。他的独生子载淳继承皇位。载淳的母亲被尊为慈禧太后。慈禧太后欲利用圣母皇太后的身份，谋夺最高统治权，她很快就同留在北京的恭亲王奕䜣勾结起来。

慈禧太后授意御史董元醇奏请皇太后垂帘听政，实际上是由她掌握实权。但是，这一个提议遭到了以载垣、肃顺为首的八大臣的坚决反对。他们的理由是，本朝从来没有皇太后垂帘听政的先例。慈禧太后的计划未能得逞。

这一年的十月，恭亲王奕䜣在和英法联军进行密谋之后，借"奔丧"之机赶赴热河，同慈禧太后商议回京发动政变。奕䜣回到京城之后，笼络了京、津一带驻扎并手握兵权的兵部侍郎胜保，为政变做好了充分的准备。

从承德回北京的时候，慈禧太后命肃顺护送咸丰皇帝的棺椁走大路，她和载垣、端华等大臣则走小路，提前4天到达了北京。

11月1日，慈禧太后到达北京后的第二天早上，便发动了政变。宣布解除肃顺等人的职务，载垣、端华当场被逮捕，并派人去逮捕路上的肃顺。11月8日，慈禧发布上谕，否认了咸丰皇帝的遗诏，下令把肃顺斩首。并命载垣、端华自尽，另外五位大臣，革职的革职，充军的充军。

那么，八大臣究竟犯了什么罪呢？慈禧太后给的第一个罪名是"不能尽心和议，以致失信于各国"。这也相当于在跟西方列强表示自己是"尽心和议"的。

11月11日，慈禧太后宣布废除八大臣原拟的"祺祥"年号，改为"同治"，取东、西两太后共同治理朝政的意思。

自清朝入关后，皇帝一般都采用一个年号，只有同治皇帝用过两个年号。一个就是"祺祥"，一个就是"同治"。"祺祥"是咸丰十一年（1861）拟定的。这两个字出自《宋史·乐至》中"不涸不童，诞降祺祥"一语。"不涸不童"就是说河流畅通，山川茂盛，地尽其利，物阜民丰，故而"诞降祺祥"。

按清朝的祖制，年号一般是皇帝举行登基大典后颁布。但以肃顺为首的八大顾命大臣，在小皇帝即位不久，就忙于拟定年号，这主要是出于经济上的考虑。

因为在咸丰皇帝逃奔热河后，官钱票迅速贬值，银价上涨，物价昂贵，民不聊生。当时京城许多富商把大量铜钱囤积起来，加剧了现钱的短缺。所以，肃顺等人想立即铸造出一批新币投入流通。

一开始，慈禧和慈安太后钦准了这个年号。肃顺等人便立即派人到云南采办铜料，开铸"祺祥重宝"。"祺祥"本是吉祥之意，但却没给肃顺等人带来任何好运。不久，慈禧太后联合恭亲王奕䜣发动政变，"祺祥"年号的"祺祥重宝"尚未正式发行，就被政变者扼杀了。

这次政变在历史上被称为"辛酉政变"，因为这一年刚好是辛酉年。而政变发生的地点是北京，所以叫作"北京政变"。

政变成功后，恭亲王奕䜣集团掌权，重新集议改元之事。为奕䜣等人搞政变摇旗呐喊、大造舆论的李慈铭，向肃顺的改元问题发难，他说：国朝即位改元，向来都是由大学士及军机大臣等拟定数个，交给皇帝，由皇帝亲自选定。现在新君还没有即位，就先商议改元，不符合祖制。

李慈铭是奕䜣集团的重要成员，他说肃顺在幼帝即位前改元是非法的。

而所用"祺祥"年号又文义不顺，历史上很少有人用，进而讥讽肃顺等人不学无术。事实上，李慈铭自己也高明不了多少。在否定了"祺祥"年号后，他搜肠刮肚地拟了"熙隆"和"乾熙"两个年号。奕䜣很不满意，不屑地说，他这是迂腐书生之见，不能用。

后来，经奕䜣、文祥等共同商议，最后决定用"同治"两个字。这两个字的妙处在于会意。在两宫太后看是两宫同治；在臣子们看来是君臣同治；在民间看来是上下一心同治，因此都觉得满意。

这个年号呈给两宫太后，慈安太后没说什么，慈禧太后则拍手称好。慈禧是很重名位的人，她一直对太后分东、西宫，自己名分比慈安逊色而耿耿于怀。现在用"同治"二字，恰恰可以表示两宫并尊，没有嫡庶之分，这是她非常满意的。当然，她也能体味到"君臣同治"这一层含义，她给奕䜣加上"议政王"的名衔，正好是"同治"二字最好的注解。

然而，注解只是注解。事实上，在辛酉政变四年后，也就是同治四年（1865），慈禧太后和奕䜣，这一对"辛酉政变"的盟友便爆发了一场权力争夺战。

三四 / 慈禧与奕䜣的权力争夺战

"辛酉政变"的成功,是慈禧太后迈上权力巅峰的第一步。她很清楚,要想在政治旋涡中不被淹没,就要一步步奠定自己不可动摇的地位。

随着对外交好列强,对内镇压太平天国运动的顺利进行,慈禧太后感觉到自己的地位已经巩固,便开始着手对付和她分享权力的恭亲王奕䜣。虽然在"辛酉政变"刚刚结束的时候,两位皇太后曾对奕䜣大加封赏,但限制奕䜣权势的行动,也同时被提上了日程。

奕䜣被授予议政王之后的第二天,两宫太后就宣告,军国大事要由两位皇太后亲自处理,其他大臣有什么重大的事务还可以向两位皇太后上密折奏报。这无疑是给奕䜣一个下马威。

奕䜣自然一眼就看穿了慈禧太后的用意,但他觉得自己一步步苦心经营,在北京与洋人周旋,才有了今天的局面。况且,北京的很多官员都是自己一手提拔起来的,因此他并没有忌惮慈禧太后发出的警戒信号,依然我行我素。反而很有点权势熏天的架势,政见不合时,他还与慈禧太后当面争辩。

奕䜣这种"不敬"的行为促使慈禧太后下定决心限制奕䜣的权力。当时,奕䜣的主要势力在总理衙门和军机处。这里,要特别说一说总理衙门。

这个部门的建立,要从咸丰皇帝说起。咸丰十年(1860),英法联军入侵北京,咸丰皇帝被迫出逃热河,圆明园被焚毁。奕䜣在北京主持与外国列强签订《北京条约》之后,陷入了反思。列强的实力已经不容忽视了,遥想60多年前,乾隆皇帝还能趾高气扬地面对英国使臣马戛尔尼率领的访华使团。60年之后,大清王朝完全丧失了高高在上的资本,这个王朝已经虚弱得不堪一击了。

奕䜣认为,清政府再也不能靠闭目塞听来自欺欺人,于是他奏请咸丰皇帝建立总理各国事务衙门,总理外务事宜,以免总是对外务缺乏系统的认识和管理。

咸丰皇帝看到奕䜣的奏折后，立即召见心腹大臣肃顺、载垣等人商议。商议的内容不是该不该建立总理衙门，因为外务的重要性已经不容置疑了，而是建立总理衙门后是否会出现总理衙门权势过大，造成尾大不掉的局面。

肃顺思忖再三后，向咸丰皇帝提出的建议是：随着时事变迁和洋务事宜的增多，的确需要一个部门来加强对外务的管理。但是，他不同意"总理各国事务衙门"这个提法，应该给这个衙门的名号再加上"通商"两个字。这样一来，以往设立的礼部、理藩院都还有事可干，不至于使这个部门总揽大权，也不至于让奕䜣的权势大到难以控制。

肃顺的这个提法，立即得到了咸丰皇帝和其他大臣的一致认可。

奕䜣接到咸丰皇帝的批示后，发现"总理各国事务衙门"的名号上加上了"通商"两个字，立即明白了其中的意思。但他并不肯就此罢休。一方面，总理衙门如果权力过小，对他自己肯定没有什么好处；另一方面，如果总理衙门在诸多的外务事宜上还要和礼部、理藩院互相扯来扯去，那么这个部门的意义也就不大了。

于是，奕䜣又给咸丰皇帝上了一道奏折，强调单纯的通商事务已经有其他部门来管理，现在清政府所面对的列强，不单单是通不通商的问题，总理衙门的管理范围也应该是包罗万象的，这样才能够更好地应对外国列强的诸多举措。

奕䜣的第二道奏折，振振有词，情真意切，虽然肃顺等人仍然坚持要在总理衙门上加上"通商"二字，咸丰皇帝权衡之后，还是同意了奕䜣的请求。

咸丰十年十二月十日（1861年1月20日），总理各国事务衙门正式批准成立，总揽外交以及与外国相关的财政、军事、教育、矿务等多方面的内容。

总理各国事务衙门（简称总理衙门）正式成立以后，不仅成为清政府的外交机构，还成为与军机处并驾齐驱的权力部门。而总理衙门的组织结构也是效仿军机处设立的。主要由总理大臣和章京组成。首席总理大臣一人，由亲王等皇族兼领。奕䜣任总理衙门首席总理大臣的时间最长，长达28年。总理大臣总体上无固定数额，总理衙门初设时，由奕䜣、桂良、文祥3人担任，此后人数略有增加，从七八个人至十余人不等。在内部组织上，由英国股、法国股、俄国股、美国股、海防股，以及清档房、司务厅组成，每个股办理与自己管辖范围相关的对外事务，责任明确。在京师有海关总税务司及京师同文馆两个附属机构，抽调各衙门章京，分属办事。

"辛酉政变"之后，随着奕䜣权势的提升，总理衙门的地位也有了进一步的提高。总理衙门管辖的范围一步步拓展，凡是和外国有关的且不属于六部管辖范围的，都划归总理衙门管辖。比如关税、学堂、铁路、电报、海防、传教等，都是总理衙门管辖的范围。

所以，慈禧太后要限制奕䜣的势力。慈禧借着一次和奕䜣闹僵的机会，连发两道上谕，明确指出奕䜣今后不得为发展自己的势力而推荐官员升迁。慈禧还逐步罢免了一些倾向于奕䜣的官员，这既达到了震慑奕䜣的作用，又剪除了奕䜣的羽翼。

慈禧太后与奕䜣的矛盾日益加深，一些投机取巧的官员紧紧盯着这个机会，把被慈禧太后看好成自己飞黄腾达的绝佳良机。蔡寿祺就是这样一个官员，他仔细权衡后，认为还是倒向慈禧太后这一边有利可图，于是上了一道奏折，指出议政王奕䜣贪污、骄横、大权独揽、徇私舞弊四大罪状。慈禧太后看到奏折后心中大喜，立即召奕䜣进宫，对其当面斥责。奕䜣不仅没有诚惶诚恐，反而火冒三丈，嚷嚷着要找蔡寿祺算账。慈禧太后见奕䜣如此骄横，便命人将他逐出大殿，随后避开被奕䜣掌控的军机处，命一些老臣直接发布诏书，责成一些官员对奕䜣所犯罪状进行一一核查。

诏书一出，内外震惊。在内，大批身居要职的官员力保奕䜣无罪，指责蔡寿祺诬告，一份份替奕䜣求情的奏折雪片般飞到了慈禧太后的眼前；在外，外国使馆的官员也对奕䜣的事十分关注，甚至想出面干涉。

这样的局面是慈禧太后始料未及的。另外，奕䜣见慈禧太后发布了这样一道措辞严厉的诏书，知道其手腕强硬，因此请其他大臣向慈禧太后转达了自己的和解之意。慈禧太后正好有了这么一个台阶下，于是召奕䜣进宫，当面训诫。

在训诫过程中，奕䜣收起了以前的倨傲，慈禧太后则顺水推舟地取消了奕䜣的议政王封号，使奕䜣的地位和权力大大削弱。而本想投机取巧的蔡寿祺，最终不仅没有捞到好处，反而被革除官职，罢免回乡。

三五 / 安德海被杀真相

在取消了奕䜣的议政王封号后,慈禧太后当政顺风顺水,可就在同治八年(1869),却突然发生了一件令慈禧太后大丢颜面的事情,这件事说大不大,说小也不小。说"不大"是因为不过是杀了个太监;说"不小",则是因为被杀的太监是慈禧太后最宠信的安德海。

安德海是直隶青县人,14岁时自阉入宫,凭借自己的聪明伶俐,不出几年时间,就被提拔到当时的四阿哥奕詝(即后来的咸丰皇帝)身边伺候。聪明的安德海积极地为奕詝出谋划策,而得其心意。

道光三十年(1850)正月,咸丰皇帝登基,对其夺位有功的安德海,顺理成章地升为了御前太监。御前太监主要负责皇帝的日常起居等事务。一来二去,安德海就与后来的慈禧太后,当时的兰贵人结成了紧密同盟。

中肯地说,慈禧太后此后十数年对安德海的信任,根本是取决于安德海的忠心耿耿和智勇双全。因为安德海曾多次救助慈禧于危难之中。"辛酉政变"时,咸丰皇帝在承德暴毙,面对肃顺、载垣、端华等八大臣的阻挠,两宫皇太后无法与身在北京的恭亲王奕䜣保持联系,一时焦急万分,在危急关头,安德海主动请求担任信使,舍命奔赴京城。他日夜疾驰,终于赶在阻止恭亲王奕䜣承德奔丧的圣旨前,到达了京城,并见到了奕䜣。这才转变政局,为日后杀肃顺,捉拿载垣、端华等人,巩固慈禧太后的地位,立下了汗马功劳。

凭此一举,安德海被破格提拔为四品蓝翎大总管。从此,他在皇宫大内的地位进一步提高,进入人生中极端辉煌灿烂的时期。

背靠慈禧太后这棵大树,安德海要风得风,要雨得雨,逐渐张狂起来,不知道自己的斤两了。几年时间,把该得罪的人和不该得罪的人都得罪了,就连经常入宫的恭亲王奕䜣都难以忍受他。据说有一次奕䜣去见慈禧太后,而慈禧太后因为和安德海说话正说到兴头上，竟然推辞不见。奕䜣后来得知，大感耻辱，恨恨地说："我要是不杀了安德海，就对不起祖宗，对不起朝廷纲纪！"

安德海得知后，十分恐惧。于是经常借着各种机会在慈禧太后面前说奕䜣的坏话，以挑拨两人的关系。就连年幼的同治小皇帝，都知道安德海和母亲过于亲密，由此对安德海非常愤恨。有一次，同治小皇帝还亲手做了一个小泥人，背后写上安德海的名字，并用小刀削掉泥人的头。旁边的太监问他这是干什么，同治怒气冲冲地说："杀小安子！"

可是，安德海依然很放肆，为了敛财，他开始利用出入宫廷之机，陆续夹带宫中珍品出宫变卖，收入颇丰。尝到了甜头的安德海胆子越来越大，盘算许久后，他又打着为同治皇帝大婚采办衣料的名号，向慈禧太后请求出宫，实际上，安德海的意图是在富庶地区变卖古玩，大捞一笔。

尽管有"太监不准出京"的祖制，但慈禧太后禁不住安德海的软磨硬泡，最终勉强同意了，只是嘱咐安德海一定要低调行事。

同治八年（1869），安德海带着一大批随从，打着钦差的旗号，大张旗鼓地坐龙舟顺运河南下。他以为既然慈禧太后都首肯了，祖制便不在话下，因此沿途寻欢作乐，接受地方官员殷勤地孝敬，可谓风光至极。

这一天，安德海来到山东德州境内，这一消息很快便有人报告了山东巡抚丁宝桢。

丁宝桢原本是咸丰三年（1853）进士出身，为人刚正不阿，做事一向勇敢果断。当年僧格林沁在山东"剿杀"捻军的时候，对待地方官员极其傲慢，他见巡抚以下的官员，是从来不给让座的，下面的官员慑于僧格林沁的威势，也是敢怒而不敢言。当时丁宝桢刚升任山东按察使，恰巧有事要去拜访僧格林沁。在去之前，丁宝桢就听说了僧格林沁的规矩，于是便先让人转告僧格林沁：要是设座就来见，不设座就不来。

手下的人劝他不要得罪僧格林沁，免得惹麻烦。但丁宝桢坚持要把自己的话传到。僧格林沁得报后，大为震怒，一个小小的山东按察使，居然敢提条件，倒要看看这是何方神圣！不料，丁宝桢来后，果然非同寻常，一副不卑不亢的气度，让僧格林沁也为之折服。

再说丁宝桢得知太监出巡的事情后，十分震怒。他早就听过安德海宦官乱政，想为国除害，可惜没有机会。这次倒好，安德海送上门来了。于是，丁宝桢传令德州知府赵新，让他将安德海的招摇情形及时汇报，如遇安德海行不法之事，就立刻擒拿。赵新官小胆子也小，不敢动手，只是将安德海的情况报告给丁宝桢。丁宝桢迅速写了一道密折，将安德海一路上的所作所为上报朝廷。同时，丁宝桢命东昌知府程绳武追赶安德海，伺机将其拿下。程绳武也害怕得罪慈禧太后，他带人尾随了安德海三天，但一直不敢动手。丁宝桢等了三天没见回报，便派总兵王正气率兵追赶，终于在泰安将安德海等人擒获。

安德海被押送到济南后，还以太后派出的钦差自居，自信没人敢动自己，根本不把丁宝桢放在眼里。丁宝桢大怒，命人掌嘴，将安德海打得遍地找牙。随后，丁宝桢决定不等朝廷命令，而是按照清廷"太监不得出都门，违者就地正法"的祖制，将安德海处死。

安德海是慈禧太后最宠信的太监，将之处死是非同小可的事，丁宝桢身边的官员都跪求丁宝桢不要轻举妄动，等朝廷旨意来了再说。毕竟，万一慈禧太后追查下来，不仅乌纱帽难保，搞不好还要赔上自己的身家性命。然而，丁宝桢正是因为担心慈禧太后会回护安德海，所以要在旨意到来之前从速处死安德海，为国家除了这一个大害。安德海可能做梦都没想到，他还没有风光够，就在济南被丁宝桢斩下了头颅。

再说慈禧太后这边，她得知安德海被擒拿后，方知事态不妙。无奈之下，她只好同慈安太后一起召见了恭亲王奕䜣，以及军机大臣和内务府大臣等人，商议如何处理这件事。令慈禧太后难堪的是，慈安太后、奕䜣和朝臣们一致认为，祖制不可违，要将安德海处死。慈禧太后当然也知道祖制家法，当年顺治皇帝鉴于明朝太监干政，导致亡国的教训，特意在交泰殿外立了一个"内宫不许干预政事"的铁牌，明令凡有太监犯法干政者，都要凌迟处死。

虽然慈禧不得不同意众人的看法，但为了挽救安德海的性命，慈禧太后还是要将处死安德海的谕旨扣着，迟发了两天，试图让事情有所转圜。可是，慈禧太后不知道的是，安德海此时早已人头落地。几天后，安德海已经殒命的消息传到京城。慈禧太后也只能强压怒火，她不但未做声张，反而连发两道上谕说，我朝家法森严，有犯必惩，太监安德海竟敢如此胆大妄为，招摇过市，种种不法，实在是罪有应得。

安德海被处死后，朝中大臣们都认为此事大快人心。据说曾国藩得知此事后，在他的日记里记了一笔："我眼睛患病已经几个月了，在听说此事后，积翳为之一开！稚璜（丁宝桢的字）真豪杰也！"李鸿章则拿着这条消息，兴奋地对幕僚们说："稚璜自此成名矣！"

三六 / 李莲英的逢迎之道

安德海被处决后，有一个人挺高兴。这个人就是晚清历史上另一个臭名昭著的太监李莲英。对于李莲英来说，安德海死了自己就能受到慈禧太后的专宠，既然专宠，那么给予的权力相对也就更大。

同时，安德海之死，也给李莲英敲了个警钟，往后行事，一定要谨慎再谨慎，断然不可飞扬跋扈。只有这样，才能长久立于不败之地。

李莲英出生于直隶河间府，就是现在的河北省沧州市。

他原本是个孤儿，父母早亡，家境非常贫困，自幼缺乏管教。长大后他染上了一身的恶习，吃喝嫖赌抽，坑蒙拐骗偷，一样没落下，而且不务正业，因为压根儿就没有正业。基本上就是一个闲散地痞，就干过一件事，还是违法的——私自贩卖火药，为此蹲了几年大牢，释放以后，以缝鞋为生，干了很多年。

缝鞋匠李莲英很羡慕自己的一个同乡，这同乡叫沈兰玉，当时是慈禧身边的一个太监，还挺受慈禧喜爱，也算混得风生水起。后来，李莲英一狠心，干脆净身入宫，通过沈兰玉的推荐，进宫在梳头房当了一个打杂的小太监。

李莲英当然不甘心只当一个区区梳头的太监，他一心想着有朝一日能发达起来。

机会总是留给有准备的人。不久，慈禧太后想改换一个新发型，让身边的梳头太监弄，可弄来弄去，也弄不出好看的发型来。接连几天，那梳头的太监挨骂受罚。李莲英知道后，就琢磨什么地方能找到好看的发型。思来想去，有一个地方准行，那就是青楼。因为青楼妓女时髦嘛。

于是他一个太监就去了青楼，向青楼的妓女苦学了三天，掌握了几种最漂亮的发型。回到宫里，就找到沈兰玉，求他向慈禧推荐自己。慈禧素来听说李莲英听话乖巧，就答应让他试一试。

对于李莲英来说，这无疑是一次赌博，弄好了，让太后称心如意，那自然是立功受奖；弄不好，那就是偷鸡不成蚀把米。于是，李莲英既紧张又兴奋，尽心卖力地给慈禧梳了一个当时青楼妓女中最流行、最惹眼的发型。慈禧拿过镜子一照，心里那叫一个美，这一高兴，就让李莲英做了身边的梳头太监。

这样一来，李莲英就离慈禧太后更近了一步。

李莲英迈出了成功的第一步，但离自己心里的目标还相距甚远。他知道，自己必须进一步取得慈禧的喜爱和信任。

当时，咸丰皇帝已经察觉出慈禧的野心，就怕自己死后，慈禧专权。于是就跟肃顺等大臣商议，说这慈禧好比汉武帝的钩弋夫人。钩弋夫人大家都知道，是汉武帝最宠爱的妃子，由于年轻，又有些手段，汉武帝死前，怕其专权，于是下令处死了钩弋夫人。这意思就很明显了，咸丰皇帝想效仿汉武帝，处死慈禧。

万万没想到，这番议论竟然被李莲英偷听到了。他赶紧报告给慈禧太后。

慈禧不是一般的女人，表面无动于衷，其实心里已然有了一个周密的计划。她使用各种手段，调动各种力量，又是晓之以理，又是动之以情，最后搞得咸丰皇帝放弃了处置他的计划。

咸丰皇帝一死，慈禧便搞了政变，杀了三位"顾命大臣"，将宫廷大权牢牢掌握在自己手中。而李莲英呢，因为告密有功，成了慈禧太后的心腹。自此，李莲英从一个小小的梳头太监，成了慈禧的心腹太监。

走到这一步，李莲英给自己定了两个方针，一是谨慎，二是逢迎。

中国历史上，擅长逢迎的太监其实不少，但在逢迎方面能超越李莲英的几乎没有。自从他当上了梳头太监后，就用心琢磨慈禧太后的各种喜恶。往往是慈禧还没开口，他就提前把一切安排好了。

这怎能不让慈禧喜爱呢？以至于李莲英休假时，别的太监来伺候，慈禧都不满意。同行是冤家，有些太监羡慕嫉妒恨，但丝毫不敢造次，因为他们很清楚，无论如何他们也扳不倒李莲英。

一时间，李莲英春风得意，为了炫耀权势，他在家门口立了一块牌子，上书"总管李寓"四个醒目大字。有一天，慈禧太后到恭亲王奕䜣家，途经李莲英家门口，看到这几个字后，脸色一变。就这一瞬间的神态变化，引起了李莲英的警觉，他赶紧摘掉了牌子，然后向慈禧太后禀报说："奴才在宫中当差，家中的小太监不懂规矩，竟然在奴才家门口挂起总管的牌子，奴才发现后马上摘掉了木牌，现已将人交与内务府惩办。"慈禧太后听后，心中宽慰，说："小李子处理得很好，就不必交内务府了。"通过府前挂牌这件事，李莲英在慈禧太后面前变得更加小心谨慎。

慈禧太后常常会去太监值班的地方坐会儿。每次待慈禧走后，李莲英就用黄缎子把她坐过的板凳包裹起来，意思是，太后坐过的凳子，别人都不能沾一下。日子长了，值班室里的凳子几乎都被包了黄缎子。慈禧看到后，忍不住称赞李莲英，真是既忠诚又细心。

平常，慈禧太后还有一个爱好，就是装出一副积德行善的派头，比如搞一些"放生"的活动。这一年，她60大寿，更是要把戏做足，要搞出更有"功德"的活动。怎么搞呢？这个艰巨而光荣的任务，自然就交给了李莲英。

李莲英挖空心思，搞了一个活动——在颐和园的佛香阁下放鸟。一笼笼鸟摆在院子里，请慈禧太后亲自打开鸟笼，将鸟放飞。奇特的是，慈禧太后打开鸟笼后，那些鸟儿纷纷飞出，却在空中盘旋了一阵，又慢慢飞回了笼中。

慈禧太后问："为什么鸟儿不远走高飞？"

李莲英连忙献媚道："老佛爷皇恩浩荡，恩及鸟兽，鸟儿对老佛爷感恩戴德，所以不肯飞去，此乃吉祥之兆，老佛爷定然万寿无疆。"

慈禧太后听后，十分高兴。接着，李莲英又命人抬来一百桶鲤鱼，倒在昆明湖里，只见鱼儿摇头摆尾，整整齐齐排列在湖边的石台阶下，不肯离去。在场的人都看呆了。李莲英跪在慈禧太后面前说，老佛爷洪福齐天，放鸟不飞，放鱼不游，实是天降洪福啊！在场的大臣、宫女、太监也一同跪下，高呼万岁。慈禧太后心花怒放。

放鸟不飞，鸟是驯熟了，鱼儿怎么能驯熟呢？原来，李莲英事先将鲤鱼倒在清水桶里，饿了三五天，然后将鱼虫装在纱布袋里，固定在湖边的石台阶下面，鱼虫可以从纱布中慢慢游出来。当清水桶的鱼倒进昆明湖时，被饿了几天的鱼儿，见到鱼虫自然不肯离去。

李莲英挖空心思地讨好逢迎，让慈禧太后越发喜爱，他因此被升为内廷大总管。

然而，这些事都是些小逢迎。李莲英干的最大的一件逢迎事，就是为慈禧太后修造颐和园。

修造颐和园需要耗资3000万。这巨款从何而来呢？原来，清廷与法国在马江作战失败后，福建水师全军覆没。清政府决定大力发展水师，这件事由李鸿章主持，但是李鸿章接连奏请朝廷，筹集军费，却始终没有获准。无奈之下，李鸿章只好亲自前往朝中打探消息。李莲英知道后，对李鸿章说，近些年来，太后一直想找个清净的居所，要造个园子，只愁没有款项，时感烦躁，所以遇到各省筹款的奏折，往往都不予批复。

李鸿章一听，就明白了李莲英的意思。于是，二人秘密商议，借建海军筹款的名目，责成各省每年定期定额交付款项。然后，从这笔款项中挪出一半，作为建造颐和园的经费。慈禧太后得知后，自然高兴万分，连连夸奖李莲英既忠心又能干。

就这样，李莲英一步步成了慈禧太后的大红人。许多大臣都极力讨好他。李莲英开始干预军政大权，而且还公开卖官鬻爵，大肆收受贿赂，积累了巨额的财富。

但李莲英始终是谨慎的。他很清楚，如果有朝一日慈禧太后失去了权势，那么自己的性命恐怕就难保了。他不想走安德海的老路。于是，他见光绪皇帝即位，便想把自己的妹妹献给光绪皇帝。光绪皇帝看透了李莲英的用心，不予理睬。而李莲英不甘心，后来又巴结上了光绪皇帝的隆裕皇后。原来，光绪帝的婚事，是慈禧太后一手操办的，她将自己的侄女立为皇后，徽号隆裕。光绪皇帝却不喜欢隆裕，他喜欢的人是珍妃。珍妃比光绪皇帝小5岁，相貌端正，性格开朗，又处处支持光绪皇帝。这让隆裕皇后十分嫉妒。李莲英为了讨好隆裕皇后，不断在慈禧太后面前诉说珍妃的种种不是，挑拨是非。到后来，戊戌变法失败以后，光绪皇帝被慈禧太后囚于瀛台，珍妃也被关押了起来。

光绪三十四年（公元 1908 年）十月二十一日，38 岁的光绪帝在瀛台病逝，次日慈禧太后归天而去。这是后话，暂且不表，单说李莲英，慈禧太后一死，他的地位立即就受到了威胁。没多久，他就被解除了太监大总管的职务，不得已离开了皇宫。此时，摄政王载沣想借机除掉李莲英，从而谋夺其多年积累下的财富。危险之时，隆裕皇后出面保护了李莲英，因为李莲英曾帮她陷害过珍妃。如此一来，载沣才没有对李莲英下手。

宣统三年（公元 1911 年）二月，李莲英寿终正寝。

三七 / 刺马奇案

"安德海被杀事件"可以说是同治朝的一个大案。就在安德海被杀的第二年,又发生了一起刺杀案件,这起案件也让慈禧太后着实吃惊不小。

事情要从同治九年(1870)的一天说起。这一天,慈禧太后接到一道六百里加急奏折。奏折上写着:"两江总督马新贻遇刺身亡。"

慈禧太后既惊讶又疑惑,问身边的曾国藩:"这是怎么回事儿?这么奇怪?"曾国藩很惶恐,慌忙说:"奇怪,是很奇怪。"

曾国藩的神情和回答让慈禧更加疑惑,当即下令彻查此事,务必要将案子查清查明。

然而,令人意想不到的是,这个案子却拖了半年之久不能结案。更令朝廷官员头疼的是,由于不能结案,各种传闻四起,使此案更加扑朔迷离。

这桩历史上称为"刺马案"的晚清大案,究竟隐藏着什么秘密呢?案子又是怎样发生的呢?

时间回到公元1870年8月21日。这一天是大清"总督阅视武弁投射"的日子。可是不凑巧,这一天忽然天降大雨。"总督阅射"这一盛典只好推迟到第二天。

第二天,天气格外晴朗,时任两江总督的马新贻早早地就来到校场演武厅。马新贻独自徒步走来,虽然时间很早,却已挤满了前来观看盛典的老百姓。

盛典像往年一样,气氛热烈,没有发生任何意外。盛典结束后,马新贻返回自己的督署。校场演武厅在督署的西边,马新贻回督署要经过一条箭道。此时此刻,箭道两旁有很多围观的群众。马新贻的侍卫没有因为人多而提高警惕。惊魂的一幕就在马新贻走到督署后院门外时发生了——马新贻的一个同乡忽然冲出人群,扑通跪下,向马新贻求助,请求马新贻赏口饭吃。同乡的这一求助行为已经不是第一次了。马新贻看了同乡一眼，显得很不耐烦，也不理睬，径直向前走。武巡捕叶华龙走上前，一把将马新贻的同乡推开。与此同时，马新贻身边的三个侍卫也掉过头来，把这个同乡拖到一旁，抽了他几个耳光。

这个时候，马新贻身边仅剩几个侍卫，他们跟随马新贻继续往前走。走出不到三米，箭道旁的人群中忽然又冲出一个人。这个人高呼着冤枉，跪倒在马新贻脚下。马新贻正要弯腰去搀扶，这个人猛然从腿间抽出一把雪亮的匕首，以迅雷不及掩耳之势插入马新贻的右肋。侍卫根本来不及反应，只听见马新贻惨叫一声。马新贻倒在地上，一名侍卫赶紧去扶，另外几名侍卫上前捉拿刺客。人群顿时大乱。然而，令人不解的是，这名刺客没有做出一点反抗，他神情自若地看着被刺后的马新贻。

这个刺客是谁？为什么在光天化日之下公然刺杀两江总督，却没有一点恐惧？他的背后隐藏着什么秘密呢？

马新贻被侍卫扶起的时候，已经面如土色。他用双手抱着胸部，右臂紧紧夹着右肋，身子不停地抽搐，根本站不稳。侍卫只好取来门板，将马新贻抬进督署。在督署上房的床上，马新贻气若游丝，他叫来儿子，语焉不详地口述了一份遗疏，并嘱咐儿子，请江宁将军魁玉代呈朝廷。

督署外，中军副将喻吉三已下令将刺杀马新贻的凶犯绑缚起来。刺客竟然仰天狂笑，说了一句话："养兵千日，用在一朝。"

恼怒的侍卫将刺客连拖带打弄进督署，关押起来。

由于案情重大，中军副将喻吉三立即派人通报江宁将军魁玉和司道要员。消息很快传到魁玉将军府，魁玉惊慌失措，立刻动身去督署探视马新贻。

从马新贻的伤口看，匕首插进他右肋深及数寸。由于失血过多，马新贻已经奄奄一息，在死亡边缘无力地挣扎。

马新贻口述遗疏的时间很长，从8月22日下午开始，直到23日中午才结束。其间昏死数次，然而，出人意料的是，他又数次奇迹般地活了过来。中医们竭力抢救，可是，马新贻在口述完遗疏后，于23日下午2时许最终身亡。

这位两江总督8月22日遇刺，8月23日身亡，前后只有一天时间。可就在这短短的一天时间里，江宁府大乱。江宁府的官员们都知道，自大清朝开国以来，还从来没有如此高级别官员的遭遇刺杀。身为两江总督，竟在督署重地被刺杀，对清廷的官员来说，这简直是一件千古未闻的事情。

马新贻遇刺的当天，江宁将军魁玉就赶到督署，探视过马新贻后，便亲自提审刺客，得到的答案让他非常失望。刺客只交代了两点：第一，自己名叫张文祥；第二，是河南人。

至于行刺缘由、行刺经过，张文祥绝口不提，再三讯问，张文祥便彻底沉默了。

8月23日，一个庞大的审案小组成立。除魁玉将军外，还有藩司梅启照，署盐道凌焕，江宁知府冯柏年，署理上元县知县胡裕燕，江宁知县莫祥芝，候补知府孙云锦，候补知县沈启鹏、陈云选。8月24日，魁玉又加派了臬司贾益谦、候补知府钱海永、皖南道李荣、江苏候补道孙衣言、山东候补道袁保庆。共14名官员轮番审讯凶犯张文祥。

然而，结果让人沮丧。连续4天车轮式地审讯，官员们没有从凶犯嘴里得到更多有价值的答案。

凶犯张文祥即使说话，也是满口胡言。无论怎样拷打，也不交代刺杀缘由。两江总督马新贻遇刺身亡已经5天。8月27日，无可奈何的魁玉将军上疏朝廷。他在奏折中说，怀疑凶犯张文祥就是一个地痞无赖。然而，凶犯的身份真有如此简单吗？

清廷对魁玉的推测非常不满，当即连发四道谕旨。这四道谕旨犹如四支飞箭，于8月29日就到达魁玉手中。每一道谕旨都让魁玉心惊肉跳。

第一道谕旨：命魁玉将军主审马新贻被刺案。

第二道谕旨：任命曾国藩任两江总督一职，未到任之前，总督事务由魁玉将军全权主持。

第三道谕旨：提醒安徽巡抚英翰注意长江防务和地方治安。

第四道谕旨：强调重申，命魁玉将军用心审理此案，务必挖出该案的幕后指使者。

魁玉将军感到前所未有的压力，如果不彻底查明案情，他是没有办法向朝廷交差的。更让他意想不到的是，就在朝廷发出这四道谕旨的时候，给事中王书瑞向同治皇帝上了一道奏折。奏折中说,两江总督竟光天化日之下死在一名刺客手中,此案甚为古怪,其他的总督又会怎么想?希望朝廷派亲信大臣彻查此案。

于是,9月5日,朝廷又发出一道谕旨,内容是两江总督马新贻被来历不明的刺客刺杀,于情于理不符,务必查出幕后真凶!

面对来自朝廷压力的魁玉将军没有更多的办法。他只能督促审案小组成员,让官员们从张文祥嘴里找出幕后真凶。

13天过去,时间到了9月18日,案情的审理没有丝毫进展。朝廷又传来谕旨,内容没有变化,只是重申——此案必有幕后真凶,速查明。

审讯组官员对张文祥使用酷刑,不堪折磨的张文祥终于又交代出一点东西。他声称自己参加过太平军。接下来,又无后话。

一周后,魁玉将军上奏朝廷,说案犯供词"一味闪烁""语言颠倒"。根据案犯自称参加过太平军的供述,已将其女儿张宝珍、儿子张长福及舅母罗王氏拿获。魁玉的这道奏折,俨然是为了应付朝廷。无论如何,案情终归有了进展。可是,朝廷方面对魁玉的奏折十分恼火,奏折中根本没有他们想要的东西。关于案犯"一味闪烁""语言颠倒"的供词也无具体说明。

由此,朝廷方面开始对这位魁玉将军产生怀疑。难道魁玉在偏袒案犯吗?朝廷方面很快做出决定,派出时任漕运总督的张之万赶赴江宁府会审。

漕运总督张之万到达江宁府后便传见审案小组的各司道府官员。了解情况后,张之万亲自提审张文祥。让各司道府官员颇感疑惑的是,在整个审讯过程中,张之万都没有对张文祥动刑。张文祥自然也未交代出更有价值的案情。

张之万不对张文祥动刑的原因很简单,他担心万一不小心将案犯拷打致死,无法向朝廷交代。

这个时候,江宁府的官员们都已经明白了一件事情,此案的背后一定有幕后策划、主使者。而幕后主使者敢派刺客杀害两江总督,自然也不是一般人。张之万更明白这一点。因此,无论这一大案子怎么审、怎么了结,都讨不到好。审不出幕后主使者朝廷不答应,马新贻的家人也不会答应。

在这种情况下,张之万能做的就是等待。他要等来一个人。这个人就是朝廷8月发出的四道谕旨中，执行第二道谕旨的曾国藩。

张之万想把这个头痛棘手的案子移交给曾国藩。可是，曾国藩始终没有到来。一向办事雷厉风行的曾国藩为什么一反常态，拖延时日，迟迟不启程呢？

张之万找不到答案。无奈之下，他上奏朝廷，说案犯张文祥死不招供，甚至当面拷打其子女也不心软。最后，张之万还是请朝廷放心，他一定能够了结此案。

又过了一个月，朝廷方面仍未收到结案的消息，震怒之下，责备张之万和魁玉办事效率低下，并警示二人：马新贻遇刺案已历时四个月，若再延误，后果自知。

12月9日、12日、18日朝廷又连下三道谕旨催促结案。魁玉和张之万终于承受不住压力，共同编造了一份结案报告。报告上说：张文祥交代，自己是一个海盗，因为马新贻在浙江"剿灭"了他的同伙，张文祥为了给同伙报仇，所以刺杀马新贻。这个交代大概可信。

这份报告让朝廷方面啼笑皆非，一桩震动朝野的人命大案，竟然用"大概可信"来敷衍搪塞。

朝廷方面对魁玉和张之万彻底失望。案犯拒不交代，从马新贻最后口述的遗疏中也看不出任何端倪。马新贻在遗疏中只说明了两件事情：第一，向同治皇帝汇报工作，并特意指出，自己在担任两江总督期间，前总督曾国藩和李鸿章给予了极大的帮助，因此才有了今天的成绩；第二，马新贻谈到曾国藩正在处理的天津教案。马新贻声称，当自己听到天津百姓冲进外国人教堂闹事时，恨不得亲自去将那些百姓处死，只是自己职位所在，也只好天天生气罢了。

对于自己遇刺的事，马新贻在遗疏中却轻描淡写，一笔带过，只是留下一个令人匪夷所思的疑问句：为什么一个我不认识的人要杀我？

就这样，马新贻遇刺身亡已经几个月，却没有一个让人信服的结果。这桩案子成为一桩悬而未决的奇案。朝廷只能寄希望于曾国藩，希望他能审清此案。

然而，朝廷在8月29日发出命曾国藩再任两江总督的谕旨，8月30日上午，曾国藩在天津接到谕旨，却拖延至11月还未启程前往江宁府，这几个月他在干什么呢？

8月30日这一天，曾国藩接到朝廷上谕后，立刻召集幕僚和江苏巡抚丁日昌、毛祺熙商议。这时候的曾国藩正在处理天津教案，不断受到中外舆论抨击，外国列强指责他惩处不力，国人骂他是汉奸走狗。曾国藩的心理压力非常大，回任两江总督，正好让他脱离困境。可是，曾国藩并没有感到轻松，而是更加心惊肉跳。

两天后，曾国藩向朝廷上了一道谢恩疏，推托说自己近来时常头晕眼花，江宁府路途遥远，恐身体无法支撑，恳请朝廷另选高明。

朝廷方面却没有答应曾国藩的请求，只说，你曾经经营过江南，对那里非常熟悉，无须四处奔波，只要坐镇江宁即可。

然而，又过了半个月，曾国藩仍未动身。10月20日，慈禧太后只得召见曾国藩，命他速速赶赴江宁。曾国藩仍然推托说自己身体不好，经不起长途跋涉。

11月1日，慈禧太后再次召见曾国藩。这一次慈禧太后的态度很坚决，开门见山地质问，你什么时候去江宁？此时的曾国藩已无法再推托，只好说，就在近期。

曾国藩的行为让朝廷大为不解，没有人知道他在想什么。两江总督遇刺这样的大案，朝廷方面自然急于找到真相，而作为朝廷重臣的曾国藩，似乎对此漠不关心，这其中有何蹊跷呢？

我们把时间推回到1870年8月21日，也就是马新贻遇刺的前一天。江苏巡抚丁日昌匆忙赶到天津直隶督署，求见曾国藩。就在这一天，丁日昌和曾国藩进行了长时间的密谈。第二天，8月22日上午，远在江宁的马新贻遇刺。8月23日，马新贻身亡。之后，丁日昌与曾国藩日日密谈，夜夜磋商。密谈和磋商的内容没有人知道。

马新贻遇刺案审理几个月后，忽然传来一条消息：说马新贻遇刺是因为和江苏巡抚丁日昌不和。

这个消息让丁日昌十分惊慌，他迫切希望好友曾国藩亲自审理此案。而曾国藩得知这个消息后，再没有推托朝廷的上谕，于1870年11月7日启程南下。可是，在路上，曾国藩尽情地欣赏风景。12月14日，花了36天时间的曾国藩才抵达江宁。

难道丁日昌就是马新贻刺杀案的幕后主使者？而曾国藩又在其中扮演了什么角色呢？

如果是这样，丁日昌为什么要派刺客杀马新贻呢？是否真如传言所说，是因为二人不和呢？

不幸的是，这个传言并非空穴来风。一年前，准确地说是1869年10月5日这一天，太湖水师后营右哨勇丁徐有得和刘步标陪同哨官王有明到苏州看病。夜至二更，徐、刘二人闲游妓馆，正巧碰上丁日昌之子丁惠衡、侄子丁继祖，带着一帮家丁同游妓馆，双方发生争执，苏州亲兵营补用游击薛荫榜带亲兵胡家岳、丁玉林（丁日昌族人）巡夜，见徐、刘滋事，责打徐有得40军棍。徐有得不服，又遭重责。4天后，徐有得因伤死亡。

丁日昌得知子侄闲游妓馆滋事，导致勇丁丧命，不得不上奏，自请朝廷议处。上谕命马新贻审理此案，丁继祖投案，丁惠衡传唤未到。据丁日昌说，丁惠衡夜里越墙逃匿，不知去向。此案因丁惠衡拒不到案，一直拖到1870年7月6日才结案。此案结案后40多天，马新贻被刺，此时丁惠衡仍未归案。

丁日昌之子案与马新贻被刺案联系到了一起，朝廷上下沸沸扬扬。有人认为，丁日昌为了庇护儿子丁惠衡，从而派刺客杀害此案主审马新贻，致使案子不了了之。而在马新贻被刺前后几天，丁日昌与曾国藩数次密谈，甚为诡秘。传闻一出，丁日昌再也坐不住了，他立即上奏朝廷，请求朝廷下旨命曾国藩迅速赶赴江宁。

而曾国藩到达江宁后，正式担任两江总督一职，却不提案子，只是玩。对马新贻被刺案采取拖延回避的态度。如果心中没有鬼，为什么要如此对待这样一桩大案呢？不能不说，这一切和曾国藩、丁日昌密谈有关。他们似乎早已定下了应对的策略。

曾国藩要把这个案子推给另一个人。朝廷在曾国藩赴江宁的同时，还派出一个钦差大臣，时任刑部尚书的郑敦谨。朝廷方面要求撤换张之万和魁玉两位主审大员，连同审讯组的司员也一起换掉。清廷处理此案的决心是异常坚定的。

可是，曾国藩来得晚，钦差大臣郑敦谨来得更晚。曾国藩足足等了郑敦谨三个月。在这三个月中，曾国藩只做了三件事：一、待客闲聊；二、读《阅微草堂笔记》；三、吊唁马新贻，并作挽联一副。

直到1871年2月17日，钦差大臣郑敦谨到来的前一天，曾国藩才翻开马新贻被刺一案的卷宗，记下有关案犯的名字。

1871年2月18日，钦差大臣郑敦谨抵达江宁。2月19日，大年初二，新的审案组成立。成员为：郑敦谨及随从伊勒通阿、颜士璋，曾国藩和他委派的江安粮道王大经、江苏题补道洪汝奎，以及马新贻生前的亲信候补道孙衣言、袁保庆。案子开审，让郑敦谨意想不到的情形出现了。这位时任刑部尚书的钦差大臣，审案、断案自然有一套手段。然而，第一天审讯，没有任何收获，第二天、第三天、第四天同样如此。同坐正堂的曾国藩始终闭着眼一言不发。郑敦谨只好一个人发问，案犯张文祥没有交代出更多的东西。

两周后，郑敦谨痛苦地明白了，一切似乎都在别人操纵、安排之中。曾国藩的不配合，案犯张文祥的沉默，让郑敦谨放弃了审案到底的决心，他对曾国藩说："看来，只好仍照魁、张二人原奏之法奏结了。"

曾国藩笑了。郑敦谨的心凉透了，看来这世界上的有些事情不能深究，如同这个案子，深究下去，只能自陷其中，无法自拔。

接下来，郑敦谨要面临的问题是撰写结案呈词。难道真要照搬魁玉和张之万的结论吗？这对朝廷是没法交代的。于是，郑敦谨只好表演性地继续审案。

在审案过程中，郑敦谨也不对张文祥动刑。来来回回就问一个问题。候补道孙衣言愤怒地提出，如果不对张文祥动大刑，他是不会招供的。

郑敦谨急忙说，使不得，万一不小心打死了，怎么向朝廷交代？在这种"大家都不知道怎么交代"的情况下，马新贻被刺一案就此了结。

郑敦谨和曾国藩联袂上书朝廷——此次审理与魁、张二人的审理结果相同，维持原判。在上书中，郑敦谨特别加上了一条：处决张文祥的刑罚要格外严酷，除凌迟外，还应当摘其心以祭奠马新贻的亡灵。

这一份奏结，在呈送朝廷之前，候补道孙衣言、袁保庆拒绝签字。他们认为，此案并不算了结。而曾国藩笑着说，不签就不签吧。

事实上，朝廷方面根本就不知道，在新的审理小组中有孙衣言、袁保庆这两位候补道。

1871年3月19日，郑敦谨将奏结呈送朝廷。同时，将张文祥的口供抄录分送军机处、刑部存案。这次审理的结果成为既定的事实，朝廷方面只好接受这一事实。

1871年3月26日，朝廷下达谕旨，肯定了郑敦谨和曾国藩的奏结。并下令，4月4日将案犯张文祥凌迟处死，并摘心致祭。由曾国藩监斩。

4月5日，就在张文祥被处决的第二天，未等圣旨下达，郑敦谨便愤然离开江宁，打发了一个郎中代他回京交旨，声称自己有病不能回京。钦差大臣不回京交旨，按清制是要治罪的。曾国藩觉得有点对不住这个湖南同乡，借巡视地方为名，到清江去看望郑敦谨，对其百般安慰，劝其回京赴任。而后，朝廷下谕旨，命郑敦谨回京。郑敦谨再次以有病为托词，请求开缺，并终生不再为官。

而郑敦谨的两个随从回京后也悄然消失。同年6月，颜士璋被下放到兰州，与充军流放相差无几，不久回原籍赋闲。伊勒通阿8月19日"给全俸以养余年"，也回老家去了。

所有这一切，都使人们感到马新贻遇刺案的背后有一股强大的势力，而这股势力的操纵者会是谁呢？难道就是晚清重臣曾国藩？

有一个事实无法回避——1868年，曾国藩统领的湘军击败了太平天国。太平天国经营10年，天王府金银财宝堆积如山，其他王府、将军府也有不少收藏。曾国荃攻陷天京，纵湘军抢掠数天。为了灭迹，又放了一把火，大火烧了几天几夜不熄。湘军均中饱私囊，用大小车辆向湖南老家运送财物，几年中，湘军子弟抢购的土地遍及湘鄂。朝野议论纷纷，恭亲王颇有微词，慈禧太后心中不快。尤其令朝廷坐卧不安的是，十几年来湘军的实力迅速膨胀。太平天国失败后，人们传言曾国藩有野心，其实他的部下早就怂恿他谋取帝位。在与太平军作战时，清廷不得不倚重湘军，但是，如今太平军被"荡平"了，慈禧太后能允许曾国藩在江南坐大吗？东南卧着一只虎，她睡觉也不安心。于是她把曾国藩调离江宁，派马新贻任两江总督，迅速裁撤湘军。

江宁本是湘军浴血奋战攻打下来的，他们在那里经营数年，视江宁为私有财产，岂能轻易拱手让给马新贻。除掉马新贻，江宁便可以重回到湘军手中。因为马新贻从进士直到总督，一直没有自己的军队，他孑然一身来到江宁，却不知道自己已身处凶险的境地。

而马新贻被刺身亡后，还有一种传言，说他被刺杀的根本原因是"渔色负友"。就在马新贻被刺身亡后，立刻就有"刺马案"的戏文上演。

马新贻被刺身亡，又有身后之玷，人们津津有味地谈论着桃色绯闻，而且又有为友复仇、义薄云天的侠义故事，以迎合人们猎奇的心理，适应玩家的口味。如果马新贻不死，也是百口莫辩。史家也对此望而却步，因为谁也不愿意去为一个渔色负友的小人辩白，冤不冤由他去吧。

这一切只能说明，马新贻遇刺案是一起有计划、有组织、有预谋的政治谋杀，从刺杀的实施来看，刺客张文祥在警卫森严的督署重地一扑而中，显然是经过精心演练和准备的，到后来制造马新贻"渔色负友"的舆论，以及对案件审理和结案的设计，都足以说明是高手策划的结果。这个高手，除了曾国藩还能有谁呢？

因为，还有一个事实也不容置疑，在马新贻遇刺后，曾国藩再任两江总督，这个宝座从此一直掌握在湘系手中，再无人敢问津。

事实上，在辛酉政变发生的半个多月后，慈禧太后就任命曾国藩为钦差大臣，督办江苏、安徽、江西、浙江四省军务，四省的巡抚、提督以下的文武官员都归他节制，曾国藩集该地区的军、政、财权于一身，他当然不肯放弃手中的权力。不过，曾国藩也的确为大清王朝做出了不少贡献，除了镇压太平天国运动外，他还是洋务运动的代表人物。

三八 / 洋务运动之争

两次鸦片战争中,西方列强的坚船利炮让大清帝国吃了不少亏。清政府的一些官员认为,必须学习西方资本主义国家的"长技",才能挽救摇摇欲坠的大清帝国。于是,他们出面倡导和主持了以学习西方科学技术、引进机器生产为中心内容的"富强"运动。这就是"洋务运动"。倡导"洋务运动"的人,被称为"洋务派"。洋务派的代表,主要是担任封疆大吏的曾国藩、左宗棠、李鸿章、沈葆桢等人,他们在清朝的中央政府中,获得了恭亲王奕䜣和军机大臣文祥等人的支持。

然而,还有一派是反对"洋务运动"的,被称为"顽固派"。代表人物有大学士倭仁、徐桐、李鸿藻等人。他们唯祖宗之法是尊,唯古圣先贤是尚,闭目塞听,因循守旧,盲目排斥一切新事物,幻想回到闭关锁国的时代。他们对洋务派提倡的学习西方语言文字、引进科学技术、采用西方生产技术等活动深恶痛绝。

洋务派与顽固派最早的论争,是由在京师同文馆开设天文算学馆而引起的。先是在咸丰十年(1860)十二月三日,恭亲王奕䜣奏请设立总理事务衙门,作为外交机构。但是,在与外国人打交道的过程中,遇到了语言和文字的障碍。因此,奕䜣建议从广东、上海物色专门学习英、法语言文字的人,挑选其中诚实可靠者,各派二人来京充当教习。并在八旗中挑选天资聪慧,年龄在十三四岁者各四五人进行学习。遗憾的是,奉旨已有一年的时间,广东、上海均未能派人来。于是,又转向外国聘请。由英国驻华公使馆参赞威妥玛举荐,聘请英籍通晓汉文的传教士包尔腾充当英文教习,并说明只学习语言文字,不准传教。

随后,又派汉人徐树琳教习汉文,并暗中监督包尔腾。初收八旗学生10名,成立英文馆,这就是京师同文馆创建的开始。

同治二年（1863）又聘请法国籍传教士司默灵和俄国驻华公使馆翻译柏林为教习，增收八旗学生20名。

同文馆成立之初，因为是仿照原先俄文馆的旧例，只是创办一所培养翻译人员的临时学校，所以没有引起什么争议。到了同治五年（1866），学生已经在馆数年，粗通洋文洋话了，只是年龄太小，对汉文的文义尚不能贯穿，所以很难再让他们学习天文、算学了。奕䜣认为，洋人制造机器、火器以及航行、编练军队等，没有一件事能离开天文、算学。现在，上海、浙江等处急需轮船制造和航海方面的人才，如果不从根本上用功夫，只学习皮毛，没有什么实际意义。

因此，奕䜣建议，在同文馆内添设天文算学馆，招收翰林、进士、举人、贡生及正途出身的五品以下京外各官入馆学习。本来，设天文算学馆的计划，朝廷已经批准了，着手进行就是了。但是，奕䜣等人料到顽固派必将出来反对，所以预先在奏折中声明：此次招考天文、算学，并不是出于好奇，而是迫于西人的术数之学。同时一一驳斥了那些早已宣扬的保守观点，坚定了朝廷的决心。

果然，不出奕䜣等人所料，同文馆增设天文算学馆的消息传出后，顽固派立即作出反应。山东道监察御史张盛藻首先上折表示反对，认为科甲正途人员都是读孔孟之书、学尧舜之道，何必要他们学习制造轮船、洋枪的原理呢？

朝廷驳回了张盛藻的上奏，指出学习天文、算学，只不过是借西法来印证中法而已，并非误入歧途。

张盛藻碰了壁，顽固派的首领人物倭仁便亲自跳了出来。倭仁是文渊阁大学士，又是同治皇帝的老师，讲求宋儒之学，堪称"理学大师"。在当时的士林中具有很大的影响力。他反对的理由主要是：立国的道理，应崇尚礼仪，而不应崇尚权谋；根本之图，应在人心，而不应在技艺。并说天下如此之广，不怕没有人才，即使像天文、算学这些必须讲求的学问，也一定有精通它的人，不怕没有人才，何必向外国人学习呢？如果科甲正途人员拜外国人为师，后果将不堪设想，正气不伸，邪气弥漫，数年以后，国将不国了。

清廷将倭仁的奏折交给总理衙门议奏，奕䜣等人针锋相对，反驳说：开设天文算学馆，并非误入歧途上了洋人的当，而是让今日士大夫痛心疾首，卧薪尝胆，以求自强。并针对倭仁在奏折中所称天下如此之广，不怕没有人才的话，提出让倭仁保举数人，择地另设一馆，由倭仁负责，以观成效。并说倭仁公忠体国，必定实心保举，不会误国误民。

这一下，不仅击中了倭仁的痛处，还将了他一军。清廷根据奕䜣所奏，当即下旨要倭仁保举数人，另行择地设馆。倭仁连忙声明，自己前奏不必讨论，不用另外设馆。但平时会留心观察，一旦发现人才，马上保奏，设馆教习，以收实效。倭仁阻止设立天文算学馆受挫，情绪非常激动，在与奕䜣当面争论的时候，几乎到了拍案而起的地步。为同治皇帝授书时，由于激动，鼻涕都流出来了。

随后，倭仁病倒，面色憔悴、茶饭不思，同僚前来看望，相对无言，只是叹息。

然而，倭仁虽然失败了，却赢得了一批守旧官员的同情。因此，在顽固守旧的士大夫中形成了一股反对学习西方的逆流。当时京城人言沸沸，谣言颇多，并常用俚语笑骂："胡闹、胡闹，教人都从了天主教！""孔门弟子，鬼谷先生！"……甚至有人作对联云："诡计本多端，使小朝廷设同文之馆；军机无远略，诱佳子弟拜异类为师。"

在这种气候下，一些顽固守旧官员纷纷出动，寻找各种借口，反对开设天文算学馆。通政使的官员于凌辰上奏折说：天文算学馆招考正途人员，几个月来，议论纷纷，一天比一天厉害。而报考中，有的省份几乎没有人报考，有的省份仅有一二人报考，即使有愿意考的，也为同乡所不齿。

有一个叫杨廷熙的小人物，是候选的直隶州知州，直接跑到督察员处呈递条陈，请为代奏。杨廷熙编造说：今年从春季到雨季，久旱不雨，河流枯竭，京城中疾病流行，这不同于以往的灾害呀。说到这里，他语气一转，将灾象之生归咎于同文馆的设立，指出现在京城中人们街谈巷议的，都是关于开设同文馆的。以此为基础，杨廷熙进一步大谈"十不可解"。

所谓"十不可解"，是说本来中国的天文、算学已经超过了西学，何必反去向夷狄学习？对付敌人的坚船利炮，主要是想出破敌之法，何必徒费钱粮、人力去学习？天文、算学、轮船、机器等皆无关乎自强之道，坚甲利兵再精也难操胜券，关键在于人心可用，何必还要依样葫芦地去制造？

此外，杨廷熙在条陈中对奕䜣等人大肆攻击，实际上变成了对奕䜣等人的参奏，已经超出了同文馆问题争辩的界限。他给奕䜣等人加上了"专擅挟持"等罪名，这是非同小可的。

那么，为何区区一个候补知州就敢滥施攻击，诋毁中央大员呢？这是因为杨廷熙身后有个倭仁做靠山。

事情闹到这个地步，已经很难收场了。奕䜣便奏请朝廷，派大臣核议杨廷熙所奏的事情，并让总理衙门的大臣暂停工作，听候查办。这样一来，朝廷只好于同治六年（1867）五月二十九日发布上谕，对开设同文馆给予肯定，这才暂时平息了这场争论。

这场关于设立天文算学馆的争论，不完全是意气之争或名利之争。而是关于要不要学习西方先进科学技术的争论。论战虽以顽固派失败而告终，但是顽固派阴魂不散，其言论仍有相当的市场。一有机会，顽固派仍然会跳出来。譬如，接下来的造船工业的兴废之争。

在洋务派推行的近代活动中，造船工业是最早的重点项目，其在创建之初也是卓有成效的。福州船政局是中国近代成立的第一个专门制造轮船的造船企业，也是最为顽固派所嫉恨的，从而使这一企业屡次面临下马的危险，由此发生了造船工业的兴废之争。

福州船政局是左宗棠任闽浙总督时一手创办的，但左宗棠不久就调任了陕甘总督，清廷派漕运总督吴棠继任。咸丰初年，吴棠任清河知县，任劳任怨，颇得人们赞誉。但他思想守旧，敌视洋务，并反对制造轮船。其言论行事都与顽固派如出一辙。

但吴棠与倭仁不同，倭仁虽然身为帝师，位居相国，名声显赫，却不掌握实权；而吴棠是封疆大吏，掌握实权，其影响力非同一般。所以，吴棠一到任，就使福州船政局面临下马的危机。

吴棠抵达福州之前，闽浙总督一职一度由福州将军英桂兼任。同治六年三月，吴棠到任后，便对英桂说：船政未必能成功，即使成功又有什么益处呢？于是，吴棠一反左宗棠所为，对船政之事处处掣肘，想用釜底抽薪之法，将其搞垮了事。

在吴棠的影响下，福州流言四起，到处是匿名揭帖，表达了一些人对造船的不满，并把诬陷的矛头直接指向船政。吴棠则一面编造总理衙门说船政"用钱失当"的谎言，一面利用匿名揭帖，打击左宗棠所委派的船政骨干，弄得船政人员人人自危。

前江西巡抚沈葆桢奉旨总理船政之务，知道吴棠对船政有成见，后来见吴棠步步紧逼，不肯罢手，便决心抗争。

沈葆桢是福建侯官人，咸丰五年底（1856年初），任江西九江知府，随曾国藩管营务。咸丰十一年（1861），由曾国藩推荐，出任江西巡抚，镇压太平军。同治五年（1866），由左宗棠推荐，继任福州船政大臣，专主福州船政局。

沈葆桢向朝廷上奏说，值此国家危难之时，愿与吴棠同舟共济，齐心将船政办好。并表示，船政是本大臣专门负责，愿以生命为代价，一定要办好船政大业。并恳请起用那些被诬陷的船政人员。

沈葆桢上奏以后，见朝廷仍然举棋不定。于是，又上书总理衙门，指出船政乃国家大事，吴棠身为封疆大吏，却不明事理，暗中为难船政人员，如此下去，将贻误国家大事。左宗棠得知后，极为愤慨。他给沈葆桢写了一封书信，表明自己的态度。同时，又考虑到吴棠在任清河知县时名声很好，于是就又写了一封书信，规劝吴棠。

哪知道，吴棠回信敷衍一番，仍然一意孤行。左宗棠见劝说无效，便上书朝廷，请求尽快定夺。

事态发展到这个地步，朝廷一面批准了沈葆桢的请求，一面努力调和各方面的关系。但是，问题的根源还是在吴棠那里，吴棠思想顽固，一开始就厌恶船政，加上对沈葆桢的成见，两人很难再携手工作。于是，清廷便于10天后，调任吴棠为四川总督。吴棠对船政的破坏受到限制。

然而，一波未平，一波又起。几年后，顽固派再一次掀起波澜。同治十一年（1872）一月，正当造船工作进展顺利之时，停止造船的议论又起，使船政再次面临下马的危险。鼓吹这种观点的是内阁学士宋晋，他以花钱太多为由，奏请停止造船。他声称，福建连年制造轮船，经费已花去四五百万，这未免花钱太多了。制造轮船是为了抵御外来侵略，如今中外早已讲和，再造轮船，岂不引起外人的猜疑？

宋晋的话似乎有点道理，因此也有一些人附和。朝廷对此不做明确表态，并将宋晋的奏折发给两江总督曾国藩和福州将军兼闽浙总督文煜议奏。

曾国藩对宋晋所奏不以为然，并致函总理衙门说，西方各国的轮船多而坚固，日本虽地处偏远，近来新造轮船也很多，而且不惜花费巨资，这是治理国家的人不得已而为之的。

可是，文煜的态度却是模棱两可，这使朝廷一时举棋不定，处于两难之中。考虑到经费紧张，认为暂停造船，节约一下部分资金用于急需之处，也未尝不可。于是，又向左宗棠、李鸿章、沈葆桢三人重新征求意见。

左宗棠是湖南湘阳人，太平天国起义后，一度在家办团练，后由曾国藩保举，清廷下特旨任他为四品堂襄办军务；咸丰十年（1860），又任浙江巡抚。太平天国起义失败后，奉命进击太平军余部入福建，与沈葆桢在福州设马尾造船厂，制造轮船。还设有船政学堂，其中分前、后两学堂；前堂学习法文，主要培养制造轮船的人才；后堂学习英文，主要培养驾驶轮船的人才。

同治五年（1866）八月，左宗棠奉命调任陕甘总督，才不得不将此重任交给沈葆桢。因此左宗棠对船政事业怀有厚爱，对于宋晋所奏停止造船一事，早就义愤填膺，他的意见是可想而知的。沈葆桢则是以具体事实，对宋晋的言论进行逐条批驳。最后，他斩钉截铁地说，造船之事不但不能停止，即使五年之后，也不能裁撤。

清廷先后受到左宗棠和沈葆桢的奏章后，态度渐趋明朗，但还要等李鸿章的奏章到了，再降谕旨。不久，李鸿章的奏折到了，他从清帝国所面临的形势入手，分析了中国的出路，指出只有学习西方的先进技术，多设厂、多造船、多制枪炮，才能抵御外来的侵略。如果士大夫还囿于章句之学，苟且偷生，国家的前途不堪设想。

由于左宗棠、李鸿章、沈葆桢三人的支持，清廷不得不批准了继续造船的计划。这场由宋晋挑起的争论，最后以洋务派的胜利而告终。他们三人使岌岌可危的造船局面得到了扭转，保证了轮船的继续兴造。

顽固派本想扼杀制造轮船这一新生事物，但却适得其反，这是顽固派始料未及的。但是，顽固派并没有就此罢休。又过了两年，到了同治十三年

（1874）春，原先左宗棠与法籍技术人员日意格等所签订的合同期满，大批外籍技术人员即将离厂回国，造船的技术设计改由清帝国的技术人员主持。

在日意格担任船厂监督的 5 年中，福州船政局共造了 15 艘轮船，总排水量达到 1.6 万吨，使中国的轮船从无到有，造船工业初具规模，应该是很大的成绩。如今，日意格和一些外籍技术人员离去，轮船能否继续造下去呢？这使船政局面临一次新的严峻考验。

在这个重要的时刻，一些顽固派官员又旧调重弹，大谈船政之害。沈葆桢不顾压力，再次挺身而出，与顽固派针锋相对，但朝廷迟迟不肯表态，船政不能继续兴工。

当时，正值日本出兵入侵我国台湾，东南沿海形势紧张，清朝统治集团大为震惊。在此关键时刻，船政所造的船起了重要作用，沈葆桢还亲自乘轮船到了台湾。在解决日军侵台事件中，清廷看到了船政的作用，决定批准沈葆桢的请求，大力支持造船。在沈葆桢的坚持下，终于击退了顽固派又一次的兴风作浪，使造船工作得以继续开展。

如果说，洋务派和顽固派的思想交锋，在关于设立天文算学馆的辩论中，以及在造船工业的兴废之争中，只经过了几个回合，洋务派明显占了上风的话，那么，在修筑铁路的酝酿和计划中，由于两派的斗争时而对峙，时而反复，风波迭起，因此判明最后的胜负就不是那么容易了。

在近代中国，修筑铁路问题的提出和酝酿，有着极为复杂的背景。最早提出修筑铁路的人叫洪仁玕。

咸丰八年（1858），洪仁玕在《资政新篇》中就曾建议在全国二十一省修筑二十一条铁路，作为国家联络的主干。而在一年前，西方殖民主义者出于侵略的动机，也有人建议在中国修筑铁路。这个人名叫斯普莱，是从印度军队退伍的一名大尉，他致函英国外交部称，修筑一条从缅甸经中国西南边陲到华中的铁路。并且，自己印了一本《英国与中国铁路》的小册子，广为散发以争取舆论支持。

当时，英国外交部对斯普莱的建议未予重视，而受到商界的多方指责。正是由于最初是西方侵略者急于修筑中国铁路，因此，尽管他们在很长时间内反复施展威胁利诱的手段，还是遭到了中国官员一致的坚决抵制。

先是同治二年（1863），英、法、美三国驻上海领事通过江海关道，正式向李鸿章建议，修筑从上海到苏州的铁路，遭到断然拒绝。随后，一些西方的老牌侵略者赫德、威妥玛、巴兰德等人致函总理衙门，大谈修筑铁路的好处。声称："自从西方国家修建了铁路，风土人情大为改观。至于工商业的发展，更是近水楼台先得月，利益均沾。"

当时，有一位英国人在北京永宁门外修了一里长的小铁路，将小机车在上面运行，速度飞快，使北京城上下的人大为惊讶，他们从未见过这种新鲜事物。英国人修筑这段小铁路的目的，是让中国人开开眼界，接受建造铁路的建议。但是，从清王朝的朝廷到内外臣工，任凭洋人如何游说，甚至现身说法，都不为所动。

19世纪60年代，在对待西方国家在中国修筑铁路的问题上，清政府内部基本上不存在什么分歧。只是到了19世纪60年代后半期，洋务派开始认识到铁路的益处，希望将来中国人直接承建铁路，不被外国人窃取。这是中国近代第一次倡议自建铁路。

同治十一年（1872），李鸿章致函丁日昌，首次正式透露修筑铁路的主张，他指出：俄国人拒守伊犁，我军远隔万里，万难征服。只有修建铁路，才能运转自如，达到巩固边疆的目的。

当时，听说这一建议的人，无不摇头咋舌，嗤之以鼻。同治十三年（1874），日本出兵我国台湾，东南沿海形势紧张，李鸿章趁机提出修筑铁路的建议，但朝中阻力很大，无人敢出面支持。

一直到了光绪三年（1877）的时候，洋务派才得到了开始实施修建铁路计划的机会，先是福建巡抚丁日昌提出在台湾修建铁路的计划。丁日昌是广东丰顺人。同治二年，被李鸿章从广东调至上海专办军事工业。

由于丁日昌的建议合情合理，切中时弊，因此被朝廷批准。但因为修建铁路的巨款难筹，丁日昌只好抱憾而去。

虽然台湾修建铁路的计划顺利通过，但大陆地区修建铁路的计划却遇到了意想不到的强大阻力。光绪六年（1880），清政府派曾纪泽赴俄谈判，要求俄国归还伊犁。当时，传出俄国要派舰队封锁中国海面，清廷极为紧张，慌忙召见直隶提督刘铭传，向他征询防务的意见。

刘铭传借此机会提出修筑铁路的建议，他主张中国要道应修筑四条铁路：南路二条，一条由清江经山东到北京，一条由汉口经河南到北京；北路二条，一条由北京东通盛京，一条由北京西通甘肃。由于工程浩大，不能同时兴建，他建议先修建清江至北京一路。

刘铭传的建议一出，立即遭到顽固派的反对，首先跳出来的反对者是翰林院侍读学士张家骧，接着，其他顽固派的官员也纷纷登台亮相，大喊大叫，列举了种种理由反对建造铁路。他们说建造铁路改变了祖宗的成法，是大逆不道。然后煞有介事地说：中国一旦建成铁路，沿途的旅店、靠骡马运输的贫民，都将失业。这还不够，他们甚至无知地认为，修建铁路时，用火药炸山开石，不但会惊动鬼神，破坏风水，而且还会带来不祥之兆。可见，顽固派愚昧到何种程度。

这是洋务派与顽固派关于修筑铁路的第一次争论，其结果是顽固派占了上风。一方面这是由于当时顽固派保守势力相当强大；另一方面是由于洋务派本身对建造铁路的计划也没有确实的把握。

光绪十年（1884），发生了关于修筑铁路的第二次争论。在光绪七年（1881），唐山开平煤矿因运煤的需要，请修铁路一条，考虑到当时禁驶机车，于是声明用驴马拖载，最后得到批准。这条路从唐山煤井起，到胥各庄止，共21里，被命名为"唐胥铁路"。开车之始，先以驴马拖车，第二年改用小机车牵引。

这就引来了顽固派的反对，他们以"机车行驶，震动了皇陵，喷出的黑烟，损伤了庄稼"为由，要求朝廷禁止机车运行。结果，小机车运行不久，就被停止了。

但是，洋务派经过多方努力，几个月后，小机车又开始运行了。唐胥铁路的建成及投入运行，无疑是洋务派的一个胜利。李鸿章受到鼓舞，重提修筑清江至北京铁路之事。这次就不比以前了，顽固派纷纷出来反对，而洋务派这边，只有李鸿章和左宗棠出来讲话，修铁路之事，只好暂缓。

在这次争论中，虽然顽固派再次占了上风，但由于洋务派的争取，醇亲王奕譞对铁路问题的态度有了转变。此后，与李鸿章内外配合，联手推进铁路兴建工作。

光绪十二年（1886），奕谟巡阅北洋海口时，与李鸿章商谈过将铁路接建至大沽和天津的问题。经过反复协商，决定试着建造从阎庄到大沽，从大沽到天津的铁路。

第二年，奕谟正式上奏朝廷，请准建设津沽铁路。他首先说明自己对铁路认识的变化，然后指出铁路兴建与海防和商业的关系。最终，奕谟的计划得到了批准。这一结果，使洋务派无不欢欣鼓舞，接着趁热打铁，又奏准了天津至通州的铁路。

然而，正当洋务派大干一番时，顽固派又跳出来反对了。他们要求朝廷立即宣示中外，对已建造的铁路，暂放一边，未建造的铁路，立即停止。顽固派的口气十分强硬，大有不达目的誓不罢休的架势。奕谟感叹道："在中国创办一新生事物，是何等艰难啊！"

奕谟的感慨不是没有理由的，随后，顽固派反对修筑铁路的奏章铺天盖地而来。在奏章中，顽固派罗列的铁路之害，主要有三个：一是资敌，二是扰民，三是夺民生计。为了回击顽固派的反扑，洋务派与之进行了针锋相对的斗争。但终因顽固派的气势汹汹，最后折中处理了事。至此，第三次关于修建铁路的争论结束。

洋务派与顽固派进行的三次关于修筑铁路的争论，持续了整整十年。通过多次争论，可以看出，在晚清时期，大清朝顽固派的力量确实很强大，而且有着广泛的社会基础，而洋务派尽管在学习西方问题上大声疾呼，并身体力行，却限于枝枝节节，不敢放开手脚。这就决定了洋务运动的发展必然是一波三折，从而使近代化的进程举步维艰，难以有太大的起色。

洋务运动时期，洋务论者与顽固派之间始终存在着复杂尖锐的思想和政治斗争。虽然两派维护封建统治的立场和目的基本上是一致的，但达到目的的手段确实迥异。当洋务改革思潮涌来之时，顽固守旧势力以封建统治的维护者的姿态出现，对方兴未艾的新思潮进行猛烈地反扑。

洋务派倡导学习西方，广造舆论，并利用手中掌握的一定军事、经济实权，身体力行制器练兵，振兴商务和培养人才，代表着时代发展的方向。

顽固派恪守祖宗法度，纠举弹劾，唱起"爱国""保社稷"的高调，呼风唤雨，并利用其广泛的社会基础和政治影响，竭力抗拒洋务派，诽谤洋务运动。因此两派的论争不可避免。

　　清朝的最高统治者慈禧太后，并没有把洋务作为国策，她一方面不得不依靠洋务派来支撑危局，另一方面又怕洋务派势力过分膨胀危及自己的统治地位，有意借顽固守旧势力的弹劾来压制洋务派。顽固派的嚣张气焰，显然是和慈禧的纵容分不开的。慈禧太后在洋务派和顽固派之间保持平衡，使他们互相牵制，她自己则从中加以操纵和利用，表面维持着清朝政府的统一，这就是当时清朝政局的特点。

三九 / 晚清官场大腐败：捐官与科场行贿

从洋务运动中顽固派的势力和嚣张气焰可以看出，晚清时期的官场，是极端腐败的。当时的官场如市场，一个大贿赂的市场。在晚清官场上，许多东西都可以买卖，很多事情不搞贿赂就办不成。买卖和贿赂时，或公开交易，明码标价，露骨地行贿索贿；或偷偷摸摸，暗地成交，将行贿受贿装扮得含蓄儒雅。

当时，有一个流行词叫"捐官"。"捐官"又被称为"捐纳"和"捐班"，而让这个词传遍天下的正是清政府。因为清政府公开推行用钱买官的制度，并把这种行为称为"捐官"。

捐是美称（意为捐款授官），实际上就是买官。晚清的老百姓常说："捐官做，买马骑。"捐与买并称。清政府虽然出台了这项制度，但也并不是任何人都可以买的。八旗户下人、汉人家奴、优伶这些人就在此项制度之外。事实上，即使该项制度授予这些人买官的权利，他们也没有能力行使。因为买官是需要一大笔银子的。

这三种以外的人，只要有钱就可以买到官职。银子少，买到的肯定是小官；银子多，买到的肯定是大官；银子少，买到的官职多是虚衔；银子多，买到的官职则是肥缺。成本越高，实惠越多，官职俨然成了商品。

在这种情况下，是否能当上官并不是看能力，而是看财力。官职与能力没多大关系，大量有钱而无能人的当上了官。这些人中虽然也有个别出类拔萃之辈，但大多数是财主少爷、纨绔子弟。

纨绔子弟一旦买了官，其劣根性就表现出来了。他们通常捐了一个官职后，就以衣锦还乡的姿态归家。在家乡，大家虽然都知道这个官来得不正，但因为是官，不正也得正。所以，百姓对这些人的态度还是很恭敬的。这些捐了官的人，也不要脸，常自命缙绅，出门乘轿，仆从充斥衢巷，扬扬自得。

还有不少商人，大字都不识一个，因为捐了官，竟然成为主管文化方面事宜的官员。有个商人捐了一个巡检的官职后，很快当上了巡抚，去监考乡试。于是，一个商贾就成了掌握众多士子命运的官员。有人作对联讥讽道："巡检作巡抚，一步登天；监生当监临，斯文扫地。"

官职是具有极大诱惑力的，有人之所以想做官，是因为可以在大街上横着走而没有人敢管，也有的人是为了光宗耀祖，还有的人干脆就是想凭着官职捞点钱。于是，就出现了捐官的现象。有的卖掉家产，有的向亲友借钱，有的几人搭伙凑钱，还有的因为钱少，便先捐个价廉的小官，然后上任捞够了钱，再捐大官。

大名士李慈铭为了捐官，卖掉了田产，捐了个京官郎中。汉口有两个要好的小贩想捐官，因为各捐一个官钱不够，就商量好先捐一个官职给其中一个人。在两人凑得的三千两银子中，甲贩出了七成，乙贩出了三成，于是捐的官给了甲贩，乙贩则当了甲贩的司阍，也就是看门人。

在绍兴，有个叫蒋渊如的游民想捐官，但钱不够用，就和四个朋友商议凑钱买官，说好买到官职后，捞了钱按捐官时出资的比例分成。后来，捐得的知县一职由蒋渊如担任，其他四人就分别做了蒋渊如的师爷和长随。

事实上，这些人根本就不用担心自己所捐的官会丢掉，他们只担心有没有足够的钱捐得一个像样的官。因为在清晚期，出钱则官必来。

"钱不是万能的，但没有钱是万万不能的。"这句话在大清朝可谓是至理名言。很多人都把这至理名言当成终生信条，并矢志不渝。比如御史，他不掌握任官之权，自然也就无官可卖。而他的薪水又很低，又买不起官。所以，他靠山吃山，靠水吃水，从自己的工作职责上下功夫。因为他有着参奏的权力，所以很多官员都有些怕他。因为即使一个官员没有犯错，只要御史随便向上参一本，即使是一件很小的事，但天长日久，皇帝对这个官员的印象就差了，御史当然也知道自己的这个"优势"，于是就"卖奏"。

晚清官场上，可供卖钱纳贿的，不只是官职和参奏文字，还有其他许多东西。比如在清朝还有一个不成文的惯例：职官有忤朝廷，要受"传旨申斥"处罚。所谓"传旨申斥"，就是由太监将被申斥的大臣臭骂一顿，而大臣只得跪在那里挨骂，绝不能还口。自从这个惯例开辟以来，许多官员都有被太监臭骂的遭遇。有的太监骂人骂得熟练之极，可以不重样地骂上三天三夜。

对于朝廷命官，特别是在京的官员，这实在是一项不堪忍受的侮辱。有聪明的官员从"有钱能使鬼推磨"这句话上延伸出来，便得到了"有钱能保不挨骂"的"真理"，于是就贿赂太监。后来，这种送给太监的银子，就被当时的官员称为"免辱银"。

光绪末年，清政府刚刚成立了邮传部。当时，尚书张百熙和侍郎唐绍仪不和，二人经常在皇帝面前指责和攻击对方。二人都因请假不来办公而被御史弹劾。光绪皇帝传旨对二人进行"申斥"。唐绍仪暗中送了太监400两银子，而张百熙却一分也没有给太监。

"申斥"时，张百熙跪下，太监破口大骂，所骂之句，张百熙闻所未闻，骂了好一阵。而唐绍仪去跪听的时候，太监只是随便说了几句。一分钱不给太监，就遭到惊天地泣鬼神的臭骂；而唐绍仪给了太监银子，就换得了耳根清净。一个"申斥"的处罚就造成了贪污行贿，这大概是大清的皇帝始料未及的。

另外，清代皇帝召见大臣时，如果诏令中言及大臣的祖父、父亲，算是皇帝对大臣的极大恩宠。这时大臣要磕头谢恩。磕头时必须很响亮，用自己的脑袋和地面的碰撞强度，来证明自己对皇帝的敬意。但这种敬意是需要代价的，那就是有时候皇帝听不见或者故意听不见，所以想要碰出响动来，就不能投机取巧。

因此，这完全是体力活儿，每每有大臣谢恩出来，额头就突出一块，众大臣都深受其苦。于是就以重金向太监行贿，太监就会告知大臣，在什么地方磕头既响亮，又不怎么痛。

以上种种事例，都足以说明晚清官场的腐败。而晚清科场的行贿现象，也非常严重。光绪十九年（1893），发生过一起科举行贿的奇案，从这起案子，也能看出晚清的科场是多么腐败。而且这起行贿案的主角，还是鲁迅的祖父周福清。

事情要从光绪十九年八月下旬说起。

浙江巡抚崧骏委派按察使赵舒翘，会同布政使刘树堂，以及杭州知府陈璃，一同办理周福清行贿舞弊案。

动静挺大。看样子，非把这案子查个水落石出不可。刘树堂和陈璂先是审讯涉案人员陶阿顺。经过两次审讯，陶阿顺招认，自己只是奴才，替主人办事，背后指使的主人是周福清。于是，浙江巡抚崧骏通令周福清的原籍绍兴府会稽县，迅即捉拿嫌疑犯周福清。

翻开清宫档案，我们可以寻觅到周福清的名字，他是清朝末年的一个七品小官。同治六年（1867）考取举人，四年后通过会试、殿试，成为三甲第十五名进士。后又在翰林院庶常馆学习三年。同治十三年（1874），被派往浙江省杭州府金溪县任知县。四年后被革职，降为教官。

次年，周福清花钱捐了个内阁中书的官儿，也没什么要紧的公务，终日抄抄写写。至此，京城内多了一个庸碌的七品小公务员。

捐官这件事，可以说是周福清的前科。他有这份心计，才会干出以后的事情。按照清朝定制，官员的父母去世，官员要离职回原籍居丧三年。光绪十九年，也就是案发的1893年三月，周福清的母亲过世，他离职回到浙江。刚一到家，就听到儿子周用吉要参加同年八月的举人考试。当爹的自然上心。望子成龙无可厚非，周福清四处打听，得知这次乡试的主考官居然是熟人——22年前，他和这位主考官殷如璋一起考中的进士。

殷如璋是江苏扬州人。混得不错，此时的官职是通政使司参议。周福清很兴奋，没想到是故交。好，该打点打点，该行贿行贿，老友面子和金钱双重保险，儿子笃定高中。

周福清说干就干，马不停蹄，立刻从上海赶到苏州。这一天是1893年七月二十五日。

清朝科考舞弊重要的是打通"关节"。这"关节"就是考生直接或间接与考官串通作弊：进考场之前，在考生试卷的某一处做下记号。考官则根据记号，给予照顾。

周福清当然知道打通"关节"的方法。他分别写了两张字条：一张字条上，写下试卷记号所用的字，他写了四个字"宸忠、茂育"。另一张字条上，他写了"洋银一万两"。这是事成之后酬谢的价钱。一切都写得明明白白。当然，案发后，这两张字条也就成了明明白白的证据。不光有字条，周福清还将自己的名帖和字条一起装进信封中。安排妥当，周福清在船上安然等候他的殷年兄到来。

三天后，1893年七月二十八日，主考官殷如璋乘官船抵达苏州码头。听说他的到来，周围自然很热闹，人多眼杂，周福清不敢贸然前往。想来想去，周福清想出一个主意，自己不出面，让随行的奴仆陶阿顺去送"关节"，这样安全。

殊不知，正是周福清自认为的安全举措，把他推向绝路。

陶阿顺临行前，周福清千叮咛万嘱咐，说你到了官船上，先投拜会帖，争取让殷主考接见，当面送上"关节"书信。如果主考大人不见，再送信函。

事儿交代得清清楚楚，可周福清忘了一点，主意再妙也得看什么人用。陶阿顺是个粗人，原来在绍兴府陈顺泉家当用人。就在七月才被周福清借来。这主仆二人相处没几日，周福清就安排办这等重要机密的事情，这实在是致命的大意。

小纰漏，惹大祸，世间万事，大抵如此。

话说陶阿顺上了官船，立马就把机密全部泄露，周福清嘱咐的全白搭了。事情经过虽然很简单，但历史上却有三个版本。

这第一个版本，说事发当时，苏州知府王仁堪正在官船上，向主考官殷如璋进行礼节性的拜访。两人正寒暄，殷如璋的仆人递上一封书信，并说送信人叫陶阿顺，就在船外等候。按照规定，主考官是不能接收私人信件的。何况还当着苏州知府的面儿。为了避嫌，殷如璋干脆让王仁堪拆信来看，显得自己很廉洁。王仁堪拆开信一看，眼睛都直了，信里装着舞弊的证据和一万两行贿的银票。王仁堪感到事情严重，立即下令拘捕送信人。愣头愣脑的陶阿顺被拿下。殷如璋的反应也很强烈，他拍案大怒，请求王仁堪将送信人严加审讯，以表明自己的清白。

这个版本的真实性暂且不论，先看第二个版本：当时官船上确实有两个人，一个当然是殷如璋，另一个却不是苏州知府王仁堪，而是副主考官周锡恩。两位大人正在品茗闲聊，陶阿顺来了，送上书信。殷如璋是个明戏的人，知道这信里内容不凡，于是他装出一副漫不经心的样子，把信往桌上一搁，让陶阿顺先回去，自个儿继续若无其事地喝茶。哪知天才般的陶阿顺冒出一句："此信关系银钱大事，怎么不当面打个回条？"

这话当场把殷如璋雷翻。殷如璋恼恨交加，为了保住自己的清白，他立即下令把陶阿顺交到地方官府查办。

还有第三个版本：殷如璋靠岸后，大小官吏人来人往，热闹喧嚣。陶阿顺托殷如璋的仆人将信送去。殷如璋此时正忙乱，无暇接待陶阿顺。陶阿顺站在岸边，左等不见人，右等不见人，心里焦躁不耐烦，索性大喊起来。他这一嗓子惊动了船上的官吏。喊的具体内容估计是怎么还不接见、赶快回复之类。殷如璋无奈，只得拆开信看，于是猫腻曝光。殷如璋狡猾，在官场混了二十多年，反应超快，立刻把陶阿顺逮捕，交官府查办。自己把这事儿推得一干二净。

三个版本三种说法，哪个与事实真相更近呢？我认为，不是第一个，殷如璋是个精明的人，这一点，从事发后他果断表明自己的清白就可以看出。这样一个精明人，是不会草率到让一个知府来拆信的。何况，他是主考官，有人忽然送来书信，自然会感觉到这书信里有特别的内容。不管当时谁在场，他应该是摆出不在意的样子，越淡然越平常，旁人越不起疑。因此，第二个版本更具有一定的真实性。陶阿顺虽粗莽，但好歹也是在大户人家当仆人。他要一个回复，一方面是受人之托，忠人之事；另一方面是自作聪明。主动询问，也不是无礼。而第三个版本说他站在岸边大喊大叫，这不太合情理，询问可以理解，大喊大叫就有些傻过头了，也有些过分无礼了。

实质上，哪个版本更真实，并不是最重要的。三个版本虽在细节上有些差异，但案情发生的过程是一致的——周福清派仆人陶阿顺送信，而后事情败露。败露之后，整个苏州沸沸扬扬。

此时，周福清已经逃跑了。他本在船上等候佳音，哪知道陶阿顺一去不复返，他很敏感，觉得事情不太对头，立刻开船从苏州去往上海藏匿。

由于案发地点在苏州。苏州知府王仁堪将案子上报江苏按察使司，并先行提审陶阿顺。

一开始，陶阿顺拒不交代实情，支支吾吾，闪烁其词，只交代自己是浙江人，案子没有太大进展。到了八月初六，江苏按察使司向浙江按察使司发了通报公函，将人犯陶阿顺及行贿舞弊证据一并移交案犯所在地浙江。

这一案件，引起了浙江巡抚崧骏的高度重视。他安排按察使赵舒翘，会同布政使刘树堂，与杭州知府陈璚一同查办此案。

这三个人两度提审陶阿顺，陶阿顺终于招供，他在受审讯时称系周福清令他投信，但是，信内之事，他实不知。这句话，也证明案发过程的第二个版本更具有可信性。

根据陶阿顺的交代，浙江巡抚崧骏和办案大臣们商议后一致认为，此案的关键人物是周福清，若不将周福清捉拿到堂，便不能查出案情真相。于是，追捕周福清的行动开始了。

八月下旬，浙江按察使赵舒翘命令仁和、钱塘二县访查周福清踪迹。得到的报告是未见周福清其人。其实，这时候周福清悄悄地从上海回到了绍兴原籍。浙江按察使赵舒翘命令会籍县，一旦发现周福清，立刻查传，押解省垣质省。与此同时，光绪帝下了一道谕旨："内阁中书周福清即行革职，查拿到案，严行查办。"

这下子，周福清不但丢了官儿，还成了被追捕的要犯。从皇帝到封疆大吏，从浙江省会到会稽县，上上下下，一并通缉周福清。周福清有自知之明，知道自己插翅难逃，于是选择自首，只身来到会稽县衙投案。

会稽县衙当即将他转押到省城，送往杭州接受审讯。

对周福清的审讯，并不轻松。第一轮审讯，由杭州知府陈璚主审。第二轮审讯，由按察使赵舒翘、布政使刘树堂"藩臬两司会审"。最后，由浙江巡抚崧骏亲自提审。周福清原原本本地交代了事情的经过，没有一点隐瞒。可交代归交代，态度却很不老实，他振振有词，为自己辩解："交通关节，已不止一科，也不是我一人，某科某人，就是通关节中了举人，我不过是照样子来罢了。"意思很明了，就是说这行贿舞弊，打通关节的事，早就有人干了，我只不过是其中效仿者之一。周福清为什么要说这段话呢？我认为，这时候的他，一方面，抱有侥幸心理，认为大家都这么干，法不责众；另一方面，他还是不服气，自己是被曝光了，如果没曝光呢，还不是逍遥法外。

晚清科场舞弊丛生。周福清的心理和想法，就是一个反映。他的所作所为是一个毛细血管，一路进入晚清科场腐败的主动脉。

周福清行贿舞弊案，经过长达数月的审理，终于在光绪十九年（1893）十一月初十，由浙江巡抚崧骏向朝廷上报了审理意见。意见中说，周福清暗通关节，按大清律例该处斩，但是，他是作案未遂，一万两银票的赃款只是口头承诺，并且，他主动投案自首，因此建议从轻处理。

这份审理意见很有些"坦白从宽，抗拒从严"的味道。认真说来，这就叫执法力度太弱。崧骏的这份奏折，传到光绪帝手里，光绪帝提朱笔批示四字：刑部议奏。

十二月二十五日，刑部最终议定，赞同浙江巡抚崧骏的意见，提出："对周福清于斩罪上量减一等，拟杖一百，流三千里。"打一顿流放。这个决议光绪帝不接受，他很生气，后果很严重。当天就颁下谕旨，宣布判周福清死罪。只不过改为斩监候，秋后处决。所谓斩监候，就是死缓，不立即处决，等到次年秋天执行。

然而，令人不解的是，到了第二年秋天的时候，周福清没有被执行死刑，具体原因不明。更让人迷惑的是，非但不处决，而且再次减刑，改为"牢固监禁"。死缓又改无期了。这就是晚清的执法。

就这样，周福清一直被关押在杭州监狱里。关到光绪二十八年，公元1902年的时候，按照庚子年八国联军入侵时趁乱逃跑出狱，事后又主动回归的罪犯均给予宽免减刑待遇的特例，周福清被获准出狱。

算起来，周福清一共蹲了8年大狱。在出狱后第三年，他病死于家中。他的儿子周用吉，因为父亲的舞弊案不但没当上举人，连秀才的功名也被革除，终日郁郁寡欢，积忧成疾，年仅35岁就死去了。

原本富庶的周家，也因这场重大变故急速败落，生活窘困，举步维艰。那时候，鲁迅才10多岁，不得不跟着母亲到乡下去避难，饱尝人间冷暖，世态炎凉。

鲁迅曾在回忆中说：祖上本是殷实富足的大家，但在我13岁时，我家忽而遭了一场很大的变故。几乎什么都没有了，我寄住在一个亲戚家，有时还被称为乞食者。

此段回忆里的"乞食者"就是乞丐,要饭的。其中"很大的变故",就是指祖父周福清舞弊案。案子背后是晚清科场不可告人的勾当,看在眼里的都是悲哀,看不到的都是秘密。

四十 / 透视甲午战争

晚清时期，由于政治的腐败，再加上两次鸦片战争的失败，一系列不平等条约的签订，大量的割地赔款，大清帝国一步步走向衰亡。虽然开展了洋务运动以图自强，但以慈禧太后为首的顽固派势力，仍占主导地位。因此，洋务运动没有使中国走上富强的道路。

而邻国日本则不同，自汉唐以来，日本就效仿中国建制，多次派使者向中国学习。19世纪中期，传统的封建国家日本也遭到了美国等列强的侵略。但是事后，日本与中国走上了截然不同的道路。

1868年，日本通过明治维新建立了君主立宪制，成为资本主义国家。此后，日本逐渐强大，对外扩张的意图越来越强，数次侵犯中国东南沿海。随着中日力量的变化，一场改变远东格局的战事蓄势待发。

光绪二十年（1894）春，朝鲜爆发了东学党领导的农民起义，朝鲜政府极为恐慌，请求清政府派兵协助镇压。日本政府趁机诱使清廷出兵朝鲜，保证"我政府必无他意"。

李鸿章听信了日本的谎言，派直隶提督叶志超等率领2500名淮军，乘船东渡朝鲜，同时照会日本政府，表示中国军队一旦平息叛乱，马上撤回，不再留防。但日本仍以护送驻朝公使和保护侨民为借口，乘机出兵朝鲜。

当清军和日军到达朝鲜时，东学党起义已经平息。于是，清廷提出，两国军队按照约定同时从朝鲜撤军，同时命令后续增援的清军停止进发。但是，日本决意挑起战争，不仅拒不撤兵，反而命令驻扎仁川的日军开进汉城，并继续向朝鲜增派军队。侵朝日军很快增至1万余人，比清军多出数倍，战争已迫在眉睫。

光绪二十年六月二十三日（1894年7月25日），日本舰队在牙山口外丰岛附近海域，对清军运兵船及护航舰发动了突然袭击。在袭击清军军舰的同一天，日本陆军进犯驻扎在牙山的清军。清军主帅叶志超放弃牙山，逃到了平壤。

光绪二十年七月一日（1894年8月1日），清政府被迫宣布对日作战，日本政府也同时宣战。这标志着甲午战争的开始。

甲午战争的第一个战场在平壤。

光绪二十年八月十三日（1894年9月12日），清军和日军在平壤打响了开战以来的第一次大规模战斗。作战的清军35个营，兵力1.7万余人，而进攻的日军有1.6万余人，双方实力相差不大。

平壤之战分大同江南岸、玄武门外、城西南三个战场进行。日军首先在将领大岛义昌的率领下，与驻守在大同江南岸的清军展开激战。清军在总兵马玉崑的指挥下，奋勇迎敌。日军死伤颇多，日军将领大岛义昌也受了伤，只得无功而返。玄武门外是日军进攻的重点，尚文、佐藤两将领统率优势兵力向清军发起猛攻，当时，负责指挥迎战的清军总兵，是爱国将领左宝贵。他亲临阵前指挥，与士兵一起点燃大炮，浴血奋战，在场官兵无不振奋，英勇杀敌。然而，玄武门外的清军兵力不足，在日军的炮火下死伤惨重，左宝贵坚守不退，不幸中弹阵亡。

在城西南战场，日军将领野津道贯率领日军师团与清军总指挥叶志超统率的清军作战。日军以炮火掩护，后有步兵冲锋，清军以马队展开反击。经过一段时间的僵持，日军未占到便宜，暂时退守。此时，清军正可以乘势追击，不料叶志超竟然贪生怕死，命人举起白旗投降，自己则骑马逃跑，6天狂奔500里退过鸭绿江。

于是，朝鲜全境被日军控制，战场自此转入中国境内。

几乎在平壤之战的同时，清军和日军在黄海海面上打响了黄海之战，亦称甲午海战。同年八月十八日（9月17日），日本海军联合舰队在鸭绿江出海口附近的大东沟，遭遇清帝国的北洋海军舰队，日方派出战舰12艘，清军派出战舰10艘，双方激战5个多小时。这是中日海军主力的首次交战，也是世界历史上第一次大规模的钢铁军舰海战。

交战之初，由于北洋海军的任务是护运12营淮军在辽东大东沟着陆，所以战舰从朝鲜驶来，呈"一"字形排开；而日本战舰则出于冲锋的需要，呈尖峰形阵势。发现日军后，北洋海军在总指挥丁汝昌的统领下，立即变阵为尖峰形，并主动发炮攻击。

北洋海军的火炮、鱼雷发射管、总兵力等与日军相比都占劣势，全舰官兵毫不畏敌，众炮齐发，一时间硝烟滚滚，海浪翻腾。北洋海军的"定远""镇远""致远""经远"等战舰冲在前面，与日本的"松岛""吉野"等战舰全力抗击。然而，战斗开始不久，北洋舰队的旗舰"定远"号飞桥被日军猛烈的炮火震塌，海军提督丁汝昌从二层的指挥台摔倒在甲板上，左手骨折，信号旗也被毁。丁汝昌坚持不回内舱调养，仍坐在甲板上鼓舞士气。

"定远"号管带刘步蟾接替指挥，但其他战舰已失去信号，无从获得命令。此时，日军战舰迅速从右侧包抄，右侧的北洋舰队被击毁，紧接着，日军战舰又绕到北洋舰队背后，前后夹击。"致远"舰遭受重创，船身起火，管带邓世昌指挥"致远"舰前冲，欲撞毁日军主舰"吉野"号，不料被日军发射的鱼雷击沉；"经远"舰继续迎战"吉野"号，也被日军击沉，管带林永升及全舰大部分官兵阵亡。但同时，北洋海军也重重打击了日本舰队，使日本舰队的"松岛""比睿""赤城"等战舰遭到重创。当日军看到千疮百孔的"松岛"舰时，纷纷惊呼"不可思议"。战斗进行到下午，北洋海军的主舰"定远""镇远"仍坚持战斗，受创的"靖远""来远"也抢修完毕，重新迎战。日军看到形势不利，便下令撤离了战场。

这次战役，双方均有损失。北洋海军损失了"经远""致远"等 5 艘巡洋舰，另有 4 艘战舰受损，死伤官兵 1000 余人，日本海军有 5 艘战舰遭受重创，死伤官兵 600 余人。此后，李鸿章等人主张消极避战，以"保船制敌"为借口，命令舰队全部藏于威海卫军港不出，把制海权拱手让给了日本海军。

黄海海战结束后，甲午战争的主战场转到辽东半岛，主要进行陆战，大规模的战斗有鸭绿江江防之战和金旅之战。

光绪二十年九月二十六日（1894 年 10 月 24 日），日军侵入鸭绿江，驻扎在鸭绿江北岸的清军为保卫国土而出战。作战清军兵力有 82 个营，约 2.8 万人，日军兵力有 2 个师团，约 3 万人。可以说，鸭绿江江防之战是作战双方旗鼓相当的一场战事。

然而，清政府内部的主和舆论早已占了上风，军队士气低迷，各部派系分割，将领无心恋战。当时，清军的总指挥是宋庆，他奉命节制各军，但实际上各军根本不听调动。日军进犯的当天，就轻易地跨过了鸭绿江上游的安平河口。夜里，日军又在鸭绿江中布设浮桥，越过江水，直逼清军阵地。

清军对这一系列行动竟然没有察觉，更没有部署。当地守将马金叙、聂士成率领士兵奋勇杀敌，但终因寡不敌众而失去阵地。周边驻防清军听此噩耗，竟土崩瓦解，四散而逃。就这样，日军仅用了3天就击溃了鸭绿江防线，侵入中国领土。

同时进行的是金旅之战。九月二十六日，日军2.5万人从旅顺附近的花园口登陆，驻守的清军约3万人，人数上略占优势。谁知日军登陆12天，清军竟然无任何反应。日军乘势攻陷金州、大连湾等地，沿途所至，清军都望风而逃，溃不成军。日军不战而胜。

十月中旬，日军开始进攻旅顺，驻守旅顺的统领逃跑。仅仅数日，日军就占据了旅顺。

攻占旅顺的日军暴露出极其凶残的面目，展开了残酷的屠城行动。他们到处杀戮平民、抢掠妇女、放火烧城，使旅顺一时间尸骨遍野，血流成河。短短4天时间，日军竟然屠杀旅顺平民2万余人，使旅顺全市只剩36人。

金旅之战是决定甲午战争战局的一战。此战失败后，日军占领旅顺口，在渤海湾站稳了脚，清帝国战败的结局就已经注定了。

北洋海军在经历了黄海海战的失利后，奉李鸿章之命躲在威海卫。光绪二十年十二月（1895年1月），日本陆军2.5万余人登陆容成，集中力量进攻威海卫。威海卫南帮炮台驻守的清军仅有3000余人，奋力抵抗日军，牺牲无数，日军也伤亡惨重。最终，由于清军势单力薄，日军攻占了南帮炮台。

接下来，日本陆军、海军开始配合进攻北洋海军总指挥坐镇的刘公岛。北洋海军先后8次迎战日军，都击退了日军的进攻，但也付出了沉重的代价。"镇远"舰触礁受创，无法再投入战斗；"定远"舰中弹搁浅，仍坚持出战，最后弹药用尽，管带刘步蟾下令自沉战舰，自己吞药殉职。

此时，丁汝昌已是孤军奋战，面对日军多次劝降，丁汝昌不为所动。可是没想到，他身边的威海营务处提调牛昶昞和海军洋员勾结外敌，积极献降，胁迫丁汝昌答应日军的要求。而清政府也早已做好了投降的准备，停止了一切战争支援。走投无路的丁汝昌只好服毒自尽。死的时候，他那只在黄海海战中受伤的左臂，还打着石膏绷带。

几天后，牛昶昞与日方签订《威海降约》，日军进驻刘公岛，威海卫陷落，北洋海军全军覆没。至此，持续一年多的甲午战争以清帝国失败而告终。

百余年来，关于甲午战争失败的原因众说纷纭。有人说，是因为清王朝武器落后，实力悬殊，但根据战争的统计资料来看，大清王朝虽处于弱势，但并不是完全占下风；有人说，是经费问题，慈禧太后为自己的六十寿辰做准备，把海防经费也用于修筑颐和园去了；也有人说，是因为日本蓄谋已久，清王朝准备不足；还有人说，是因为战略保守，消极避战。

在《清末海军见闻录》一书中，对甲午海战的失败原因是如此解释的：海军军官生活大多奢侈浮华，嫖赌是平常事，刘公岛上赌馆妓院林立。从各国海军历史来看，嫖妓现象比较普遍，但像北洋军中这样公开成群结队嫖妓的却是罕见。

生活如此奢靡腐化的海军，战斗力自然低下，根本抵挡不住训练有素、军纪甚严、蓄谋已久的日本海军。前文说过，在甲午海战前，清军和日军曾在朝鲜的牙山县成欢地区交锋，史称"牙山战役"。双方兵力对比为3000∶4000。战役中，双方伤亡相差不多，但清军还是以战败告终，牙山失守。战役总指挥叶志超战败后，谎报战绩，却受到了清政府的奖赏。

由此可见，甲午战争失败的原因是多方面的，但从根本上说是清王朝制度的落后和政治腐朽的结果。

甲午战争失败后，以慈禧太后为首的投降派慌忙敦促李鸿章赴日本和谈。此时，日军不仅占领了澎湖，直指我国台湾，而且逼近直隶一带，威胁清政府的中央政权。在这样的情况下，李鸿章赴日谈判必然落尽下风。

在甲午战争中，光绪皇帝数次主张积极应战，无奈实权旁落，未能奏效。战败后，在慈禧太后的逼迫下，光绪皇帝只好答应和谈。李鸿章临行时，光绪皇帝再三嘱咐："要斟酌轻重，与日本多加磋磨。"因此，当《马关条约》的条文传来，光绪皇帝认为丧权辱国至极，坚决不肯签字。

于是，慈禧太后怂恿奕䜣等大臣，在朝堂上集体威逼光绪皇帝尽快批准。光绪皇帝万般无奈，提起笔来写下准奏意见，然后昭告天下说："希望臣民能够体谅朕吧！"

与此同时，身在日本谈判的李鸿章也遭遇了一个意外。他被日本暴民小山丰太郎刺杀，枪弹击中了左边面颊，当场昏死过去，幸好子弹未击中要害，又有随行医生及时抢救，李鸿章才渐渐痊愈。和谈使臣遭到刺杀，各国纷纷谴责日本的野蛮残暴。李鸿章也希望借此讨得一些谈判的筹码，谁知日本早已探知慈禧太后给李鸿章定的底线，因为除了同意停战之外，其他条款一概坚决不让。经过几天的僵持，李鸿章只好答应了日本的全部条件。

光绪二十一年三月二十三日（1895年4月17日），中方代表李鸿章、李经芳与日方代表伊藤博文等人，在春帆楼签订了《马关条约》。

《马关条约》共11款，附有《另约》3款、《议定专条》3款、《停战展期专条》2款。其主要内容是：中国解除与朝鲜的宗藩关系，承认朝鲜是自主独立的国家，并从朝鲜撤兵；中国赔偿日本军费2亿两白银，分8次还清；中国割让辽东半岛、台湾岛及其附属岛屿、澎湖列岛给日本；中国开放重庆、苏州、杭州、沙市（隶属荆州）四地为商埠；中日彼此享有最惠国待遇（实际上最惠国待遇只是日本单方面的）；中国准许日本在各通商口岸开设工厂，输入各种机器；台湾岛和澎湖列岛的居民2年内变卖家产迁居界外，否则视为日本臣民。

几天后，由于日本割占辽东半岛之事侵犯了俄、德、法等国的利益，在上述三国的干涉下，日本同意放弃《马关条约》中割让辽东半岛的条款，但要中国以3000万两白银赎回。

李鸿章签约之后感叹道："日本终将成为中国的大患！"梁启超回忆起这段不堪回首的历史时也说："中国四千年的大梦，就是被甲午战争的失败后割让台湾、赔款两亿唤醒的。"

而面对2亿两白银的巨额赔偿，日本又是怎样使用的呢？具体有四方面：

其一，扩充陆海军军备。这笔支出几乎占去了全部款项的一半。引人注意的是用于海军的资金投入，力度很大。其后的日俄海战及"二战"中日本海军的侵略罪行，与其早期吸纳甲午赔款有着一定的关系。

其二，用作币制改革的准备金。甲午战争期间，日本仍实行银本位的货币制。其改为金本位的货币变革，由于资金匮乏而无法启动。明治政府用

7260余万日元的赔款作为银圆兑换的准备金，于1897年10月开始确立金本位的货币制度。这次变革的成功，使日本迅速融入世界经济体系。

其三，设立基金。军舰水雷艇补充基金3000万日元，灾害准备基金、教育基金，各为1000万日元。

其四，其他支出。如台湾经营费和特别献给皇室的费用等。所谓"台湾经营费"，数额1200万日元，于1898年拨出，归入"台湾总督"的财政，日本政府欲长期开发和经营台湾岛的阴谋，已经初步显露出来。至于献给皇室的费用，数额高达2000万日元。甲午战争胜利之后，日本举国沸腾，明治天皇大肆封赏贵族和重臣。众多大臣、将军授奖晋爵，相关支出颇为浩大，所以以高额"献金"回报皇室。

从这些方面可以看出甲午战争赔款为日本的资本主义经济发展注入了资本，割占的土地扩大了其势力范围，通商优惠为日本的商品、资本输出提供了广阔的市场。自此，日本一跃成为亚洲最强的国家，远东格局也由此改变。

四一 / 戊戌变法 103 天

光绪皇帝，名爱新觉罗·载湉，同治十年（1871）生于醇亲王府。同治十三年（1874）十二月，同治皇帝病死，无子。按照惯例，应当在近支的晚辈中挑选一位未来的皇帝，但是掌握着清朝生杀予夺大权的慈禧太后，却断然打破成规，宣布由年仅4岁的载湉继位。慈禧为什么要这样做呢？原因很简单：年幼的小皇帝能懂什么？她自然可以继续执政。从此，载湉踏上了坎坷的"帝王"之路。

为了让光绪皇帝养成逆来顺受的习惯，除了每天向慈禧太后定时请安的烦琐礼节外，还要听几位老师轮流讲古文。上朝时，他端坐在龙椅上名义上是皇帝实际上只是点缀而已。坐在帘子后面，对跪在地上的那些官员指手画脚，喜怒无常的慈禧太后，才是真正操纵国家命运的人。

光绪皇帝一天天地长大，随着知识的增多，权力的欲望在他内心里也渐渐膨胀起来，他非常想参与军国大事，指点江山，当一个真正的皇帝。但周围的环境使他不得不把这个想法深埋在心里，耐心地等待时机。

光绪十三年（1887），载湉16岁，慈禧太后不得不宣布皇帝亲政。载湉生父深知慈禧太后想独揽大权，岂能甘心交出权力？于是，慌忙上奏，请求慈禧继续"训政"，其他一些王公大臣也随声附和。慈禧太后在一番虚假的推让后，又堂而皇之地继续"训政"了。

光绪十五年（1889），机会终于来了，载湉大婚。结婚象征皇帝已成年，继续"训政"实在说不过去，慈禧太后只得"撤帘归政"，但仍掌握大权。

但是，对光绪皇帝来说，毕竟是多了一些参政的机会，多多少少可以施展一下自己的抱负。光绪皇帝亲政后所遇到的第一件大事，就是中日甲午战争。

面对一场迫在眉睫的战祸，京城内外却彩旗招展，戏台高筑，一派热闹景象——慈禧太后正为她六十寿辰做准备，把海防经费也挪用到修筑颐和园上了。慈禧虽然于光绪十五年"归政"，但始终不忘揽权，并把朝内和地方上的实权人物都集结在自己的周围，形成了以她为核心的后党集团。她惧怕日本武力，一意苟安；同时又怕战争破坏了祝寿气氛，所以支持北洋大臣李鸿章等人避战求和的主张。

年轻的光绪皇帝面对国难当头的局面，立志图强，不甘做亡国之君，决心向日本开战。同时也希望借战争为自己赢得一些实权和威望，改变自己受制于人的处境。光绪皇帝的主张，得到他的师傅翁同龢等人的支持，他们结成帝党集团，与慈禧太后争衡。

到了中日战云密布的六七月间，光绪皇帝和部分帝党官僚既为国家前途忧虑，又希望借机加强自己的权力和地位，便借助国内舆论不断电谕李鸿章积极备战。

然而，李鸿章这时却目无这位傀儡皇帝，对他的谕令置若罔闻，并拒绝出动北洋海军，主张"避战自保"。由于后党的妥协退让，战场形势急剧恶化。光绪皇帝面对深宫高墙，仰天长叹，束手无策。最多也不过痛骂李鸿章及其下属几句，解解恨而已。

光绪二十年（1894）十月，旅顺失守，中国人惨遭屠杀，战火已烧入国门。此时此刻，北京城却沉浸在节日的欢乐中，家家张灯结彩，处处歌舞声乐。文武百官都在热烈祝贺慈禧太后六十大寿，并奉旨听戏。前线战败的消息传来，后党官僚们无动于衷，依然如前。帝党集团个个咬牙切齿，无奈手中无权。光绪二十一年（1895）一月，威海卫陷落，北洋海军全军覆没，光绪听说此消息后，失声恸哭，其下属也摇头叹息。

中日谈判开始后，日方先声夺人，步步紧逼。光绪皇帝则反对割让台湾，鼓励大家发奋图强。尽管光绪爱国心切，但一个傀儡皇帝怎能扭转大局？同年三月，丧权辱国的《马关条约》签订，其中包括割让辽东半岛、台湾、澎湖列岛。面对卖国条约，后党官僚孙毓汶竟大摇大摆地直上宫殿，大言不惭地要求光绪皇帝签字。光绪皇帝心如刀绞，暗下决心，再不当傀儡皇帝了，绝不做亡国之君。

光绪二十一年四月八日，都察院门前人声鼎沸，热闹非凡，成群的北京居民涌向这里。原来，在北京参加会试的各省举人一千多人，联名写了一封万言书，要求都察院转呈皇帝。

在这封万言书里，举人们强烈地要求惩办卖国贼和临阵脱逃的将领，表示了对国家命运的深切关注，并提出"拒和、迁都、变法"的政治主张。这就是有名的"公车上书"。

其中，有一个人正站在门前的石台上，慷慨陈词，痛切地指出国家面临的危局，深入浅出地讲述变法图存的必要性。这个人便是这次运动的领导者，年仅36岁的康有为。

康有为是广东南海人，出身于官僚地主家庭。青少年时期，康有为接受了正统的儒家教育。他的祖父康赞修讲程朱之学，是他最早的教师。康有为从19岁起到广州有名的理学大师朱次琦那里学了3年。受朱次琦的影响，康有为鄙弃了汉学家在故纸堆里进行烦琐考据的风气，开始独立地思考问题。

22岁时，康有为离开朱次琦，一个人来到风景秀丽的西樵山白云洞。在这里，康有为雄心勃勃，一面领略秀丽景色，一面潜心研习学问。

一日，翰林院编修张鼎华来游西樵山，路遇出来游玩的康有为，两人顺路游山，边走边谈。张鼎华讲述了当时京城内外的奇情异事，康有为感到茅塞顿开，相见恨晚，也乘机请教了不少问题。

受张鼎华的影响，康有为读了不少经世致用之书，有感于外患不已、国事衰退和朝政的腐败，产生了"经营天下"的抱负。

光绪五年（1879），康有为第一次来到香港，他被香港建筑的华丽、道路的整洁、制度的严密所慑服。3年后，他入京投考，再次经过香港，并到达上海。此时他的眼界更加开阔，亲眼看到了资本主义文明远胜封建制度，从此康有为大购西书，努力钻研，从声光化电到史志游记，无不涉猎，逐渐形成了一套变法思想。

光绪十四年（1888），康有为决定利用去北京参加乡试的机会，写一封上皇帝书，痛陈列强对中国环窥伺机的险境，要求皇帝引咎罪己，励精图治。一个布衣秀才竟敢横议朝政，而且言辞又这样激烈，自然不会有人理会，所以不但这封上书没有送到皇帝手中，康有为还被人斥为"狂生"。

上书无路，参政无门，无奈之下，康有为在广州设立了"万木草堂"，一面研讨维新理学,一面课业授徒,培养变法维新的人才。他的主张吸引了不少忧国忧民的热血青年,晚清思想界的泰斗梁启超就是在这时向他拜师求学的。从此,师徒二人依依相随,成为风云一时的人物。

在万木草堂里,康有为写了两部重要著作:《新学伪经考》和《孔子改制考》。他把被封建顽固派视为通灵宝玉的传统儒学一律斥为"伪经",又编写了一套孔子托古改制的理论,把自己的变法思想和孔子学说联系起来。

康有为打出孔子托古改制的旗号,是想利用孔子这个招牌,来为变法维新制造理论依据和历史依据。这两部书,一破一立,奠定了维新变法的理论基础。

光绪二十一年(1895),康有为又到北京参加会试。这时传来了清政府要签订《马关条约》的消息,这个噩耗深深地震动了他。由于爱国义愤,他联合了1300余名应试的举人,一起请愿,并由他起草了一万八千言的上皇帝书,递到都察院。

举人们的上书又一次被顽固势力拒绝,并没有送到光绪皇帝手里。但这次行动却冲破了历来对于群众集会、士人干政的禁令,对一潭死水般的封建专制体系产生了巨大的影响。而且上书的内容被广泛传播,在社会上引起了巨大的反响。

康有为和梁启超通过这次上书活动,逐步团结了一批爱国的、进步的知识分子,形成了资产阶级第一个政治派别——维新派。他们发动了一场以"救亡图存"为目的、以政治改革为内容的维新变法运动。历史的种种机遇,使维新派与帝党集团结合起来,并紧紧依靠帝党集团,共同推动了这场变法运动。

"公车上书"后不久,张榜公布成绩,康有为榜上有名,考中进士,授职工部主事。学而优则仕,这是中国传统士子寒窗苦读的最高理想。康有为对这个结果很满意,但他也感到一种压力,一种历史的责任感使他彻夜难眠。

康有为苦苦思索着救国救民之路,凭着不怕风险,坚韧不拔的毅力,又写了上皇帝第三书。文章言语恳切,发人深思。这封上书递到了光绪皇帝手里,光绪皇帝看完康有为的上书,仿佛看到了国家富强、民族振兴之路,马上命令誊抄分送慈禧、军机处和各省督抚。从此维新派开始取得了光绪皇帝的支持。

光绪皇帝对变法主张的重视，给以康有为为首的维新派带来了很大希望。但是，清朝统治阶级内部派系林立，矛盾重重。以光绪为核心的帝党官僚并不掌握实权，真正把持中央和地方实权的，是以慈禧为首的后党集团和一部分洋务派首领。他们思想保守、反对革新，极力维护旧的统治秩序。

在这场错综复杂的政治斗争中，维新派大都年轻气盛，思想激进，但缺少政治斗争的经验。处于无权地位的光绪皇帝，幻想通过实行维新派的主张，从慈禧太后手中夺取统治大权，推行新政，改变国弱民穷的处境。

于是，这两大政治集团各自招兵买马，养精蓄锐，其冲突的态势如火山下炽热的岩浆，迸发只是时间问题。

正当帝党集团与维新派紧密合作，为变法做准备的时候。为了争取更多的士大夫和知识分子支持和参加变法，康有为等人除在北京和天津创办报刊、组织学会、开办学堂外，还不辞劳苦，南下上海、湖南、广东等地，大力宣传变法思想，大造变法图强的舆论。

仅仅靠人力去游说是不够的，只有通过新闻媒体才能取得事半功倍的效果。光绪二十一年（1895）七月，康有为凭借较优厚的经济实力，自费创办了《中外纪闻》，由梁启超等人编辑撰稿，宣传西学，鼓吹变法。

《中外纪闻》开始每期印1000份，随当时的专载诏书、奏章的邸报分送给北京的官员。后来印数增至3000份，流畅的文笔，新颖的观点，使在京的官员眼界大开，产生了不小的影响。

在此推动下，一些开明官僚也开始倾向维新变法了。

首开先例的，是翰林院侍读学士文廷式，他在康有为、梁启超等人的鼓动下，出面组织了"强学会"。

"强学会"是一个宣传变法维新，寻求强国之路的爱国团体。强学会每十天聚会一次，大家轮流上台讲述中国自强的学问。慷慨激昂的演讲、热情洋溢的讨论，每次都能吸引众多的旁听者，每次聚会后都能增加许多新会员。

"强学会"诞生在国破家亡的危难时刻，鲜明的宗旨，曾一度团结和影响了不少爱国官吏和知识分子。在维新派声势初步高涨的时刻，连一些反动的军阀官僚也混迹于"强学会"。例如在天津小站练兵的袁世凯参加了强学会，洋务派大官僚、署两江总督张之洞也捐款给强学会作经费，甚至连李鸿章也想捐银入会，但由于他名声太坏而被拒绝。

形势的发展如此迅速，连维新派也没有预料到。英、美等国的一些帝国主义分子也打着支持中国变法的旗号，极力拉拢维新派。有些传教士，如李提摩太、李佳白、林乐知等人居然加入了强学会，甚至英国当时驻华公使欧格讷也亲自参加，并捐助图书。表面上看起来，他们对中国的变法运动很热心，实际上他们是想乘机搅乱中国，然后为本国政府谋取利益。错综复杂的政治环境，要求维新派分清敌我，审时度势，及时应付可能出现的任何情况，这也对他们提出了更高的要求。

正如所有新生事物的发展规律一样，"强学会"兴旺的背后也蕴藏着危机。慈禧太后无法容忍维新派在自己眼皮底下行此"大逆不道"，一些顽固派守旧官僚早就心领神会。他们暗中破坏，散布流言蜚语，准备伺机反扑。

形势急转直下，如果再在北京滞留下去，不仅不利于发展，而且自身难保。三十六计走为上计，康有为果断南下，留梁启超在京坚持工作，自己则在上海成立强学分会，并于光绪二十一年（1895）十一月出版《强学报》，将东南一带的维新派组织起来。

尽管维新派做了一定让步，但顽固派守旧势力不肯就此罢手，翻云覆雨一向是他们的拿手好戏。果然不出所料，李鸿章的亲家、御史杨崇伊首先跳出来弹劾强学会，说强学会"植党营私"，大骂《中外纪闻》鼓吹西学，背叛"圣经"，请求严禁。

此时，慈禧太后早就不耐烦了，下令查封北京强学会。一些见风使舵的官僚渐渐疏远维新派。乌云笼罩着北京城。

此时，上海的情况也发生了变化，一向以开明自诩的张之洞见势不妙，也板起面孔，跟着查封了上海的强学会和《强学报》。就连出面牵头组织强学会的文廷式，也受到了牵连，被革职查办。

维新派遭此打击，能否重整雄风，这不仅是对康有为、梁启超等维新志士的考验，也关系到晚清政局的变化。

"强学会"的被迫解散，是封建顽固势力向维新派发动的一次反扑。他们本想以此手段，吓唬一下维新派，不想康有为等人不吃这一套，我行我素，一如既往。而且维新派因祸得福，在危难时刻，得到帝党官僚的有力支持。

帝党集团的核心人物翁同龢，此时已经坐不住了，他不能眼看刚有起色的局面，就这样被断送掉，更不想让自己辛勤培育过的皇帝，当一辈子傀儡。怎么办呢？顶风而上，显然不是明智之举，一旦惹恼了慈禧太后，后果不堪设想。这一次可真让翁同龢寝食不安，大伤脑筋。

终于有一天，他想出了一条"曲线救国"的妙计，凭着他在北京多年的关系，经过多方疏通，在北京强学会旧址设立了官书局。官书局是一个什么样的机构呢？名义上，清政府每月给银1000两，主要的任务是翻译外国新书和报刊文章。而实际上，维新派可以以此为基地，继续传播西学，宣传变法。

维新派受此鼓舞，精神为之一振，黄遵宪、汪康年等马上在上海创办《时务报》，邀请闻名遐迩的梁启超到上海担任主笔。从此一篇篇"切中时弊，文笔犀利"的文章传遍大江南北，鼓舞无数爱国青年投身于改革洪流。

接着说说维新派的二号人物——梁启超。

梁启超是广东新会人，出生在一个小地主家庭。他的父亲花去毕生心血考科举，然而时运不济，屡试不中。连个秀才都没考上。而聪敏过人的梁启超，不负父望，年仅11岁就考中秀才，16岁又中举人。应该说，梁启超就算循着此路走下去，前途也是很光明的。

但万万没想到，一个看似偶然的事件彻底改变了他的人生之路。光绪十六年（1890），年近17岁的梁启超，经人介绍，认识了比他年长15岁的康有为。他立刻被康有为的理论所吸引、折服，当即拜康有为为师，全盘接受了康有为的思想，成为康有为主办的万木草堂中深得老师真谛的得意门生，开始走上维新之路。

甲午战争时，梁启超与康有为都在北京参加会试，结果梁启超没中进士。但胸怀大志的梁启超毫不介意科场功名，南下上海主笔《时务报》，为维新事业呐喊，成为时代号手，激励着仁人志士为维新变法而奋然前行。梁启超于是声名鹊起，与康有为齐名，被人合称为"康梁"。

正当南方的维新运动方兴未艾之时，北方的天津也成为一个新的中心。

光绪二十四年（1898）二月，一本名叫《天演论》的书问世后立刻震动了全国。

《天演论》原为英国著名生物学家、唯物主义者赫胥黎所作，把这部世界名著翻译成中文介绍到中国来的，就是曾被毛泽东誉为"向西方寻找真理的一派人物"严复。

严复家境贫寒，无力供他上学，但他以第一名的优秀成绩，考取免费的福州船政学堂。光绪三年（1877）被送到英国学习海军，两年后回国，任天津水师学堂总教习。他在主编《国闻报》和北方其他报刊上，用古文发表许多宣传变法的文章。他反复强调"物竞天择""适者生存""优胜劣汰"等观点，大声疾呼中国必须顺应历史潮流，否则就要被淘汰，亡国灭种。

严复的文章一时风行天下，人人争读，成为宣传维新变法、救亡图存的有力思想武器。《时务报》和《国闻报》，一南一北，遥相呼应，把全国的维新运动推向了高潮，形成了近代中国第一个思想解放的潮流。

维新运动的普遍高涨，使以慈禧太后为首的顽固派势力感到惊恐和不安。一些顽固官僚闻风而动，煽风点火，唯恐天下不乱。他们串通一气，大骂康有为等维新派是士林败类，把变法维新思想说成是异端邪说，一顶顶歪曲事实、不顾真理的大帽子扣到了维新派头上。

湖南当时是全国最富有朝气的省，同时也是封建顽固势力集中的地区。岳麓书院山长王先谦早就看不惯这帮年轻人搞的这一套，他纠集了一批顽固士绅，涌向巡抚衙门，向陈宝箴递交了一份《湘绅公呈》。他们假托民意，攻击谭嗣同等人不务正业，引诱学生误入歧途，要求整顿时务学堂。深知内情的陈宝箴，不但不予理会，反而给谭嗣同等人以有力的支持。

湖南的新旧斗争仅是全国的一个缩影，资产阶级的维新变法和地主阶级的顽固守旧，形成了尖锐的对立和激烈的斗争。

恰在此时，为讨慈禧太后欢心，张之洞抛出了《劝学篇》，成为这一时期对抗变法维新思想的代表作。

张之洞头脑灵活，为人机警圆滑，善于看风使舵，把自己打扮成"圣人""君子"，鼓吹《劝学篇》是为了正人心，开风气。因此，他的这本书具有调和中西、折中新旧的色彩，反映了统治阶级中顽固派和洋务派的共同愿望,并且比顽固派的主张带有更大的迷惑作用,连光绪皇帝也被蒙骗了。

面对封建顽固势力的攻势,维新派以报纸为有力武器,给予守旧势力迎头痛击。

顽固派曾经叫嚣祖宗的成法是不能改变的,如果改变,则是违背天理,祸乱国家。听起来挺吓人,实际上一攻即破。维新派沉着迎战,给顽固势力做了透彻的分析:第一次鸦片战争,我们失败了,在此后的50年间,我军的武器由刀矛弓石发展为洋枪洋炮,这说明了什么?过去我们的祖先不和外国人打交道,现在却设立了总理各国事务衙门,这又说明了什么?

维新派步步深入,驳得顽固派体无完肤。在批驳顽固派的同时,维新派还把变法与救亡联系起来,用严峻的现实驳斥顽固派的迂腐守旧,向世人表明了谁是真正的爱国者。

在这场交锋中,维新派作为新的经济力量和政治力量的代表,第一次向封建制度和封建思想进行挑战。维新派主动发动进攻,发表了大批具有鲜明的观点、论辩性极强的文章。论战所涉及的问题是多方面的,但中心问题是要不要让资产阶级参与政权,实行君主立宪。

光绪二十三年(1897)十月的一天,山东胶州湾的海面风平浪静,人们已隐约感受到了初冬的寒意。突然,德国的炮艇驶进了胶州湾,打破了这里的平静。原来,德国以传教士被杀为借口,强占胶州湾。以此为开端,各帝国主义国家争相效仿,掀起在华划分势力范围的恶浪,瓜分的局面逼到眼前。

维新变法运动,随着民族危机空前严重而加速了发展。这时康有为又赶到北京,一再给光绪皇帝上书,强烈要求变法救亡。在上书的同时,康有为又在北京发动建立了"保国会",提出"保国、保种、保教"的口号。

开会之日,康有为首先登台演说危亡惨祸,慷慨激昂,听众无不为之感动,甚至失声痛哭。然而,为时不久,"保国会"即遭到顽固派群起攻讦,被迫解散。

"保国会"的夭折,固然与某些当权派的攻击有关,但同时还因为康有为已经打通了一步登天的途径,不再需要这种群众性的组织了。他的政治活动的着眼点在于争取光绪皇帝,利用光绪皇帝的权力来推行他的主张,这一点,似乎已经做到了。

在此之前，有一个都察院的官员，名叫高燮，很赏识康有为。因此在光绪皇帝面前极力推荐康有为，希望委以重任。本来光绪皇帝已准备召见这位风云一时的人物了，但受到了恭亲王奕䜣的阻拦。恭亲王奕䜣说："按照老例，非四品以上官员，皇帝不能接见。"光绪皇帝只好下令，让大臣接见康有为问话。

光绪二十四年（1898）正月初三上午，康有为来到总理衙门，走进大厅，但见两侧正襟危坐着李鸿章、翁同龢、荣禄等几位大臣。除翁同龢外，其余大臣均面容严峻，似乎把康有为当成一名囚犯。

康有为环视了一眼大厅，然后在一角落坐，心想盼望已久的时刻来了。

"问话"开始了，几位大臣轮番上阵，你一言我一语，恨不能把康有为给吃了。康有为镇静自若，引经据典，由古及今，由中到外，对答如流。他不仅系统阐述了自己的变法主张，而且批驳了李鸿章、荣禄等人的诘问，受到了翁同龢的赞赏。

在翁同龢的推荐下，光绪皇帝谕令对康有为的条陈随到随送，不得阻拦扣压。同时，命令总理衙门呈送康有为所著的《日本变政考》《俄罗斯大彼得变政记》等书。

看到这些书后，光绪皇帝更加坚定了变法的决心。他对庆亲王奕劻说："太后若仍不给我实权，我愿意退让此位，不甘做亡国之君。"慈禧太后听后大怒，但一时不便阻拦，只好让他"闹去"，以后再说。这才给光绪一个实验新政的短暂机会。

光绪二十四年四月二十三日（1898年6月11日），光绪颁布"明定国是"诏，向全国宣布变法开始。从四月二十三日到六月上旬，维新派通过光绪皇帝公布了一系列改革的上谕，涉及经济、文教、军事等领域。从六月上旬到八月中旬，新政扩展到政治方面，这已经极大地震动了统治集团。

康有为见顽固势力太大，劝光绪皇帝在政治改革上不可操之过急，否则会引起天下大乱。光绪只好无可奈何地表示："几年以后再说吧。"

大学士孙家鼐也劝告光绪皇帝说，推行新法将失掉君主的权力。光绪皇帝慨然回答说："朕想要拯救中国，只要能有益于国民，朕失去权力又如何呢？"

光绪皇帝推行新政的态度是积极的，勇气是难能可贵的。这些新政措施犹如一声惊雷，打破了古老中国的沉寂，社会上出现了一些新气象。

然而，以慈禧为首的守旧顽固势力掌握实权，对这些有局限性的政令也千方百计地进行破坏，或公然拒不执行，或阳奉阴违，搪塞拖延，不了了之。百日维新就是在维新和守旧两种势力的激烈斗争中进行的。

新政开始的第四天，即四月二十六日，慈禧太后强迫光绪皇帝撤去帝党首领、军机大臣翁同龢的职务，勒令回籍。这等于砍去了光绪的一只臂膀。

同一天，慈禧太后又来到颐和园，在这里召见了她的亲信荣禄。两人密谈了很久，并商定了必要时对帝党采取军事行动的步骤。之后，任命荣禄为直隶总督兼北洋通商大臣，统率北洋三军，控制京畿军政大权。同时，任命另一些亲信管理京师卫戍军队。

慈禧太后深知，只要军权在握，维新派和他们的支持者光绪皇帝都是可以玩弄于股掌之上的。接着，慈禧太后又下诏，凡新授二品以上官员都要向她谢恩，向他们表明大权仍在后党手中。

光绪皇帝为变法的前景所鼓舞，对慈禧太后进行了相应的反击。他召见了康有为，本准备对他委以重任，但受守旧派的牵制，仅委以总理衙门章京，梁启超只命专办译书局事务。

七月四日，光绪皇帝下令，将阻挠礼部主事王照上书的顽固派官员，全部革职，并赞扬王照不畏强暴、勇猛可嘉，赏给三品顶戴，帝、后公开对抗，朝野震动。

翌日，光绪皇帝又任命谭嗣同、杨锐、刘光第、林旭为军机章京，赏四品卿衔，参与新政事宜。这是百日维新中，光绪皇帝亲自决定的一次人事大变动。

光绪皇帝采取的这些措施，都未涉及新政内容本身，只是组织性的手段。但正因为是组织性手段，对慈禧太后和光绪皇帝来说，却是与权力有关的大事。慈禧可以容忍光绪皇帝颁发某些新政上谕，但绝不能容许光绪排斥她的亲信，更不能容许他在朝廷内组成自己的党羽。

帝、后两党的斗争已经达到空前激烈的程度，一切顽固守旧势力群集慈禧太后周围，策划扑灭变法运动。

这时，京津一带盛传慈禧太后和光绪皇帝十月赴天津阅兵时，会发生兵变。慈禧太后将废掉光绪皇帝。大难临头，形势危急。光绪皇帝从慈禧太后的脸色上也察觉到了这种危险。

七月三十日，光绪皇帝给康有为等人写了一封密诏，要他们设法相救，找到一个既能坚持改革，又能不致过分激怒慈禧太后的办法。

这个办法显然是不存在的，一无军队、二无武装的维新派拿不出切实对策，最后只能把希望寄托在袁世凯身上。

袁世凯是怎样一个人物呢？他是北洋三军之一"新建陆军"的统领，荣禄的亲信和部下。他曾参加过"强学会"，正是这一点使维新派把他误认为自己的同志。在走投无路的情况下，光绪皇帝接受了康有为的建议，两次召见袁世凯，并授以侍郎衔，专办练兵事务，不受荣禄节制。袁世凯表面表示效忠皇帝，实则另有打算。

处境的险恶，使维新派越来越感到军队的重要性。为此，谭嗣同实行了一个自以为直截了当的办法。

八月三日深夜，谭嗣同只身前往袁世凯的住处法华寺。袁世凯对不速之客的到来，心中早就有数，在寒暄之后，仍装聋作哑地问有何事相商。谭嗣同从袖子里拿出光绪皇帝的密诏，要求袁世凯迅速出兵，先杀荣禄，然后包围慈禧太后的住处颐和园，并说事成以后，立即升任袁世凯为直隶总督。

谭嗣同声泪俱下地对袁世凯说："你如果不答应我，我就死在你面前。你的生命在我的手里，我的生命也在你的手里。我们至迟要在今晚决定，决定后我立即进宫请皇上办理。"

袁世凯十分狡猾，并不当面拒绝谭嗣同的要求，而是慷慨激昂地说："杀荣禄如杀一条狗。"但是，他提出粮、械、子弹准备不足，须等到九月份慈禧太后和光绪皇帝到天津阅兵时才能执行。

谭嗣同再三要求提前，袁世凯表示无法做到，谭嗣同只好同意了袁世凯的意见。维新派设法营救光绪皇帝的同时，慈禧太后和荣禄也积极行动起来了。八月五日，袁世凯从北京一回到天津，立即向荣禄告密，全盘交代了谭嗣同夜访的情况。当天荣禄就乘专车赶到北京，同诸多后党官僚一起面见慈禧，会议至夜半方散。

八月六日清晨，慈禧太后怒气冲冲地从颐和园回宫，发动了政变。就在这天黎明，光绪皇帝还到颐和园去请安，慈禧却已由间道入西直门。她带人直达皇帝的住处，把一切文件都搜刮拿走，又把皇帝召来训斥说："我抚养你二十多年，你竟听小人之言来害我？"

光绪皇帝沉默良久，才说出一句话："我无此意。"慈禧又唾了一口说："痴儿，今天如果没有我，明天你还能在这儿吗？"慈禧当即传旨说，光绪皇帝生病不能办事，由她"临朝训政"。

就在同一天，慈禧就下令逮捕维新人士。康有为已于前一天离开北京到天津，后在英国领事馆的帮助下，脱险来到香港。梁启超在知道大局已定后，逃到日本大使馆，又化装前往天津。在天津剪去发辫穿上和服，躲过清军搜查，乘日轮逃往日本。

政变发生后，被逮捕的维新人士很多，其中有谭嗣同、杨深秀、杨锐、林旭、刘光第、康光仁等。谭嗣同本来有机会逃走，但他决定不走，静待逮捕。在他被捕前的几天内，他还同北京的镖客王五筹划，想把光绪皇帝救出来，但事起仓促，计划落空。

谭嗣同的一些朋友劝他到日本避难，谭嗣同说："各国变法，无不从流血而成。今中国未闻有因变法而流血者，此国之所以不昌也。有之，请自嗣同始。"

八月九日，谭嗣同在浏阳会馆被捕。在狱中，谭嗣同镇定自若，于壁上题诗一首："望门投止思张俭，忍死须臾待杜根。我自横刀向天笑，去留肝胆两昆仑。"表达了自己对变法的献身精神。

慈禧太后对自己的政敌向来是不手软的。八月十三日，将谭嗣同等六位维新志士斩于宣武门外的菜市口。其他参与或支持维新的官吏，陆续被革职、判刑。新政的绝大部分内容被废除了，京师大学堂（今北京大学）被保留下来，成了戊戌变法的纪念品。

对于光绪皇帝，慈禧太后不能杀，也不好废掉，但可以软禁起来，于是，慈禧太后下令，将光绪皇帝囚禁于中南海的瀛台。

昙花一现的戊戌变法运动失败了，政治局面又回到了那种令人窒息的黑暗状态。向西方寻求救国真理的资产阶级维新派，依旧没有找到一条民族振兴之路。

戊戌变法运动的失败是不可避免的。维新派推行改革的办法，就是竭力争取光绪皇帝支持变法。他们天真地以为，抓住一个皇帝，颁发一纸诏书，改革就会成功。

然而，这种改革的成功要具备一个基本前提，就是改革派必须掌握政权，用政权的力量推行改革。维新派恰恰缺少这个力量。直到失败前夕，他们才想到依靠兵力保护新政。

袁世凯的出卖，并不说明维新运动失败出于偶然，即使袁世凯不出卖，维新派也无法抵抗强大的顽固派，而袁世凯也是权衡利害得失之后彻底转到顽固派一边的。

不过，尽管戊戌变法运动失败了，但传播了西方的社会学说和自然科学，同封建思想展开了激烈的斗争，打开了人们的眼界，冲破了封建主义思想的壁垒，为以后的民主革命思想的传播提供了有利条件。

戊戌变法失败后，一些先进分子总结历史教训，走上资产阶级革命道路，可以说没有戊戌变法及其失败，就不会有辛亥革命。

而光绪皇帝在民族危亡之秋，不甘做亡国之君，投身当时的进步潮流，积极参与，领导了戊戌维新运动，追求国家的进步与光明前景，其志可嘉，是一位值得肯定的爱国者。

四二 / 光绪帝死因探疑

戊戌变法失败后，光绪皇帝被慈禧太后囚禁。光绪皇帝在度过了10年没有人身自由的囚徒生活后，于光绪三十四年十月二十一日（1908年11月14日）死亡，终年38岁。

紧接着，第二天，即光绪三十四年十月二十二日，慈禧太后在仪鸾殿死亡。在22小时之内，这对母子相继去世，死亡时间的诡异与巧合，光绪帝与慈禧之间早已存在的政治矛盾，不得不让人感觉，光绪帝的死亡背后，深藏着一个惊心而巨大的阴谋。由此，衍生出种种猜测和议论。

第一种说法：慈禧知道自己即将归西，不愿意在她死后，光绪皇帝重新掌权，于是派人毒死了光绪帝。清末给光绪看病的名医屈桂庭在他的回忆录中说："光绪在临死前三天，在床上不停地翻滚，并且不停地大叫，'肚子疼得不得了'。脸色发暗，舌头又黄又黑，明显是中毒症状。"根据这种说法，光绪是被毒死的，最大的嫌疑人是慈禧太后，因为她是当时最有权势，又严密控制光绪帝的，也是最容易下毒和最可能下毒的人。

此说法的依据和记录有《清室外记》《清稗类钞》和《崇陵传信录》。

第二种说法：袁世凯见慈禧一病难起，怕慈禧死后，光绪掌握实权，报复自己在戊戌变法中出卖皇帝的行为，于是贿赂宫廷宦官，用剧毒药物害死光绪帝。这种说法最有权威的依据是清朝最后一个皇帝溥仪的说法，溥仪说："我亲耳听到一个侍候光绪帝的老太监讲，光绪帝死前一天，只是用了一剂药，才变坏的。后来才知道这剂药是袁世凯送的。"

第三种说法：太监李莲英得悉光绪帝的日记中载有西太后死后将诛袁世凯和他的消息，与慈禧一起阴谋将毒药投入光绪帝的食物中致使光绪帝中毒身亡。

第四种说法：这几年来有专家根据光绪帝生前的病历，结合当时的历史背景和现代中医学理论，推断光绪帝的死因是严重肺结核病加上其他并发症。

历史背景的根据是光绪二十五年（1900）正月初二日，太医朱琨等为光绪帝诊得脉案："口渴思饮，喉痒呛咳，气不舒畅，心烦而悸，不耐事扰，时作太息。目中白睛红丝未净，视物蒙眬……耳内觉聋，时作轰声。胸中发堵，呼吸语言，丹田气觉不足……夜寐少眠，醒后筋脉觉僵，难以转侧……"

第五种说法：光绪帝有严重的肾亏。光绪帝从小身体虚弱多病，有长期遗精史。《病原述略》中说："遗精之病将二十年，前数年每月必发十数次，近数年每月不过二三次……冬天较甚。近数年遗泄较少者，并非较愈，乃系肾经亏损太甚，无力发泄之故。"

光绪帝有这样一种病症，再加上从几岁起就受慈禧的压制，长期处在紧张之中，后来又在做皇帝时经历了一连串的挫折和打击，病情逐渐加重，引起一系列呼吸道、消化道等并发病症，最后病亡。这一说法主要依据是光绪生前的病历和光绪生前自己的一段回忆。

究竟哪一个说法更接近于事实呢？光绪帝的确切死因到底是什么？史学界关于光绪死因的辩论从未停止，怀疑谋杀说和正常死亡说几经交锋，却一直没能形成学术定论。

而最新的研究认为，光绪帝是死于砒霜中毒。中国原子能科学研究院、北京市公安局法医鉴定中心，先后提取了光绪长26厘米、65厘米的两小缕头发，清洗晾干后，剪成1厘米长的截段，逐一编号、称重和封装，然后用核分析方法逐段检测光绪头发中的元素含量。

结果显示，光绪头发中含有高浓度的砷元素，且各截段含量差异很大，第一缕头发的砷高峰值出现在第十段（2404微克/克），第二缕头发的砷高峰值出现在第二十六段（362.7微克/克）和第四十五段（202.1微克/克）。而同时对比测试的头发的砷含量，当代人为0.14～0.59微克/克，与光绪同时代并埋在一起的隆裕皇后为9.20微克/克，清末一个草料官干尸头发为18.2微克/克。

后来，又按照规范的法医检验要求和方法，提取了光绪遗骨及衣物样品测试，结果肩胛骨、脊椎骨和每件衣物的胃区部位、系带和领肩部位的砷含量很高；内层衣物的砷含量大大高于外层。再对光绪棺椁内、墓内物品和陵区水土等进行对比实验，结果表明光绪头发上的高浓度砷物质并非来自环境沾染。最后他们得出结论：光绪头发上的高含量砷并非为慢性中毒自然代谢产生，而是来自外部沾染；大量的砷化合物曾存留于光绪尸体的胃腹部，尸体腐败过程进行再分布，侵蚀了遗骨、头发和衣物。而砷化合物也就是剧毒的砒霜。

经过科学测算，光绪摄入体内的砒霜总量明显大于致死量。

按照这一研究，那么就与第一种说法一致——光绪帝是被谋杀的，那么谋害他的最大犯罪嫌疑人就是慈禧。

慈禧为什么一定要谋害光绪帝呢？原因有五。

第一，光绪帝与慈禧太后之间积怨太久，仇恨太深，早已到了势不两立，有我无你、有你无我的地步。在中法战争前，他们之间关系还是友好、亲密的，但由于在中法战争中，他们一个主战一个主和，分歧太大，他们的亲密关系荡然无存，矛盾和仇恨开始出现。后来经过光绪"亲政"、甲午战争、戊戌变法失败、准备废掉光绪帝的大阿哥事件、光绪爱妃被害等事件，他们之间已到仇深似海、你死我亡的地步。慈禧也多次想害死光绪帝，慈禧极为害怕自己死后受到光绪的报复，让她死后不得安宁、死不瞑目，所以她预先设计毒死了光绪。

第二，慈禧历来心狠手辣，狠毒无比，她是公认的中国历史上三个最狠毒的女人之一（其他二位是吕后、武则天），被她害死的人不计其数。比如：肃顺、珍妃。所以对既是她侄子，又是她外甥的光绪，她也会毫不留情地下毒手。

第三，不管光绪帝是否有痨病、肾病，这两种病都没有严重到置他于死地的地步。大家知道痨病到了不停地大口吐血的地步，才是比较严重的。在光绪的病历中根本没有"吐血"记录，说明光绪的痨病不是很严重。因此光绪死于痨病、肾病的说法是不能成立的。另外光绪死前几天的病历突然将光绪的病描述得很严重，使人感觉到光绪是正常死亡。这一点十分可疑，请不要忘记了给光绪帝看病的全部过程都是在慈禧监视和掌握之下，光绪死前几天的病历极有可能是慈禧出于不可告人的目的派人伪造的。

第四，戊戌变法失败后，慈禧太后将光绪帝关在中南海瀛台，整整10年间，光绪帝一直处在囚禁状态。瀛台是中南海一个四面环水的小岛，与陆地相连的只有一个木板桥，岛上慈禧派二十多个心腹太监日夜严密监视光绪。整个紫禁城、中南海已是戒备森严，加上瀛台更严密的保安措施，外人是难以进入瀛台的。并且光绪帝吃住还有一套安全程序。别说外人，就是一个长期生活在宫中的人都难以接近皇帝。所以根据以上情况推断，害死光绪帝的不可能是袁世凯，只有严密控制中南海、瀛台，大权在握的慈禧才有最大嫌疑。

第五，光绪帝在死亡前一天，向全国发布诏令，命令各地总督巡抚寻找名医名方，推荐进京，为皇帝治病。这件事起码说明了两点：一是皇帝这时非常清醒，不像一个意识模糊、即将升天的人；二是皇帝对治好自己的病充满信心。但是就在第二天皇帝就突然死了，令人感到奇怪。还有一点更让人奇怪的是：就在同一天，也即在慈禧死之前两天，清朝廷以光绪帝的名义发布两道诏令。

第一道：命醇亲王之子溥仪，在宫内教养，并在上书房读书。

第二道：授溥仪之父载沣为摄政王。

这两道诏令意思很清楚，一旦皇帝升天，就让溥仪继位，让溥仪父亲载沣主持朝政，辅助年幼的新皇帝。这两道命令是谁下的？不可能是光绪帝，因为光绪帝早已无权力，更没有可能指定自己的接班人。最有可能下这道命令的人是谁？慈禧。

为什么慈禧要下这两道诏令？从中看出两个问题。

一、慈禧自己的病已非常严重，到了最后关头，已到了不得不对后事进行安排的地步。但这一天光绪正好下诏令遍求全国名医，为他治病。

二、慈禧已经决定，要光绪帝死在她自己之前。道理很简单，如果光绪帝死在她后面，这两道诏令就成了一纸空文。因此，慈禧发了两道诏令，就是要光绪帝在她之前死。

果然，诏令下达的第二天，光绪升天，溥仪继位，载沣监国。第三天，慈禧呜呼哀哉，上了西天。结果与慈禧设计的一样。

由此可见，关于光绪的死因，第一种说法似乎更接近于真相。

四三 / 末代帝王与清王朝覆灭

溥仪是清王朝的末代皇帝，在他继位前，清廷皇族还上演了一场立储的闹剧。

光绪皇帝支持维新被囚禁，慈禧太后训政。光绪二十五年（1899）十二月二十四日，慈禧太后发出一道懿旨，溥儁入继穆宗为嗣，号"大阿哥"。随后，大阿哥在弘德殿读书，师傅为同治皇帝的岳父、承恩公、尚书崇绮和大学士徐桐。光绪二十六年（1900）正月初一，溥儁代皇上到高殿、奉先殿行礼。

慈禧太后预定庚子年（即光绪二十六年）举行光绪皇帝禅位典礼，改年号为"保庆"。然而，京师内外，议论纷纷，大学士荣禄和庆亲王奕劻以及各国公使均有异议，各种势力也反对，建议此事停止。

不久，义和团起事，大阿哥溥儁的父亲端郡王载漪笃信义和团，认为义和团是"义民"，不是"乱民"。五月，载漪任总理各国事务衙门大臣。日本使馆书记杉山彬、德国驻华公使克林德被杀，义和团围攻法国使馆。七月，八国联军进逼京师，慈禧太后与光绪皇帝等一行西逃。载漪、溥儁父子随驾从行。慈禧太后逃到大同，命载漪为军机大臣。十二月，载漪被作为这次事变的祸首，削去了爵位，发配至新疆。

光绪二十七年（1901年），慈禧太后回到京城。途中，以载漪纵容义和团，其子溥儁不宜做"皇储"为理由，宣布废黜溥儁"大阿哥"名号。后来，溥儁生活落魄，死得很惨。

这出"大阿哥"的闹剧收场了，随后，溥仪继位的正剧就开始正式上演了。据《清德宗实录》记载：光绪皇帝临终前一天，慈禧太后发懿旨，由溥仪继承皇位。之后，慈禧太后又发懿旨，将溥仪的父亲醇亲王载沣，定为摄政王。

溥仪继位后，改元宣统。由于溥仪年幼，才3岁，真正掌权的是隆裕太后和摄政王载沣。

据溥仪自己回忆，旧历十月初九的"登基大典"，被他哭得大煞风景。小皇帝坐在龙椅上哭得撕心裂肺，把龙椅旁照顾他的父亲载沣急得满头大汗，小声哄着："别哭，别哭，马上就完了！"听到这些话的文武百官大惊失色："怎么能说'马上就完了'呢？这是凶兆啊！"

果然，一语成谶，不出3年，在溥仪还懵懂无知的时候，清朝就真的"完了"。宣统三年（1911），辛亥革命爆发，北洋新军成为清王室唯一可以抵抗革命的力量，清政府再次起用袁世凯，先任命袁世凯为湖广总督，旋即又任命其为内阁总理大臣。袁世凯一方面以武力镇压南方革命；另一方面又暗中与革命党人谈判。袁世凯一方在谈判中放出口风：若推举袁世凯为总统，则清室退位不成问题。

与此同时，他又向清朝报告：革命军势力浩大，倘若开战，北洋新军难以取胜；各国公使都希望和平解决；南方代表伍廷芳说，必须实行共和，希望早定大计。

宣统三年末（1912年元旦），孙中山在南京宣誓就职，宣告中华民国临时政府成立。南京临时政府成立后，遇到了一连串的困难：列强不予承认，却公开支持袁世凯；财政上也缺少来源，军饷难继，军队随时可能哗变。立宪分子和软弱的革命党人主张对袁妥协。孙中山迫不得已，电告袁世凯，再次声明：如清帝退位，立定共和，临时政府决不食言，自己立即辞职，推举袁世凯为大总统。

袁世凯见夺权已有把握，就公开宣称向南方进攻实有困难，同时密奏隆裕太后：此次开战，东西"友邦"的贸易损失已经不小，战事争持太久，难免没有列强干涉。最后，袁世凯亮出了底牌：在此种情况下，清帝应该"禅位"，以顺民心。隆裕太后召集御前会议，进行讨论。由王公贵族少壮派组成的宗社党人痛恨袁世凯欺负孤寡，密谋篡权，他们主张训练新军，发动暴动倒袁。其中身为皇族的良弼态度最为坚决。恰在当天，袁世凯在北京王府井丁字街，遭到北方共和党人的炸弹袭击，袁世凯的随从10多人丧命，袁世凯侥幸逃脱，之后，他称病不露面。

良弼在袁世凯遭袭击的10天后，也碰到了同样的遭遇，被炸断了左腿，3天后死去。良弼一死，皇室要员便失去了主心骨。袁世凯的部下段祺瑞又联合28名战将，从湖北前线打来电报，请求共和，并请袁世凯派全权代表与南方对话。良弼之死，加速了清帝逊位。隆裕太后只得在宣统三年十二月十三日（1912年2月1日）再次召集御前会议，决定逊位。并诏命袁世凯与南方革命党磋商逊位条件。袁世凯为了从清王朝手中夺取政权，主张优待皇帝、皇族。而革命党为了废除君主制，也被迫同意袁世凯订立的《优待条例》。条例上规定：皇帝尊号不废，待以国君之礼，每年供其新币400万元费用，暂住宫中，以后迁居颐和园；宗庙陵寝及其私产，派兵保护；皇族世爵依旧，私产保护，免予当兵，享有一般公民权；满、蒙、回、藏王公世袭与宗教信仰依旧，各族与汉族平等。

宣统三年十二月二十五（即1912年2月12日），在袁世凯的逼迫下，隆裕太后代溥仪颁布了《退位诏书》：全国人民心向共和，人心所向，天命可知，特率皇帝将统治权公诸全国。自此，统治中国268年之久的清王朝，在风雨飘摇中走到了尽头，中国2000多年的封建君主专制制度也宣告结束。而清王朝的末代皇帝溥仪仍旧保留"皇帝"的名号，居住在紫禁城中。

几十年后，溥仪略带苦涩地回忆起这一幕时，说："我呢，则作为大总统的邻居，根据清室优待条件开始了小朝廷的生活。"

虽然是逊位的帝王，但溥仪毕竟还小，没有什么心理压力，皇宫对他来说只是一座大房子，任他撒欢儿跑。在这块小天地里，溥仪一直住到民国十三年（1924），才被冯玉祥驱逐出紫禁城。在紫禁城里，溥仪度过了"人世间最荒谬的少年时代"——当人类进入20世纪，中华号称民国的时候，他"仍然过着原封未动的帝王生活，呼吸着19世纪遗留下的灰尘"。

溥仪的帝王生活虽然微型，但仍然排场不小。在他的记忆里，桌子、椅子、轿子等，一切都是自己独家占有的黄色；即使是去趟颐和园，也有几十辆汽车尾随，还有民国的警察沿途警戒；吃饭时，也还是按原样，由几十名太监抬着大小七张膳桌，浩浩荡荡地从御膳房绵延到养心殿。这些排场给逐渐长大的溥仪以很强的心理暗示：他是最尊贵的，统治一切和占有一切的人上之人。

当然，年幼的溥仪也是顽皮的，16岁那年，堂兄溥佳送给他一辆自行车。正值贪玩年纪的溥仪，在众多太监的保驾护航下，几天工夫就学会了骑车。本来宫中为了安全需要，有一道门就有一道门槛，而溥仪为了骑车方便，下令将宫门的门槛全部锯掉。并且不仅溥仪自己骑，还让"皇后"婉容和自己的妹妹们，以及伴读们都来陪自己骑车，甚至连端康太妃也赶时髦地开始骑一辆改装的小三轮车。可以说，在溥仪的倡导下，骑自行车成为当时宫中的"时尚运动"。

到了1924年9月，军阀张作霖集结15万人，分两路向山海关、承德等地发起进攻。曹锟任命吴佩孚为讨逆军总司令，调集20万人迎战。第二次直奉战争爆发。10月，吴佩孚正要向张作霖发起总攻，不料系属吴部的冯玉祥突然倒戈回师北京，一举推翻了直系军阀政府。

11月5日，坚决反对帝制的冯玉祥派兵逼溥仪离宫，历史上称为"逼宫事件"。当天下午，溥仪带着"皇后"婉容、"妃子"文绣等人离开皇宫，搬进父亲载沣的住处。

由于不满载沣的胆小怯懦，同时又担心被冯玉祥加害，溥仪没在父亲处住多久，就逃进了日本公使馆。当时日本对落难的溥仪十分"热心"。不仅"慷慨"地为溥仪提供舒适的栖身之地，而且还利用日本控制下的《顺天时报》，连续发文表示对"皇帝"的无限"同情"，对摄政内阁和国民军无限的"激愤"。这样的消息和评论，让溥仪不由得对日本人心生亲近之感。

此时的溥仪面临三种选择：做个平民、"复员还宫"和"借外力谋恢复"。当一班清朝遗老们吵来吵去，争执不休的时候，满怀复杂野心和仇恨的溥仪已经暗中做出了自己的决定：一定要借助日本的力量重新做皇帝！

溥仪最初打算先出洋到日本去，再谋划下一步出路。于是，在日本人的护送下，溥仪首先到达天津，"为出洋做准备"。不料，由于各方的推脱和局势的不允许，溥仪在天津一住就是7年。

此时的溥仪，是一位失势的旧皇帝，在军阀林立的乱世，被无数人觊觎、利用着，对其进行了大量情感投资的日本也不例外。1931年，日军发动"九一八事变"，占领中国东三省。为了能在东北顺利地实行殖民统治，日本借口帮助溥仪在东三省"复辟"，将溥仪从天津骗来。大喜过望的溥仪不及深思，立即同意了日本关东军的建议——执掌伪满洲国的大权。

1932年3月，伪满洲国建国，溥仪任伪满洲国执政，年号"大同"。1934年，改国号为"满洲帝国"，溥仪改称皇帝。满心欢喜的溥仪利用这个机会"重登大宝"，可惜不久后，他就发现，"执政"的职权只是写在纸上的，并不在他手里，甚至连登基成"满州国皇帝"时，都必须穿关东军指定的"满洲国陆海空大元帅正装"举行典礼。

在伪满洲国的日子里，穿着西服的溥仪几乎无权过问任何事情，他逐渐意识到自己的幻想破灭，尤其是一向对自己忠心耿耿的伪兴安省省长凌升被日本斩首"杀鸡儆猴"之后，溥仪的恐惧日益加深。此事过去不久，原蒙古王公德王前来看望溥仪，闲谈中，德王埋怨说日本人过分跋扈，自己样样都不能做主，溥仪不免同病相怜，还安慰了德王一番。不料第二天，关东军就派人来问："昨天的谈话，是不是对日本人表示了不满？"溥仪吓得心惊肉跳，只得随口搪塞过去。

此后，他戒心加重，再也不和任何人说真心话了。而对于日本人，溥仪则更加小心翼翼，"复辟"的梦破灭了，如何保证自己的安全，不让日本人"灭口"，才是头等大事。溥仪后来道出了他当时的恐惧："我在狼面前是只任人宰割的羊。"

在生命饱受威胁的日子里，溥仪无事可干，除了吃、睡之外，就是打骂、算卦、吃药和害怕。随着日本崩溃的迹象愈加明显，溥仪对日本人就更加诚惶诚恐，这也导致他将怒气转而发泄到家人和仆人身上，动辄对他们进行打骂。同时，他还终日卜卦算命，吃斋念佛，希望神佛保佑自己。这种不正常的精神状态，终于毁了溥仪的身体，他只能拼命地打针吃药，勉强维持精力。

1945年8月9日，苏联向日本宣战，日军即将崩溃，溥仪等人要求紧急转移到日本，却在途经沈阳机场时，被苏军抓捕，随即被押往苏联。

苏方对身份特殊的溥仪，提供了待遇优厚的俘虏生活：每天有丰盛的四餐。在他的单间住房里，溥仪可以散步、聊天、听有线广播，甚至还可以弹钢琴。

1946年春夏之交，溥仪作为远东国际法庭的证人，陈述了日本帝国主义奴役中国满洲的计划和实施过程。

此时的溥仪，心中唯一的期望是永远不回中国。他深知自己在"执政"伪满州国期间签下的一系列密约，不仅出卖了东北的主权，还进一步推进了日本帝国主义的殖民统治，中国人绝不会原谅自己。于是，在苏联的5年间，除去口头请求，溥仪还三次写信给斯大林，要求允许他留在苏联，可惜均石沉大海。沮丧的溥仪，只能拉拢身边的苏联看守人员。然而，溥仪百般讨好并没有得到最终的避难允许，苏联方面最终决定将他遣送回国。

1950年7月31日，根据中苏两国有关协议，溥仪被遣送回国。同年8月，溥仪被安排到抚顺战犯管理所学习、改造，这一待就是10年。10年里，溥仪渐渐走出了初来时深陷死亡恐惧时的崩溃状态，情绪逐渐缓和，慢慢过上了"正常人"的生活：叠被、铺床、挤牙膏、系鞋带等，年近半百的末代皇帝溥仪一切从头开始。

1959年12月4日，溥仪接到了中华人民共和国主席毛泽东的特赦令——他出狱了，从此成为中华人民共和国公民。

溥仪作为大清王朝，也是中国封建王朝的最后一位帝王，一生有过4次婚姻，娶过5个女人：婉容、文绣、谭玉龄、李玉琴和李淑贤。

溥仪刚选妃时，觉得"每位都有个像纸糊的筒子似的身段……实在分不出俊丑来"。他最后选定了两个女子——婉容为"后"、文绣为"妃"。婉容眉目如画，可惜性格善妒，她猜忌、排挤文绣，引得溥仪不满，渐受冷落。伪满洲国时，长期身心苦闷的婉容与人私通，并生下一子，溥仪得知后，大为恼怒，让人将新生儿扔进锅炉火化。最后，长期吸食鸦片的婉容病弱不堪，神志失常，于1946年病死在长春。

文绣的命运相对而言稍好一些。离开紫禁城后，追求自由的文绣冲破禁锢，历经艰难，终于与溥仪离婚。只可惜，脱离皇室的文绣无法适应平民生活，日渐窘困，再度嫁人后生活也没有起色，最终贫病抑郁而死。

谭玉龄是溥仪为惩罚出轨的婉容而娶来的，用他自己的话来说，他把这个女子"像一只鸟似的养在宫里"。不过，学生出身的谭玉龄性格天真直率，倒让溥仪颇为喜爱，他还曾在谭玉龄的相片后题字："我的最亲爱的玉龄。"1942年，谭玉龄暴卒，据称是伤害致死，也有说法称是被关东军所害。

福贵人李玉琴，是日军与溥仪相互妥协的产物——溥仪坚决不要日本血统的妻子，只好接受日本人为他挑选的中国妻子。溥仪到了苏联后，李玉琴回到娘家；后来溥仪在抚顺改造时，李玉琴还曾多次探望过溥仪。不过，两人还是在1957年离了婚，之后李玉琴重新组建家庭。

李淑贤是溥仪特赦之后娶的妻子，也是他最后一任妻子。1962年，两人结婚，在一起生活了5年。

1967年，溥仪因肾癌去世，终年62岁，无子。骨灰最终移葬到皇家陵园。

大事年表

1583 年

太祖爱新觉罗·努尔哈赤袭封为指挥使，开始统一女真各部的战争。

1616 年

努尔哈赤统一女真各部，称汗，国号大金，史称后金，年号天命，定都于赫图阿拉。

1618 年

努尔哈赤以"七大恨"为由发动叛乱。同年，爆发了萨尔浒之战。

1621 年

后金迁都辽阳。

1625 年

后金迁都沈阳。

1635 年

太宗皇太极废除女真族名，正式定族名为"满洲"。

1636 年

皇太极改国号"大金"为"大清"。

1640 年

明清松锦之战开始，至 1642 年结束。明将洪承畴降清。

1644 年

李自成攻陷北京，崇祯帝在景山吊死，明朝覆灭。同年，清军入关，定都北京。明宗室福王、鲁王、唐王、桂王先后建立南明政权 (1644—1661) 抗清。

1661 年

郑成功据台湾反清。同年，永历帝 (桂王) 被俘，南明政权告终。

1673 年

　　康熙帝下令削藩，三藩之乱爆发，至 1681 年被平定。

1683 年

　　清军攻台湾，郑氏投降，中华全境统一。

1685 年至 1686 年

　　清军与俄军两度雅克萨之战，清军大捷。

1689 年

　　中俄签订《尼布楚条约》，确立两国边界。

1690 年至 1723 年

　　康熙帝屡征准噶尔、青海。平定新疆叛乱。

1712 年

　　清政府宣布此年（康熙五十一年）以后，"盛世滋丁，永不加赋"。

1723 年

　　清政府宣布开豁乐户贱籍，大批明朝永乐时代遭到迫害的建文忠臣女性后代得以从良。

1747 年

　　乾隆帝开始征伐藏边回疆等地，自记"十全武功"。征伐直到 1792 年结束。

1760 年

　　乾隆拟《平定准噶尔勒铭格登山之碑》。

1776 年

　　清朝人口达 31150 万。同年，乾隆帝开始宠信和珅，使清朝步入中衰。

1782 年

　　《四库全书》编成，分经、史、子、集四部。

1793 年

　　清朝中央政府制定和颁行"钦定藏内善后章程二十九条"。同年，英使马夏尔尼来华，要求开放贸易被拒。

1796 年

　　川陕白莲教起事，至 1805 年平定。

1813 年

 英使马戛尔尼第二次来华，亦无功。

1820 年

 清嘉庆二十五年，清朝人口达 38310 万。

1839 年

 林则徐于虎门销毁鸦片。

1840 年

 中英第一次鸦片战争 (1840—1842) 爆发。

1842 年

 中英签订《南京条约》，英占香港岛，开放五口通商。

1843 年

 中英签订《五口通商章程》《虎门条约》。同年，洪秀全创立拜上帝会。

1844 年

 中美《望厦条约》、中法《黄埔条约》签订。

1851 年

 清咸丰元年，清朝人口达 43610 万。同年，拜上帝会在广西金田村起事，建号太平天国。

1853 年

 太平军攻入南京，改名天京，定为国都，并颁《天朝田亩制度》。

1856 年

 第二次鸦片战争（1856—1860）爆发。英法联军侵华。同年，天京事变。太平天国内讧，渐趋败亡。

1858 年

 英法联军攻陷大沽，清廷与两国签订《天津条约》，又与俄签订《瑷珲条约》。

1860 年

 英法联军攻陷北京，火烧圆明园；中英、中法、中俄分别签订《北京条约》。

1861 年

8月咸丰在热河驾崩。11月1日，辛酉政变，慈禧太后登上中国政治舞台。同年，洋务运动(1861—1894)开始，创办军事工业、实业，编练陆海军，设西式学堂。

1864 年

洪秀全病死，清军攻入南京，太平天国败亡。同年，中俄签订《中俄勘分西北界约记》。

1883 年

中法战争(1883—1885)爆发。1885 年，中法签订《越南条款》，法国占领越南。

1888 年

清廷建立北洋水师，加强军备，巩固海疆。

1894 年

中日甲午战争(1894—1895)爆发。同年，孙中山在檀香山创立兴中会。

1895 年

中日签订《马关条约》，割让台湾及辽东半岛。俄法德三国干涉还辽。同年，洋务运动宣告终结。

1896 年

《中俄密约》签订，此后列强纷纷在华租借港湾，划分势力范围。

1897 年

德国强租胶州湾；沙俄占旅顺及大连。

1898 年

6月，光绪帝在康有为等推动下宣布"戊戌变法"，同年9月，慈禧发动政变，变法失败，又称"百日维新"。

1899 年

义和团兴起，在山东各地杀教士、教民。

1900 年

6月21日，慈禧对列强宣战。8月14日，八国联军攻陷北京。同年，兴中会惠州起义失败。

1901 年

清政府和西方列强十一国签订《辛丑条约》；清廷下令筹划新政。

1905 年

清政府罢科举，派五大臣出洋考察宪政。同年，孙中山创立中国同盟会，提出三民主义。

1906 年

清政府宣布"预备立宪"。1907 年至 1908 年，同盟会发动六次起事，均失败。

1908 年

光绪帝、慈禧太后先后驾崩；宣统帝即位。

1911 年

4 月黄花岗起事未成；5 月清政府宣布铁路国有，引起保路风潮；10 月武昌起义，南方各省纷纷宣布独立，史称"辛亥革命"。

1912 年 1 月 1 日

中华民国宣布成立；2 月 12 日，宣统帝溥仪宣布退位，清朝统治被推翻。